研究&方法

量化資料分析

SPSS與EXCEL

陳新豐 著

五南圖書出版公司 印行

作者序

　　量化資料分析這本書共分為9章，分別是測量理論、SPSS統計軟體之應用、描述統計、假設考驗、平均數的變異分析、共變數分析、相關與迴歸、多元迴歸以及因素分析等。全書的架構首先說明測量理論、相關的觀念及測量的格式，接下來介紹本書主要的統計分析軟體SPSS在量化資料分析上的應用，之後即開始從量化資料的各種分析方法中，以理論配合實例分析加以說明，本書中所有的範例資料檔請至個人網站中自行下載使用(http://cat.nptu.edu.tw)。

　　本書是以實務及理論兼容的方式來介紹量化資料的分析方法，並且各章節均以淺顯易懂的文字與範例，來說明量化資料的分析策略。對於初次接觸量化資料的讀者，運用於研究論文的結果與分析上，一定會有實質上的助益；對於已有相當基礎的量化資料分析者，這本書則具有許多令人豁然開朗之處。不過囿於個人知識能力有限，必有不少偏失及謬誤之處，願就教於先進學者，若蒙不吝指正，筆者必虛心學習，並於日後補正。

　　本書的完成要感謝的人相當多。感謝五南出版公司副總編輯張毓芬小姐對於本書的諸多協助，一直鼓勵筆者並且慨允出版本書。最後，要感謝家人讓我有時間在繁忙的研究、教學與服務之下，還能夠全心地撰寫此書。

陳新豐　謹識

2015年3月於國立屏東大學教育學系

Contents

Contents

Chapter 06

共變數分析　　235

Chapter 07

相關與迴歸　　297

Chapter

01

測量理論

　　量化研究為社會與行為科學研究的主流方法，在學術與應用領域中占有相當重要的角色。社會與行為科學的量化研究，是實證科學典範的產物，依循科學研究的概念與邏輯，主要的研究方法包括了調查、測驗與實驗法，而且近年來在電腦科技的發展下，量化研究有著快速的發展。

　　測量理論是量化研究的核心知識，提供量化研究資料獲取與處理的技術與知識，並因此得以發展研究所需的測量工具。測量是日常生活的一部分，每天早上起來，我們隨著溫度的變化增減衣衫，站上體重計決定是否可以吃大餐；上學的時候看看時間是否來得及；在不同工作崗位的專業人士，更有他們獨特的測量工作，例如護士量體溫、體育老師為了學生跑步計時，心理學家評估一個人的心理成熟度、政治觀察家也要對行政人物作相關的評價。除了頻繁的測量、人們的思考、判斷與決定，都與測量脫離不了關係，如此可見測量對於人類的重要性。

　　在科學的研究中，測量更是占有重要的地位，因為如果沒有精確的測量，那麼所有的研究數據即失去客觀分析的基礎。尤其為了追求真相，科學的測量較一般生活上的各種度量具有更高的要求，測量的方法牽涉不同的理論根據，測量的實施更具難度，使得測量問題在社會科學領域自成一門學問。同時隨著領域的不同與研究課題的差異，有著極為不同的面貌與內涵，例如經濟領域的經濟計量學，多偏重於預測模型的建立，時間序列資料的分析，而心理學的心理計量學，則必須面對抽象心理特質的測量問題。

　　以下即介紹應用於一般社會科學領域的測量方法，探討測量數據的性質差異，亦即各種量尺的基本概念，以期能夠連接後續有關統計分析的介紹；進一步，介紹人文社會科學領域經常使用的測驗評量工具，比較不同問卷的格式與統計上應用的差異。

壹、測量理論與方法

　　以下主要是了解測量的意義與特性、變項化的方法、測量的尺度與適用時機、了解各種不同的測量格式以及比較各種不同的格式。首先談到科學研究的特性，科學研究中主要的特性分別如下所述 (DeVellis, 2003)。

1. 科學是一種態度與方法，以進行有系統的觀察與控制、精確的定義測量與分析和完成可重複檢證的發現。

2. 科學研究是採取有系統的實證研究方法所進行的研究。

3. 科學的目的在於對現象的描述、解釋、預測與控制，最終在改善人類的生活品質。學術的立場偏重於描述、解釋與預測；實務的立場則著重於控制。

4. 科學的特性具有系統性、客觀性、實證性的特徵。

量化研究中是以調查法、相關法、實驗法為主要的研究方法，以下分別將量化研究中主要的研究方法依序加以說明。

一、調查研究法

調查研究法的主要目的在於以樣本資料來推論母群特徵，以達到對於母群的描述與解釋。所以在樣本的特性中是以大樣本為主，而樣本需要具有母群的代表性。研究工具部分則是以調查問卷為主，測量的題目則是以事實性的問題、態度性的問題或者是調查樣本的行為頻率等內容為主。研究的程序則是包括抽樣與調查，研究學理上則是以樣本的抽樣理論為土。測量的尺度部分則是以類別變項為主，主要的統計方法包括描述統計、次數分配、卡方考驗以及無母數統計等方法。

二、相關研究法

相關研究法的主要目的在於探討變項之間的關係，以達到建立一般性及系統性的知識。樣本的特性部分則是以中型樣本即可，研究工具則是以測驗或者是量表為主，測量的題目內容包括態度性或者是心理屬性的測量問題，測量尺度則是以連續變項為主，主要運用的統計方法包括相關、迴歸、路徑分析或者是結構方程模式為主。

三、實驗研究法

實驗研究法主要分為真實驗與準實驗，人文社會科學因為受限於對於變項的控制性，所以一般皆以準實驗研究為主。實驗研究法的主要目的在於探討變項之因果關係，以建立一般性與系統性的知識。樣本的來源與前述之調查與相關研究法相較下，人數較少，而抽樣的方法一般以隨機樣本、隨機分派至實驗組與控制組的方式。研究工具以測驗量表、觀察或者是實驗性的設備所蒐集到的資料為

主。測量的題目包括反應時間、行為頻率或者是心理屬性上的測量。研究程序則是以實驗的操弄為主，主要的學理基礎來自於實驗設計，而測量尺度中自變項為類別變項，依變項為連續變項。主要的統計方法為 Z 檢定、t 檢定、變異數分析和共變數分析等。

貳、量化研究的流程

　　量化研究的流程主要包括理論引導、資料蒐集以及資料分析等三個主要的階段，詳細內容如圖 1-1 所述。量化研究第一個階段為理論上的引導，亦即研究者需對研究的現象產生好奇或者有所疑問，接下來即針對所存在的問題加以概念化以及構念化，進行發展研究問題、研究假設以及相關的名詞釋義。第二個階段為資料蒐集，此階段包括選擇適當的研究方法，並且根據研究母群加以抽取適當的樣本，編製研究工具後進行資料的蒐集。第三個階段為資料分析階段，此階段包括整理資料蒐集階段所得到的資料，並且進行描述性及推論性的統計，之後根據分析的結果回答第一階段的研究問題，並且撰寫成研究報告。

　　以量化研究為主的論文內容中，主要的章節包括，第一章緒論、第二章文獻探討、第三章研究方法與步驟、第四章結果與討論以及第五章的結論與建議等，各章的內容簡要說明如下。

　　第一章緒論，包括研究動機、研究背景、研究目的、待答問題、名詞釋義及研究範圍；第二章為文獻探討，至於其中的內容主要依研究的自變項、依變項及其相關研究的內容；第三章研究方法與步驟包括研究架構、研究假設、研究樣本、研究工具、研究程序及資料的分析方法；第四章研究結果根據研究目的、問題來加以陳述研究結果，並加以討論，使之與第二章的文獻探討互相呼應；第五章為結論與建議，包括摘述研究設計與發現、詮釋主要的發現、評論研究價值與意義，以及指出缺失與未來相類似主題的研究發展方向。大部分以量化研究為主要方法的論文中，其第四章描述的是研究結果與討論，而第五章則是結論與建議，研究者可以自行根據論文的特性加以靈活運用。

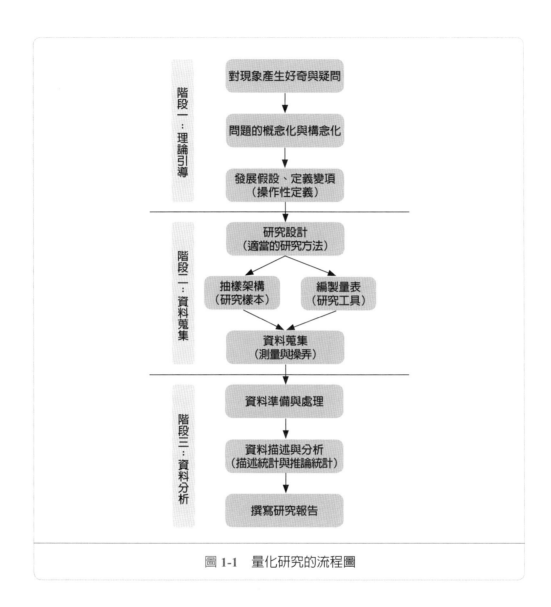

圖 1-1　量化研究的流程圖

參、資訊科技的影響

　　資訊科技的蓬勃發展，直接與間接地影響研究的發展，電腦的基本特性在速度上有愈來愈快的趨勢、容量也愈來愈大、愈來愈多人擁有電腦，電腦並且具有服從的特性。不過資訊科技並不是都只有優點而已，尚有一些值得注意且不可忽略的缺失，以下將從優勢與缺點等二個方面論述資訊科技對於量化研究的影響。

一、優勢

資訊科技應用於研究之中可以讓樣本人數擴大,抽樣誤差降低,增加統計推論的正確性,並且藉由統計軟體的使用,因為速度快、容量大所以可以促成多元變數統計方法的發展,並且可以採用運算公式替代定義公式,節省電腦作業時間;甚至於因為電腦運算速度快,所以可以利用原始資料直接進行處理,報導統計,檢定犯錯誤的機率,會造成教學模式的改變。

二、缺點

資訊科技若過度依賴程式,逃避統計理論基礎與方法的理解,而造成無法正確判斷統計方法的使用時機,統計軟體所產生報表判讀的偏差與誤用,反果為因,重視分析輕乎創意,因此造成了一些傳統方法不致發生的問題。

因此,資訊科技的應用除了要發揮電腦在研究上的優勢之外,並且要特別注意若誤用或者濫用電腦而產生的劣勢。

肆、測量的概念

測量即是運用一套符號系統去描述某個被觀察對象屬性的過程。也就是將某個研究者所關心的現象予以「變項化」的具體步驟,即把某一個屬性的內容,以變項的形式來呈現。符號系統表現形式中的度量化 (scaling) 是指用數字的形式去呈現某個屬性的數量 (quantities)。分類 (classification) 是代表以分類的模式,去界定被觀察對象的某個屬性或特質。

測量的特性是一套具有科學意義的測量過程,除必須符合標準化的原則之外,並需達到下列五個目標。

一、客觀性

客觀性 (objectivity) 是指測量應不受測量者的主觀因素而影響其結果,同時其過程應有具體的步驟與操作方法,以供他人的檢驗。

二、數量化

數量化 (quantification) 是說明測量的功能,是以具體的數據來描述研究者所關心的現象。

三、溝通性

溝通性 (communication) 是代表測量在產生具有特定格式與具體明確的指標和數據，而能夠提供給所有的研究者作為參考與比較。

四、經濟性

經濟性 (economy) 是指標準化的測量活動得以有效運用其有限的時間與資源，專注於特定現象的測量與分析。

五、科學的類化

科學的類化 (scientific generalization) 是指標準化的測量，可以廣泛地協助研究者客觀、具體的去探索社會現象或心理屬性。愈標準化的測量，其類推性愈好，推論的層面愈廣；反之，若是量身訂做的測量設計，要應用到一般的環境中時，類推性則不佳。

測量與統計的基礎即是變異，而測量與統計是一門研究變異的科學。如果人類社會中的事物、現象或特質都呈現一致的面貌，不僅統計學、測量活動，甚至科學研究都失去了意義。例如，若是每一個人都是同一種性別，那麼性別即消失在研究者的思維之中；如果每一個人的聰明程度都一樣，那麼智商便沒有意義，智力測驗即沒有功能可言。換句話說，社會與行為科學研究的意義，在於測量過程可以顯示出由於時間的改變或人物的不同，所造成人類行為與社會現象的變異。

標準化的測量活動得以有效運用其有限的時間與資源，專注於特定現象的測量與分析上，乃是因為測量符合標準化且具有客觀、數量、溝通、經濟及科學類化等五個具體目標。

伍、變項與常數

變項或變數 (variable) 表示某一屬性因時地人物而不同的內容，例如社會焦慮感是一個變項，每一個人的社會焦慮感可能都不一樣。相對的，如果某一個屬性或現象不因時地人物而有所不同，則稱為常數 (constant)，例如重力加速度在地表的一定高度的任何一個角落、圓周率、自然對數等，都呈現一個定值；人

的手指頭數目都相同，任何人都是十個手指，亦即人的手指頭數目 (10) 即為一個常數。變項所表現被研究對象的某一屬性因時地人物不同而在質 (quality) 或量 (quantity) 上的變化，以下將依變項的類型、測量的尺度等二個部分說明如下。

一、變項的類型

自變項 (independence variable, *IV*) 與依變項 (dependence variable, *DV*) 的關係是陳述變項的因果關係；間斷變項 (discrete variable) 與連續變項 (continuous variable) 的關係是表現變項的有限性；類別變項 (categorical variable) 與連續變項 (quantitative variable) 的關係，所表現的是變項的分析性。

變項依測量的量尺來區分，可分為名義變項、順序變項、等距變項及比率變項，這四種變項分別由四種對應的量尺所測得。

二、測量的尺度

測量是進行資料分析之前的主要工作，資料的性質則決定於測量所用的尺度，測量尺度的判斷，是決定量化研究品質的必備條件。以下將依名義、順序、等距和比率等不同量尺，說明如下（邱皓政，2012）。

（一）名義尺度

名義尺度 (nominal scale) 是針對被觀察者的某一現象或特質，評估所屬類型種類，並賦予一個特定的數值。

名義變項 (nominal variable) 是由名義尺度所測量而得，稱為名義變項。例如性別（男、女）、籍貫（高雄市、屏東縣等等）、種族（本省、外省、原住民）及就讀學校等等。

名義變項的特性是以類別為單位，又稱為類別尺度 (categorial scale)，是一種具有分類功能的測量工具。

（二）順序尺度

順序尺度 (ordinal scale) 是指對於被觀察者的某一現象的測量內容，除了具有分類意義外，名義類別間存在特定的大小順序關係。

順序變項 (ordinal variable) 是指順序尺度測量得到的變項，稱為順序變項。例如教育程度（研究所以上、大學、高中職、國中、國小及以下）、社經地位

（高、中、低）等，皆屬以順序尺度所測得之順序變項。

順序變項的特性是數值分配需考慮順序關係，研究者僅可選擇升冪或降冪來排列不同的順序類別，不能任意指定數值給尺度中的不同類別。順序尺度所測得的數值雖具有順序的意義，但是由於沒有特定的單位，除了大小順序之外，數值並無數學邏輯運算的功能與意義。

（三）等距尺度

等距尺度係針對被觀察者的某一現象或特質，依某特定的標準化單位，測定程度上的特性。等距尺度測量得到的數值，除了具有分類、順序意義外，數值大小反映了兩個被觀察者的差距或相對距離。

等距變項 (interval variable) 是以等距尺度測量得到的變項，稱為等距變項。例如以溫度計量出的「溫度」、以考試決定的「學業成績」或是以智力測驗測得的「智商」。

等距變項的特性是其數值兼具分類、次序和差距的意義，其單位只有相對的零點，而無絕對的零點；數值與數值的比值 (ratio)，僅具有數學的意義，而缺乏實徵的意義，研究者應避免直接取用兩個等距變項的數值相乘除來進行比較。

（四）比率尺度

比率尺度 (ratio scale) 是指測量尺度使用了某個標準化的單位，同時又具有一個絕對零點，稱為比率層次的測量，具有真正零點的等距尺度即為比率尺度。

比率變項 (ratio variable) 是以比率尺度測量得到的變項，稱為比率變項。例如身高、體重、工作所得、年齡、住院日數或受教育年數等。

比率變項的特性中具有絕對零點，數值與數值之間除了具有距離以反映相對位置，同時數值與數值之間的比率具有特定的意義，數值的倍率可以進行解釋與運用。例如體重變項，80 公斤比 40 公斤重一倍，即如同 40 公斤比 20 公斤重一倍。

陸、測量的格式

測量格式的基本特性依問卷的不同類型而有不同的分類，例如若依問卷的整體形式來分類的話，可以分為結構化測量以及非結構化測量；但若是依問卷題目

的特性來加以分類的話，則可以分爲封閉測量以及開放性測量，以下依這四種不同類型的測量格式說明如下。

依問卷的整體形式來分類可以分爲結構化以及非結構化測量。結構化測量，是具有一定格式與作答內容的測量問卷，適用於大樣本研究。非結構化測量，此種測量方法，標準化程度低，但是資料蒐集的豐富性高。非結構化測量大部分使用於質化研究與訪談研究，且樣本規模不宜過多，以免造成分析上的困擾。有時候訪問者會預先擬定一個問題綱要，在一定的範圍內，採非結構化、非標準化的測量，稱爲半結構測量。

依問卷題目的特性來分類，可以分爲開放性測量以及封閉式測量。開放性測量指的是研究者設計問卷時，題目答案的分布是介於一定的範圍內，無法指定選項；即使強制指定選項，可能造成題目過度冗長，因此採用開放式的作答方式，例如家中人口數、居住縣市等等，此類問卷稱爲開放式問卷。

開放式問卷可以再細分爲數字型問題以及文字型問題。數字型問題：屬順序或等距量尺，由受試者直接填入數字。文字型問題：類似問答題，受試者填入可能的文字，或者是一些繪圖反應，例如托倫思創造思考測驗的平行線活動。

封閉式測量指的是在結構化的測量工具中，研究者多會預設受測者回答的內容或範圍，設定題目的選項，此種有特定選項的問卷，稱爲封閉式問卷。

量化研究的測量格式可以分爲類別性（間斷）的測量以及連續性的測量，若是依照 Stevens 的分類，即是名義（間斷）、次序（間斷），等距（連續）、比率（連續）的測量格式。

類別性測量，問卷調查中最簡單且經常被使用的測量格式即是類別性測量。例如性別、宗教信仰或通勤方式等等。類別性測量的基本要件有二項：獨立且周延。題目的選項必須是完全互斥（亦即獨立），能夠包括所有可能的選項，以免測試者填答上的困難（周延）。

連續性測量，如果類別性測量的主要功能是在鑑別差異性，確認受試者所歸屬的類別，則連續性的測量爲進行程度的測量，以測量某些概念或現象的強度大小。以下依照在量化研究中常被運用在蒐集資料的量尺工具，分別說明如下。

一、李克特量表

李克特量表 (Likert Scale) 是屬評分加總式量表最常用的一種，屬同一構念的這些項目是用加總方式來計分，單獨或個別項目是無意義的。它是由美國社會心理學家李克特於 1932 年在原有的總加量表基礎上改進而成的，該量表由一組陳述組成，每一陳述有「非常同意」、「同意」、「不一定」、「不同意」、「非常不同意」五種回答，分別記爲 1，2，3，4，5。每個被調查者的態度總分就是他對各道題的回答所得分數的加總，這一總分可說明他的態度強弱或他在這一量表上的不同狀態。

表 1-1 李克特量表

	非常同意	同意	不一定	不同意	非常不同意
我的自然科學不錯	☐	☐	☐	☐	☐
我希望在學校多上一些自然科學課	☐	☐	☐	☐	☐
我覺得自然科學比較難，其他同學卻覺得比較容易	☐	☐	☐	☐	☐
我喜歡學自然科學	☐	☐	☐	☐	☐
我的自然科學不怎麼好	☐	☐	☐	☐	☐
與自然科學有關的事我學得很快	☐	☐	☐	☐	☐
自然課中充滿了新鮮有趣的事	☐	☐	☐	☐	☐
我喜歡上自然課	☐	☐	☐	☐	☐
我很想了解和自然有關的課外知識	☐	☐	☐	☐	☐
我覺得老師的教學很有趣	☐	☐	☐	☐	☐

二、塞斯通量表

塞斯通量表 (Thurstone Scale) 是一個較早期發展的態度量表，是 L.L. Thurstone 於 1929 年提出的，稱之爲塞斯通量表。這個方法首先蒐集一系列有關研究態度的陳述或項目，而後邀請一些評判者將這些陳述按照最不贊同到最贊同方向分成幾類。經過淘汰、篩選，形成一套大約 20 條意義明確的陳述，沿著由最不贊同到最贊同的表示。要求參加態度測量的人在這些陳述中標註他所同意的

陳述，所標註的陳述的平均量表值就是他在這一問題上的態度分數。塞斯通量表法提出了在贊同或不贊同的層次上來測量態度的方法。這種做法迄今仍是多數量表的基本特點，但是由於這個方法複雜、費時和不方便，目前較少研究者會採用塞斯通量表。

表 1-2 塞斯通量表

分數	評　定	題　目
1.2	□同意　□不同意	1. 數學老師是個好老師。
2.6	□同意　□不同意	2. 數學老師對我很重要。
4.0	□同意　□不同意	3. 我上數學課時很認真。
5.0	□同意　□不同意	4. 數學課對我很有幫助。
7.2	□同意　□不同意	5. 我滿意自己在數學上的表現。

　　李克特量表形式上與塞斯通量表相似，都要求受試者對一組與測量主題有關陳述語句發表自己的看法。它們的區別是，塞斯通量表只要求受測者選出他所同意的陳述語句，而李克特量表要求受測者對每一個與態度有關的陳述語句表明他同意或不同意的程度。另外，塞斯通量表中的一組有關態度的語句按有利和不利的程度都有一個確定的決斷值，而李克特量表僅僅需要對態度語句劃分是有利還是不利，以便事後進行資料分析處理。

三、高特曼量表

　　高特曼量表 (Guttmann Scale) 是一種累積量表，由單向且具有同一性質的項目所構成，項目由弱到強連續性排序（你喝酒嗎、每天多於 1 瓶、每天超過 2 瓶、無時無刻不能不喝酒）。項目之間的關係或排列方式有次序可循。在此法中，一個人對第 2 項目表示贊成時，他也同時表示贊成第 1 項目。

表 1-3 高特曼量表

評　定	題　目
□同意　□不同意	1. 你喝酒嗎？
□同意　□不同意	2. 你每天是否喝酒多於 1 瓶？

表 1-3 （續）

評　定	題　目
□同意　□不同意	3. 你每天是否喝酒超過 2 瓶？
□同意　□不同意	4. 你是否每刻不能不喝酒？

四、語意差別法

語意差別法(semantic differenation)是測量概念之內涵意義的標準量化程序。每一個概念由一組意義相反之形容詞組成的 5 點或 7 點量尺加以評量。每一個概念都需要用到一系列雙極端的形容詞量尺；通常至少必須包含 10-15 個量尺。其反應可以採取幾種分析方式，如果進行量化處理，可以將各量尺的評分被轉換為 1 到 7 或 −3 到 +3（7 點）的數字。任何兩種概念的整體相似性取決於它們在得知它們對個人而言所具有的內涵意義。因此，在 −3 到 +3 的量尺上，對某人而言，「我哥哥」這個概念可能在評價性因素上得分 −2，在力量因素上得分 0.1，在活動因素上得分 2.7。

表 1-4　語意差別法 (1)

調查對象：牛肉麵的感覺

	非常 −2	有點 −1	都不是 0	有點 1	非常 2	
可口的	＿＿	＿＿	＿＿	＿＿	＿＿	難吃的
方便的	＿＿	＿＿	＿＿	＿＿	＿＿	麻煩的
便宜的	＿＿	＿＿	＿＿	＿＿	＿＿	昂貴的
美觀的	＿＿	＿＿	＿＿	＿＿	＿＿	醜陋的
新奇的	＿＿	＿＿	＿＿	＿＿	＿＿	呆板的

表 1-5　語意差別法 (2)

班上學生這次月考成績不太理想							
A	這將會影響到：						
	我生活中的各個部分	1	2	3	4	5	我生活中的一小部分
B	這件事對我的困擾將：						
	維持很長的時間	1	2	3	4	5	只是暫時的

五、強迫選擇法

強迫選擇法 (forced choice question) 是績效評估的幾種常用的工具之一，強迫選擇表一般由 10 至 20 個組別構成，每組又由 2 或 4 個行為描述項目組成。在每組 4 個行為描述中，要求評定者分別選擇一個最能描述和一個最不能描述被評者行為表現的項目。和業績評價表不同，強迫選擇法用來描述員工的語句中並不直接包含明顯的積極或消極內容。評價者並不知道評價結果到底是高還是低或是中等，這就避免了趨中傾向、嚴格或寬鬆變化等評價誤差。

表 1-6 強迫選擇法

班上學生這次月考成績不太理想	
1.	□甲：這將會影響到我生活中的各個部分。 □乙：這件事對我的困擾將只是暫時的。
關於觀看電影	
2.	□甲：有很多電影，我喜歡一看再看。 □乙：我不能忍受，看過的電影還要一看再看。
對於登山這件事	
3.	□甲：我常常希望自己能成為一位登山者。 □乙：我不能了解為什麼有人會冒險去登山。

SPSS統計軟體之應用

　　本章主要目的在於了解利用電腦來處理資料的一般原則、編碼系統與編碼表的功能與內容、了解 SPSS 統計軟體的操作、資料輸入、其他檔案資料的匯入、資料的合併與重新架構，最後則是說明問卷中複選題的處理與分析等內容，詳細說明如下。

壹、資料的處理

　　針對量化研究資料的處理，第一個步驟要先確認資料蒐集過程的客觀性及標準化的程度，因此在工具發展的階段，需要注意資料蒐集的系統性；並且盡量避免不適合的資料格式，以及符合資料處理與分析的流程，達成日後在資料分析處理上正確的目的，並防止不必要的資料量尺轉換或者是分析上的繆誤。以下將以一個調查問卷的範例，說明編碼簿的功能並提供如何編製編碼簿，最後則是說明對於缺失性資料的處理原則。

一、範例問卷內容

　　下述調查問卷的範例，首先呈現的是說明調查目的，接下來即是基本資料的調查問題。

學童基本科學素養能力成長資料庫研究之調查問卷（學生問卷）

各位同學您好：

　　這是一份調查影響學童基本科學素養相關變項的問卷。本問卷所填寫的資料只供學術研究之用，不會作為其他用途，也不會透露給別人知道，您可以放心地回答。請仔細閱讀下列的題目，再根據您個人實際狀況確實回答。您所提供的寶貴經驗，將使本研究更有價值，感謝您的協助。

國立屏東教育大學
教育學系　陳○○ 敬啓

學校：＿＿＿＿縣（市）＿＿＿＿國小　　班級：＿＿年＿＿班　　座號：＿＿＿＿
你是民國幾年幾月出生的？請將你出生時的年份及月份在框框裡打勾。
年份：□ 84　□ 85　□ 86　□ 87　□ 88　□其他
月份：□ 01　□ 02　□ 03　□ 04　□ 05　□ 06　□ 07　□ 08　□ 09　□ 10　□ 11
　　　□ 12
你是男生還是女生？
□男生　　□女生
包括你自己在內，你家一共住了多少人？
□ 2 人　□ 3 人　□ 4 人　□ 5 人　□ 6 人　□ 7 人　□ 8 人或以上
你的母親（或繼母、養母或女性監護人等）是在我國出生的嗎？　　□是　　□否
你的父親（或繼父、養父或男性監護人等）是在我國出生的嗎？　　□是　　□否

二、編碼簿

編碼簿 (codebook) 主要是在記載資料數量化的所有格式與內容，並配合電腦資料的處理需求，詳述資料處理的步驟。編碼簿的主要功能有：(1) 提供標準化的作業流程；(2) 溝通的功能： (3) 工作記憶的留存。編碼簿的內容包括：(1) 變項名稱與標籤；(2) 變項數值與標籤；(3) 遺漏值處理。以下將依上述的範例問卷內容，加以說明如何編製問卷回收後，資料登錄前的編碼簿。

三、編碼簿範例

以學童基本科學素養能力成長資料庫研究之調查問卷編碼表（學生問卷）為例說明如下表。

表 2-1 編碼簿範例

題號	題目	欄名	欄位	寬度	值
0-1	校別	學校	1-3	3	A01：屏東縣唐榮國小 A02：屏東縣忠孝國小 A03：屏東縣歸來國小 B01：高雄縣中山國小 B02：高雄縣文德國小 B03：高雄縣中崙國小 C01：高雄市東光國小 C02：高雄市前金國小 C03：高雄市明德國小
0-2	年級座號	年級	4-8	5	前三碼為班級代號， 例如：五年級三班→503 後二碼為學生座號， 例如：1 號→01，12 號→12
1-1	出生年月	出生	10-13	4	前二碼為年份，後二碼為月份，缺失值 99
1-2	性別	性別	15	1	1：男生　2：女生
1-3	家庭人口總數	家庭人數	17	1	1：二人 2：三人 3：四人 4：五人 5：六人 6：七人 7：八人以上

表 2-1 （續）

題號	題目	欄名	欄位	寬度	值
1-4	母親是否在我國出生	母出生地	19	1	1：是 2：否
1-5	父親是否在我國出生	父出生地	21	1	1：是 2：否
1-6	你是否在我國出生	己出生地	23	1	1：是 2：否

　　將所蒐集的資料數量化的過程稱為編碼，編碼需要注意的事項包括不同題型需要有不同的編碼方法，例如單選題可以採用一欄來加以編碼，而複選題則是將每一個答案皆視為一欄，而有選填的輸入 1，未勾選的則輸入 0。又例如李克特量表則是依程度比重較重的選項給予較高數量的代碼。

四、廢卷處理

　　量化研究所蒐集到的資料難免會因為受試者或資料蒐集過程中的相關因素導致會有廢卷的情形發生，在問卷調查法中，經由調查問卷的逐一檢視，研究者可以及時的發現疏漏資料，並進行補救工作；如果無法及時發現缺漏資料，研究者必須淘汰不良的研究資料，保持研究資料的純淨，避免資料的分析結果會產生偏誤。如果發生問題的問卷過多或過度集中於某一類的研究對象或研究問題時，研究者必須進一步探討是否資料蒐集的過程中存有瑕疵，並重新檢視所有有關的問卷或研究資料，以避免系統性偏誤的存在。

　　廢卷發生的情況與原因非常多，最直接的判斷方法是檢視遺漏答案的狀況。一份問卷如果長度過長、排版瑕疵、雙面印刷或者問卷中有過多的敏感性問題，受試者可能會忽略部分問題，造成填答遺漏的現象，必須以無效問卷來處理。此外，有些填答者習慣性跳答，或是過度謹慎，也會造成遺漏過多的現象。因此一般的問卷中可能產生廢卷的問題主要有受試者惡意作答、說謊（測謊題）、全部勾選同一個答案、循環式作答（如重複 1 至 5 的方式作答）、草率的胡亂勾選和明顯的抗拒作答；此時即使回答全部的問題，這些資料也是不堪使用。其他的原因可能是非目標樣本的排除（如年齡與問卷設定的目標母群不同）、單選題以多選題作答、作答者能力不足以回答問卷、明顯的反應心向和過度極端的回答等，此時也應以廢卷處理。

廢卷處理並無特定的標準或程序，也不限定只能在分析之前進行，研究者分析過程中的任何階段，皆可以適時的排除或調整數據。例如「空白卷」或「不完整問卷」的處理，可設法找到原作答者補填，或以遺漏值 (Missing Value) 的方式來處理，或者予以適當的插補 (Imputation)。目前的統計軟體大部分都會提供許多插補的技術，例如 SPSS，統計軟體大部分都會提供 Listwise 以及 Pairwise 等2 種處理缺失資料的方法。其中 Listwise 是整列刪除法，當單筆資料中有 1 個變項缺失即視為缺漏的資料不加以處理。另外 Pairwise 是一種配對刪除缺失資料，其所要分析的變項中有缺失才將該筆資料視為缺漏資料。不過此種方法在進行因素分析或者是 SEM 時，往往是造成特徵值負值的主因，會產生非正定的現象。至於 SPSS 尚提供 2 種常用的填補方法，分別是 Regression 迴歸法及 EM 法；迴歸法是利用其他非缺失的資料來預測缺失值，缺點是會有往中間迴歸的問題，而EM（最大概似）法在樣本數不多時，是較佳的填補方法。

在嚴謹的程度上，過度嚴格的廢卷處理不一定能夠提高研究的品質，反而可能因為系統化刪除特定個案而造成偏誤。如何適當地決定廢卷的規準，需要研究者累積其資料處理及分析的經驗，或基於研究者的需求來進行判斷；同時，也需借助統計分析的技術，善用各種指標，來決定資料的品質。

一般而言，在學術報告中，必須清楚地指出廢卷處理的方式，提出修正的結果與淘汰比例的資訊，以利審查人員或讀者的判斷。如果廢卷淘汰過多，研究者可能必須另行增補樣本，以符合研究者預期的樣本規模。下述為研究論文中廢卷的處理範例。

本次研究共回收樣本 328 份，扣除廢卷 32 份後，剩餘有效樣本問卷 296 份。廢卷處理原則為：當主要問卷部分均答相同一個數字的答案達三分之二以上或問卷填答邏輯有誤時，則整份算完全廢卷。

貳、SPSS 軟體的操作

目前統計分析使用的軟體，無論是付費的版本或是免費的版本都相當多，而且功能也很齊全，甚至在許多付費的版本中也都相當貼心地提供試用或是學生版本；而這些版本在分析筆數不多的情況下都綽綽有餘。目前典型常用的統計軟體主要為 SAS、SPSS、Splus、Excel、MATLAB、Mplus、R、PSPP 等，其中除了

R 與 PSPP，其餘皆爲付費的統計分析軟體，以下將介紹本書中主要的統計分析軟體 SPSS。

一、SPSS 軟體簡介

SPSS 統計套裝軟體，早期的全名爲 Statistical Package for Social Science，顧名思義，是爲「社會科學」所常用之統計分析軟體。而在坊間，舉凡像一般客戶滿意度調查，或是在各大民調中心所做之各項調查，都會用到這套軟體進行資料處理；因此只要熟悉 SPSS 的操作，便能迅速進行資料的處理及分析。不過在近期 SPSS 已經改名爲 Statistical Products and Services Soluation（統計產品及服務之解決方案），而目前 SPSS 所提供的分析策略及方法更爲多元細緻，應用的層面更爲廣泛。SPSS 的統計分析軟體版本中，主要是以模組來組合，不同的分析策略需要不同的分析模組，目前的模組大概可以分爲 Base、Advanced Statistics、Regression、Categories、Tables、Trends、Exact Tests、Conjoint、Missing Value 及 Maps 等。

二、SPSS 基本運作原理

SPSS 基本運作原理主要包括，原始資料檔→開啓讀入→點選指令或語法→執行→輸出結果→列印、儲存、其他輸出。

（一）資料定義

SPSS 的資料定義主要是使電腦能夠正確的辨認量化的數據，並對於數據賦予正確的意義。其中的變項名稱指定（變項標籤）、變項數值的標籤、變項的格式類型和遺漏值的設定，資料定義必須與編碼表配合，將適當的變項名稱與數據的意義加以標註，並設定適當的遺漏值，方能使後續的資料處理與分析能夠正確有效的進行。

（二）資料轉換

資料轉換的程序是進行資料分析前的一些校正與轉換的工作，例如反向題的反向計分，出生年月變項轉變成年齡之新變項的創造，廢卷處理、資料準備和遺漏值的缺漏檢查等作業，也是在此一階段進行。

利用觀察值選擇、重新編組或四則運算等指令可以協助轉換工作的進行，所

有的原始資料經由資料轉換完成後，可以得到乾淨 (clean and clear) 資料，以利資料分析結果可以得到正確的解讀。

（三）資料分析

　　資料分析意指依操作者的指令，進行各種的統計分析或統計圖表的製作。操作者必須具備良好的統計基本知識，才能在數十種統計指令中選擇適合的統計方法來分析資料。操作者必須能夠閱讀分析之後的報表數據，從不同的分析結果中，尋求關鍵且正確的數據來作為研究報告撰寫的根據。

三、SPSS 基本操作

　　SPSS 軟體的基本操作中，若要開啟 SPSS 的統計分析軟體可以從開始→程式集→ IBM SPSS Statistics → IBM SPSS Statistics 20 之後開啟 SPSS 的統計分析軟體，如圖 2-1 所示。

圖 2-1　SPSS 軟體的啟動

此時即會出現 SPSS 的首頁，如圖 2-2 所示。

圖 2-2　SPSS 軟體啟動首頁

此時點選「編輯」中的「選項」後進入系統設定，如圖 2-3 所示。

圖 2-3　**SPSS** 的系統設定（一般設定）

　　SPSS 的選項中主要分為一般、瀏覽器、資料、貨幣、輸出標記、圖表、樞軸表、檔案位置、程式檔、多個插補及語法編輯程式等設定的內容。其中在一般的選項設定中，包括了變數清單、角色、視窗、輸出、資料與語法的字元編碼及使用者介面等項目。資料分析者想要改變使用者介面的語言或者是輸出的語言可以在這個設定的項目中加以改變，調整適合資料分析者熟悉的語言以及介面模式。

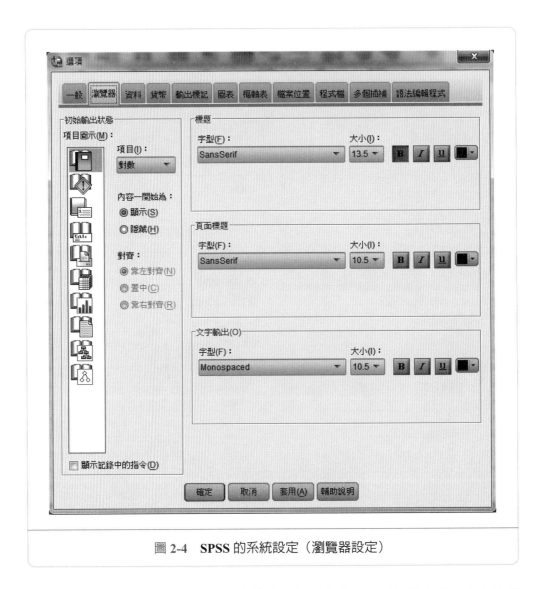

圖 2-4　SPSS 的系統設定（瀏覽器設定）

　　瀏覽器的選項設定包括初始輸出狀態、標題字型、頁面標題字型、文字輸出字型等選項設定，若資料分析者不希望在每一次的資料分析時出現許多指令的輸出，可以將顯示記錄中指令的勾選去除即不會再出現。

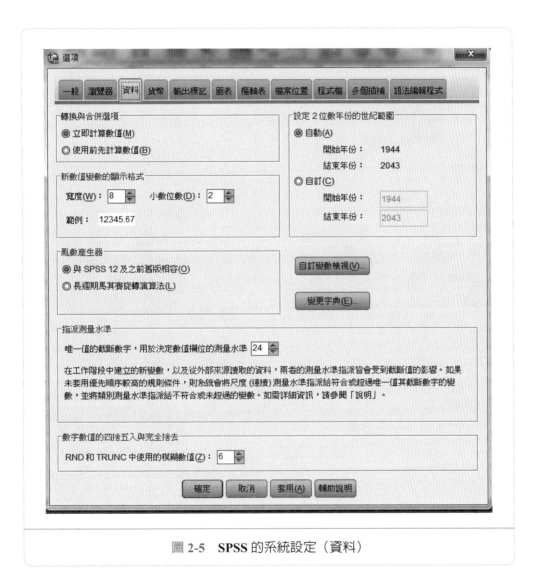

圖 2-5　**SPSS** 的系統設定（資料）

　　資料的選項設定包括轉換與合併選項、新數值變數的顯示格式、亂數產生器、指派測量水準、數字數值的四捨五入與完全捨去的模糊數值、設定 2 位數年份的世紀範圍是自動還是自訂及自訂變數檢視、變更字典等。

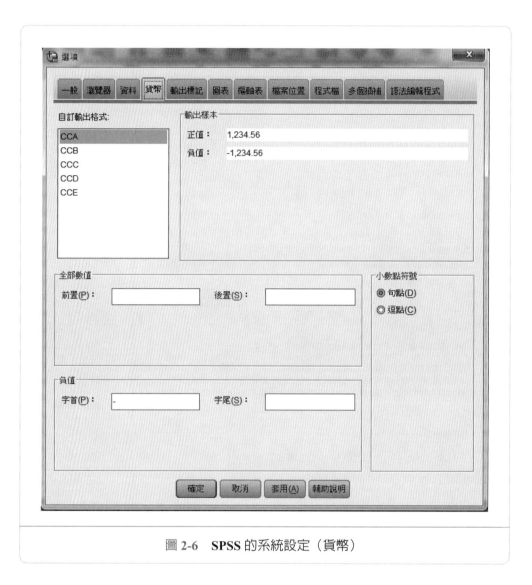

圖 2-6　SPSS 的系統設定（貨幣）

　　貨幣選項設定包括自訂輸出格式、全部數值的前置與後置字元、負值時的表示方式、小數點符號是採用句點或者是逗點等。

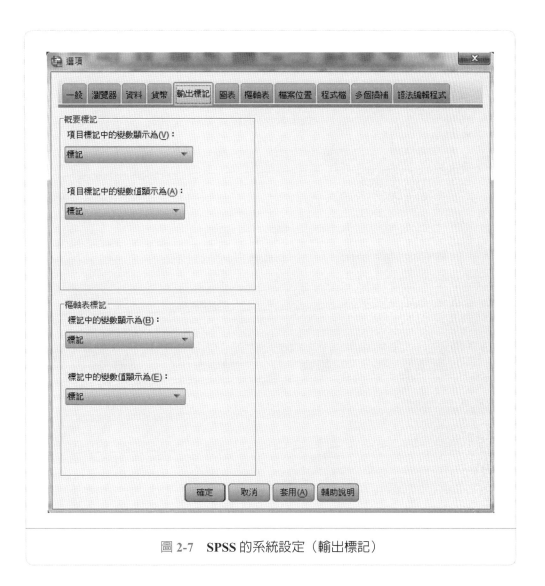

圖 2-7　**SPSS** 的系統設定（輸出標記）

輸出標記的選項設定包括概要標記及樞軸表標記中的變數顯示設定。

圖 2-8　**SPSS** 的系統設定（圖表）

　　圖表選項設定包括圖表範本、目前設定、樣式週期以及框架、網格線顯示設定。

圖 2-9　**SPSS** 的系統設定（樞軸表）

　　樞軸表的選項設定包括表格格式集的設定、欄寬度、顯示列區塊、表格呈現是否呈現為舊表格、設定預設編輯方式及當以 RTF 格式將寬表格複製到剪貼簿時的選項調整。撰寫論文中的表格格式若是以 APA 為主時，選擇 Academic 的格式是比較符合 APA 的表格格式，因此若是撰寫論文時可以選擇此種格式，並將輸出複製貼上至相關的文書編輯器加以編輯會節省許多表格編寫的時間。

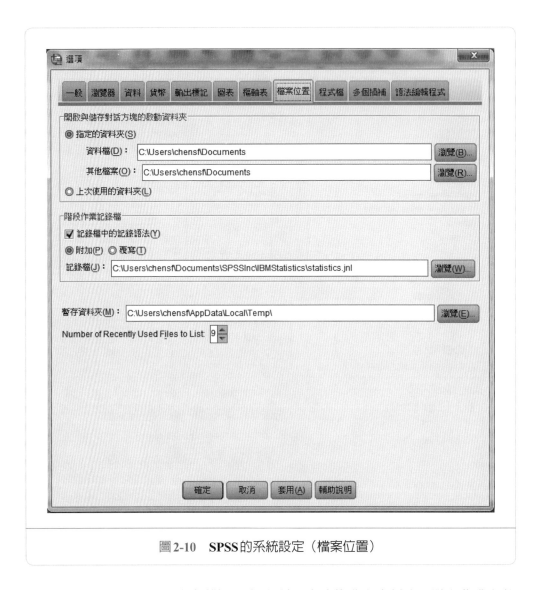

圖2-10　**SPSS**的系統設定（檔案位置）

　　檔案位置的選項設定包括開啓與儲存對話方塊的啓動資料夾、階段作業記錄檔、暫存資料來源目錄設定及最近使用檔案的數量設定。

圖 2-11 **SPSS** 的系統設定（程式檔）

　　程式檔的選項設定包括預設程式檔語言、自動程式檔、是否啟動自動程式
檔、基礎自動執行程式檔的檔案、個別物件的自動執行程式檔等。

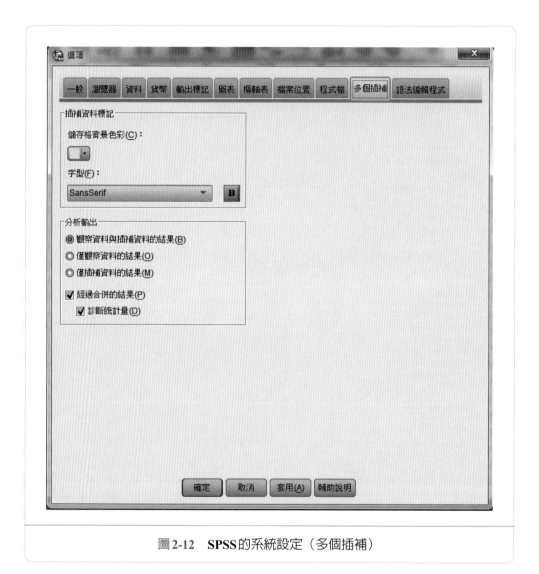

圖2-12　**SPSS**的系統設定（多個插補）

　　多個插補的選項設定包括插補資料標記、分析輸出時是顯示觀察資料與插補資料的結果、僅觀察資料的結果、僅插補資料的結果等選擇。

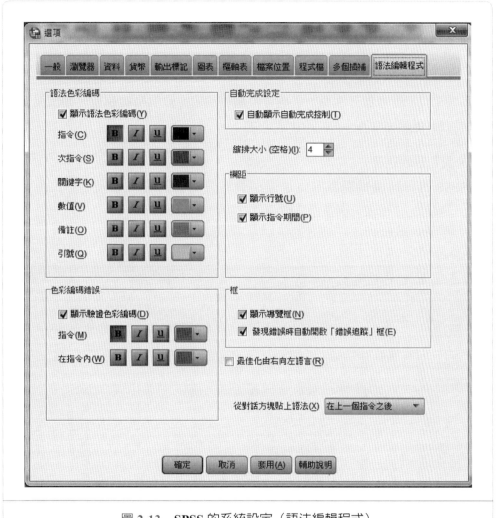

圖 2-13　**SPSS** 的系統設定（語法編輯程式）

　　語法編輯程式的選項設定包括語法色彩編碼的設定、色彩編碼錯誤的設定、是否自動顯示自動完成控制、編排的大小空格、欄距、是否顯示導覽框、發現錯誤時自動開啓「錯誤追蹤」框、是否指定最佳化是由右向左的語言及從對話方塊貼上語法等情況。

四、SPSS 的檔案格式

　　SPSS 本身的資料檔為 *.sav，它亦可讀取不同型態的檔案資料，例如：

Dbase (*.dbf), Excel(*.xls), ASCII (*.txt, *.dat), SAS (*.sd2), Stata(*.dta), Minitab (*.mtw), 等，至於輸出資料檔則爲 *.spv。

五、SPSS 的各種視窗

SPSS 的視窗種類有 5 種，包括資料編輯視窗、變數檢視視窗、輸出視窗、語法視窗、對話方框等，分別舉例說明如下。

（一）資料編輯視窗

SPSS 的資料編輯視窗主要是提供資料分析者的資料輸入，格式類似於 EXCEL 軟體的工作表，因此是一種相當友善的輸入介面。

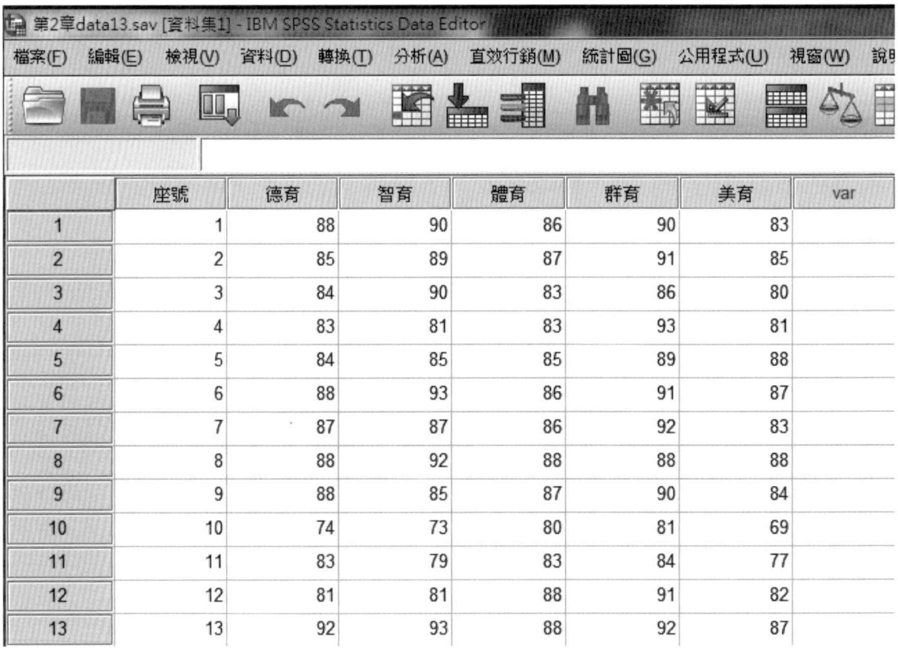

	座號	德育	智育	體育	群育	美育	var
1	1	88	90	86	90	83	
2	2	85	89	87	91	85	
3	3	84	90	83	86	80	
4	4	83	81	83	93	81	
5	5	84	85	85	89	88	
6	6	88	93	86	91	87	
7	7	87	87	86	92	83	
8	8	88	92	88	88	88	
9	9	88	85	87	90	84	
10	10	74	73	80	81	69	
11	11	83	79	83	84	77	
12	12	81	81	88	91	82	
13	13	92	93	88	92	87	

圖 2-14　資料編輯視窗

（二）變數檢視視窗

變數檢視視窗主要是提供資料分析者對於變項的屬性之定義，包括變數的

名稱、類型、寬度、小數長度、標記、值的代碼設定、遺漏值的定義、欄位寬度、對齊及測量的量尺格式等，分別說明如下。

圖 2-15　變數檢視視窗

1. SPSS 變項的名稱 (Variable Names)

　　SPSS 早期的版本限制變數名稱的長度不超過八個字元，例如英文字母加上數字或符號不超過八個 (cannot exceed 8 characters)，中文字則不超過四個字（一個中文字占兩個字元），目前的版本主要以作業系統的限制為主，沒有特別的限制：不可數字開頭，亦不可利用 "."(a period) 來作為結尾的符號。另外，同一個檔案的變數名稱不可重複，至於英文字母的大小寫視為一樣。

　　保留字：ALL, NE, EQ, TO, LE, LT, GE, BY, OR, GT, AND,NOT, WITH——絕對不可拿來當作變數名稱：空白 (Blanks) 與特殊字元（例如：!, ?, *）亦不可；但 @, #, _, $ 則可以來當作變數的名稱使用。

2. SPSS 變數的類型 (Variable Type)

　　變數的類型主要在於定義變數的類型，而 SPSS 變數的類型若新增變數後其內定型態為數字型，主要的類型如下所示。

(1) 數字 (Numeric)：資料為數字型態，內定為寬度 8、小數位數 2。

(2) 逗點 (Comma)：數字用 1,200.35 表示。

(3) 點 (Dot)：數字用點來表示，例如：1.234。

(4) 科學記號 (Scientific Notation)：數字用科學記號表示，常用 E 來表示 10 的次方，例如：1.23E+002。

(5) 日期 (Date)：資料為日期型態，例如：dd-mm-yy, mm/dd/yy,dd.mm.yyyy。

(6) 貨幣 (Currency)：資料為貨幣型態，或在選項中的貨幣選單加以設定。

(7) 自訂貨幣 (Custom Currency)：資料為貨幣型態，可在選項中的貨幣選單加以設定。

(8) 字串 (String)：資料為字串型態而非數字，故無法計算。

(9) 寬度 (Width)：資料的寬度，內定寬度為 8。

(10) 小數 (Decimals)：內定小數位數為 2。

(11) 註解 (Label)：說明解釋變數的意義。

(12) 數值 (Values)：定義次序資料或名義資料的數值所相對應的值或字串（例如：1= 男生 , 2= 女生）。

(13) 遺漏 (Missing)：定義遺漏值、缺失值。

(14) 欄 (Columns)：變數欄位的寬度，內定寬度為 8。

(15) 對齊 (Align)：資料可以選擇靠左、中、右對齊等。

(16) 測量 (Measure)：在 SPSS 中，有三種測量：

   i. 量尺 (S, Scale)：一般的數值資料，表示為等距或等比變項（例如：年齡）。

   ii. 次序的 (O, Ordinal)：次序性的資料（例如：1 = 低 , 2 = 中 , 3 = 高）。

   iii. 名義 (N, Nominal)：類別性的資料，可為字串或數字（例如：1 = 男生 , 2 = 女生）。

（三）輸出視窗

輸出視窗則包括基本視窗、編輯器視窗等，如圖 2-16、2-17 所示。

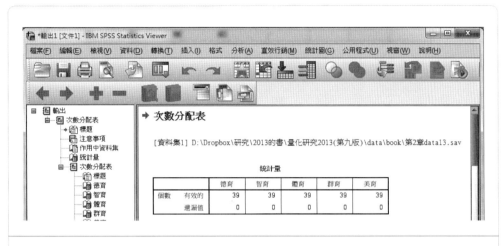

圖 2-16　**SPSS** 的輸出視窗（基本視窗）

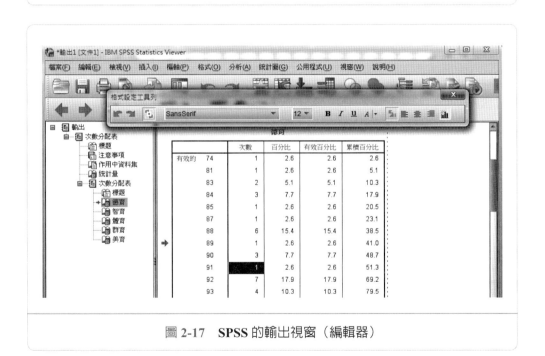

圖 2-17　**SPSS** 的輸出視窗（編輯器）

（四）語法視窗

　　SPSS 除了提供視窗選項的點選之外，尚提供資料分析者自行輸入分析的語法於視窗中，並加以執行。

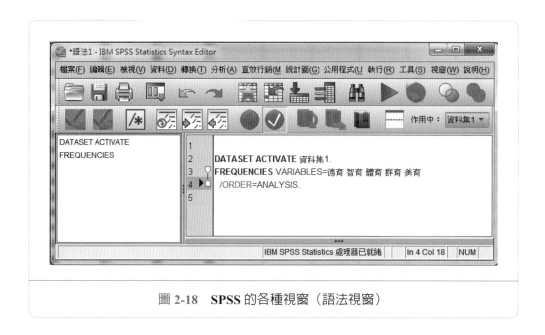

圖 2-18　**SPSS** 的各種視窗（語法視窗）

（五）對話方框

SPSS 亦在各種不同的分析策略下有其相對應的對話方框，例如以圖 2-19 即
爲進行描述性統計量的對話方框，若選項選擇完畢之後，尚可點選貼上語法即會
自動將所需要的語法貼至語法編輯程式的語法視窗，如圖 2-20。

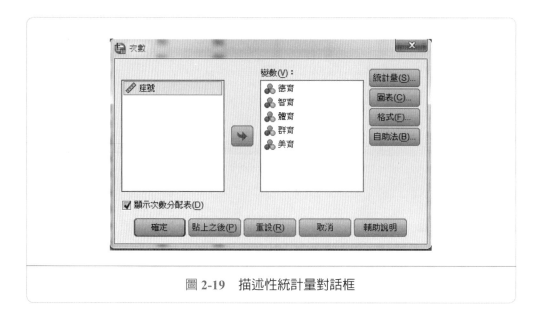

圖 2-19　描述性統計量對話框

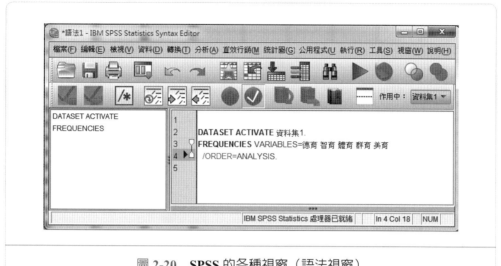

圖 2-20　**SPSS** 的各種視窗（語法視窗）

參、SPSS 資料的輸入

　　傳統上，分析資料的輸入主要是以純文字資料格式。但是自從視窗軟體普及之後，多工的視窗作業系統取代 DOS 的作業模式，成為個人電腦的標準作業平台，新開發的應用軟體也以視窗軟體為基礎，使得傳統的 DOS 應用軟體逐漸被淘汰。不過，從資料處理的角度來看，版面的美觀與字型的變化無助於資料的儲存與運算，反而造成系統間的相容問題，因此在統計資料分析的最佳格式還是以文字模式為主。

　　以下各節主要是說明在 SPSS 統計軟體中資料建檔程序、其他資料檔案的匯入、資料的合併與架構、複選題處理與分析等，依序說明如下。

　　利用 SPSS 開啟資料，首先可以利用一開啟 SPSS 統計軟體後之視窗畫面來開啟研究者所要分析的資料，如圖 2-21 所示。

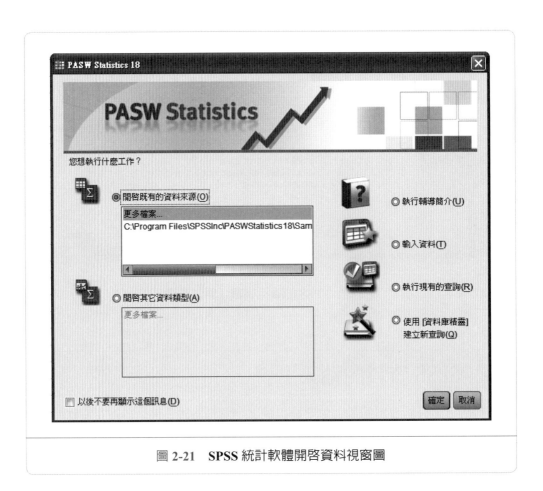

圖 2-21　SPSS 統計軟體開啓資料視窗圖

　　開啓 SPSS 之後的資料處理精靈對於初學者會有相當的幫助，若是使用一段時間後，覺得沒有必要的話，可以勾選以後不要再顯示這個訊息的選項，日後就不會再出現初始的資料處理精靈。

圖 2-22　**SPSS** 統計軟體資料編輯視窗

　　視窗開啓完成之後，請點選變數檢視，準備資料變項的定義。現在假設要輸入受測者的身份編號以及性別等二組資料。第 1 個變項爲身份編號，變項名稱定爲 ID，每一位受試者的編號爲四位數 (0001-9999)。第 2 個變項爲性別，變項名稱爲 GENDER，每一位受測者的數據爲個位數（1：男生，2：女生）。

一、輸入變項名稱

　　圖 2-23 爲輸入變項名稱時的操作：輸入變項的名稱。

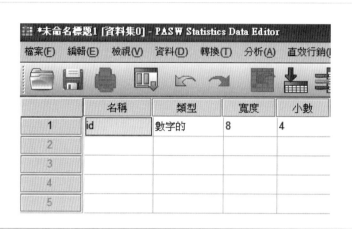

圖 2-23　輸入變項名稱示意圖

二、選擇變數型態

　　圖 2-24 為選擇變數型態的對話框，可以選擇的變數類型有數值型、逗點、科學記號、日期、元符號、自訂貨幣以及字串，其中許多的型態可以自訂變數的長度。

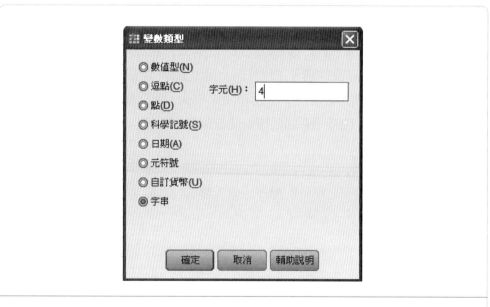

圖 2-24　選擇變數型態對話框

三、輸入變項標記

圖 2-25 為變項標記的輸入,尤其是以英文為變數名稱時,若需要標記其中文意義時,此功能最為實用,也是資料分析者日後可以依此標記了解變項的內涵。

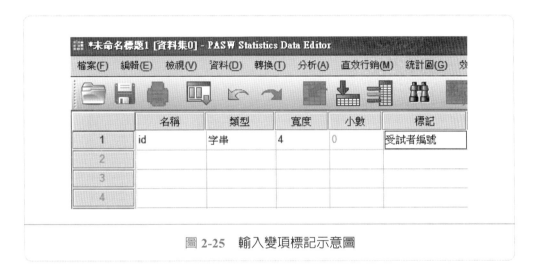

圖 2-25　輸入變項標記示意圖

四、輸入數值註解

圖 2-26 為輸入數值註解的對話框,若資料分析者在定義變數時,針對不同類別有不同的數值意涵,可以由此來加以定義,例如性別變項中,1 為男生,2 為女生。

圖 2-26　輸入數值註解對話框

五、設定遺漏值

　　圖 2-27 為設定變數遺漏值的代號，資料蒐集的過程中，經常會發生填答者漏答或者是故意不回答的情形，此時即需要加以定義遺漏值。在 SPSS 中遺漏值的定義內定值為無遺漏值，定義遺漏值可以定義離散一個以上的遺漏值或者是一個範圍的遺漏值，詳細如圖 2-27 所示。

圖 2-27　設定遺漏值對話框

六、選擇顯示格式

圖2-28為SPSS中選擇資料顯示的格式，其中包括顯示的欄位寬度、對齊等。

圖 2-28　選擇顯示格式示意圖

七、設定測量尺度

圖 2-29 為 SPSS 中設定測量的尺度，若變數的類型為字串，系統會自動設定為名義。變數的測量尺度計有名義、次序的以及尺度等 3 種選擇的量尺。

圖 2-29　設定測量尺度示意圖

八、資料輸入

資料輸入時即可依變數所蒐集到的資料加以輸入，若要顯示變數的標記，則可以點選數值標記的標籤即可以顯示。

圖 2-30 　資料輸入示意圖 **(1)**

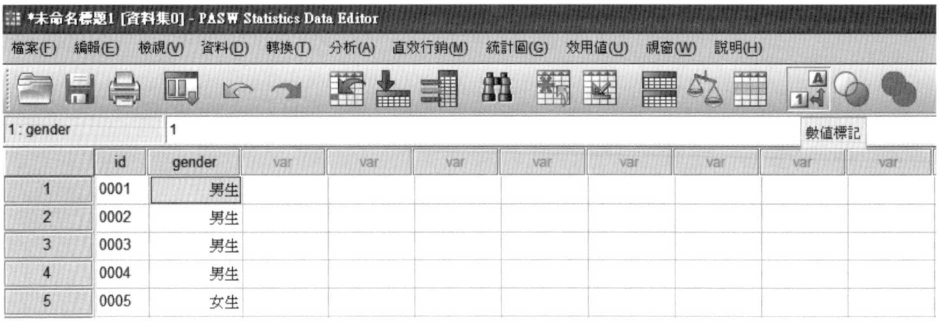

圖 2-31 　資料輸入示意圖 **(2)** 數值標記

九、檔案存檔

上述步驟完成後，資料編輯視窗將顯現所設定完成的變數名稱，此時使用者輸入資料完成後，可以將檔案儲存爲以 .sav 爲副檔名的資料檔。檔案儲存完畢後，視窗的左上角即會出現檔案的名稱。在輸出視窗部分，可以單獨將統計的分析結果加以存檔，副檔名爲 .prv，亦即只需要檢視輸出的結果時並不需要將資料檔同時開啓，只要將輸出檔開啓即可檢視輸出結果。在檢視輸出檔案時，檢視者仍然需要有 SPSS 的統計軟體，若檢視者並沒有 SPSS 的統計軟體時，可在輸出檔的存檔時，將檔案匯出（如圖 2-32）至其他的檔案格式，點選文件中的類型即可選擇，格式則包括 WORD、EXCEL、HTML、PDF、PPT、純文字等（如圖 2-33）。

圖 2-32　分析結果匯出至其他格式 (WORD)

圖 2-33　分析結果匯出格式

肆、其他檔案資料的匯入

　　SPSS 的資料可利用其他格式加以匯入，以下即介紹最常用的格式，分別是 EXCEL 及純文字檔，說明如下。

一、EXCEL 檔案讀入

　　圖 2-34 為 EXCEL 的資料格式檔，SPSS 可以讀入 EXCEL 所建立的檔案，以下將說明如何讀入 EXCEL 的資料檔。

	A	B	C	D	E	F	G	H	I	J	K	L
1	id	year	p03	p0101	p0102	p02	p04	p05	p06	p07	p08	p09
2	A0160102	6	4	85	9	1	1	1	1	9	2	4
3	A0160103	6	7	86	2	1	1	1	1	9	2	4
4	A0160107	6	7	86	4	1	1	1	1	9	2	4
5	A0160109	6	3	86	5	1	1	1	1	9	2	9
6	A0160111	6	5	86	8	1	1	1	1	9	2	9
7	A0160115	6	4	85	10	2	1	1	1	9	2	4
8	A0160116	6	6	85	11	2	1	1	1	9	2	9
9	A0160117	6	6	85	11	2	2	2	1	9	2	9
10	A0160119	6	7	86	99	2	1	1	1	9	2	4
11	A0160120	6	3	86	4	2	1	1	1	9	2	4
12	A0160121	6	5	86	6	2	1	1	1	9	2	9
13	A0160212	6	4	85	10	2	1	1	1	9	2	4
14	A0160213	6	4	85	11	2	1	1	1	9	2	7
15	A0140101	4	7	87	2	1	1	1	1	9	2	4
16	A0140107	4	7	87	12	1	1	1	1	9	2	4
17	A0140109	4	6	88	2	1	1	1	1	9	2	4

圖 2-34　**EXCEL** 的資料格式檔

圖 2-35　讀取 EXCEL 資料檔

圖 2-35 為開啓資料的對話框，使用者只要點選開啓→資料後即會開啓該視窗，而圖 2-36 則為選取檔案後按開啓之後的視窗。若第 1 列為變數名稱，請記得勾選，因為本範例中第 1 列是變數名稱（如圖 2-34），所以要將圖中「從資料第一列開始讀取變數名稱」的選項打勾。

圖 2-36　開啓 EXCEL 資料來源

圖 2-36 是開啓 EXCEL 的資料來源，請注意若需要讀取另外的工作單請選取正確的工作單來讀取。

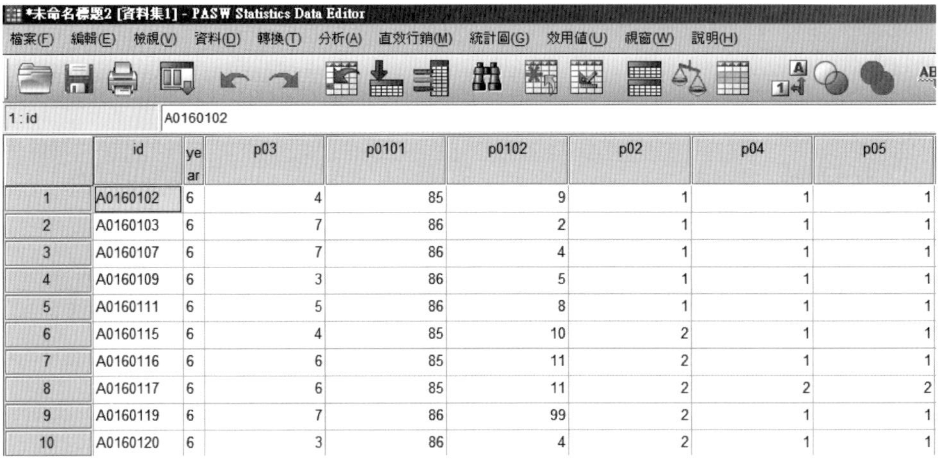

	id	year	p03	p0101	p0102	p02	p04	p05
1	A0160102	6	4	85	9	1	1	1
2	A0160103	6	7	86	2	1	1	1
3	A0160107	6	7	86	4	1	1	1
4	A0160109	6	3	86	5	1	1	1
5	A0160111	6	5	86	8	1	1	1
6	A0160115	6	4	85	10	2	1	1
7	A0160116	6	6	85	11	2	1	1
8	A0160117	6	6	85	11	2	2	2
9	A0160119	6	7	86	99	2	1	1
10	A0160120	6	3	86	4	2	1	1

圖 2-37　**SPSS 讀取 EXCEL 資料結果**

請記得將檔案存成 SPSS 格式的資料檔，並需重新定義變數註解、遺漏值等資料。

二、文字檔讀入

文字檔的資料格式是一種由若干行字元構成的電腦檔案。文字檔案是指一種純文字的內容，包含純文字的檔案型態。由於結構簡單，檔案容量小，文字檔案被廣泛用於統計分析的資料之中，它能夠避免其他檔案格式遇到的一些問題。並且由於各種統計分析軟體都可以讀取文字檔，因此文字檔案反而變成許多統計軟體中共有的檔案格式。

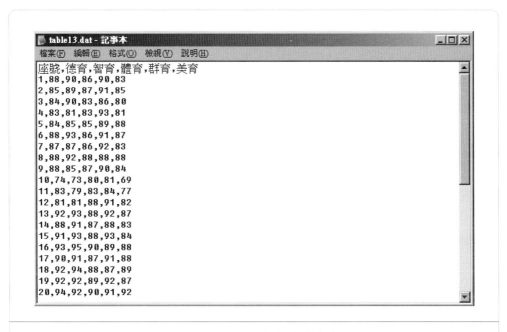

圖 2-38 文字檔資料格式內容

選取檔案中的讀取文字資料即可將文字檔案匯入。

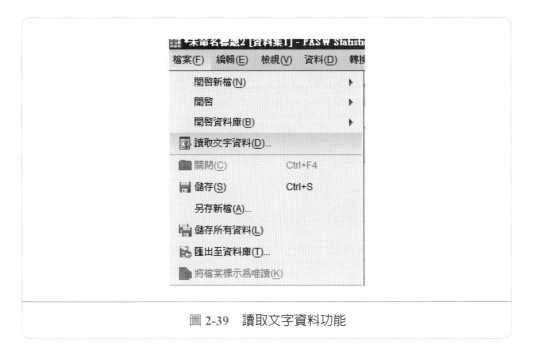

圖 2-39 讀取文字資料功能

圖 2-40 為選取要讀取文字檔檔案的對話框。

圖 **2-40** 開啓檔案對話框

開啓對話框之後，即進入文字的匯入精靈。

（一）文字匯入精靈 1

圖 2-41 為文字匯入精靈的第 1 個步驟，而在這個步驟開始即詢問是否有已經預先定義的讀入檔案的格式可供讀取，若沒有的話請點選下一步開始設定文字匯入的格式。

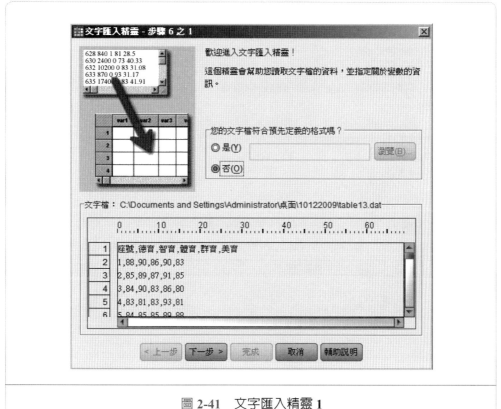

圖 2-41　文字匯入精靈 1

（二）文字匯入精靈 2

圖 2-42 為文字匯入精靈的第 2 個步驟，但其實是為開始定義讀取文字檔的格式。在此步驟主要分為 2 個選項，分別是定義變數的排列方式、以及是否有變數名稱在檔案的最上層。

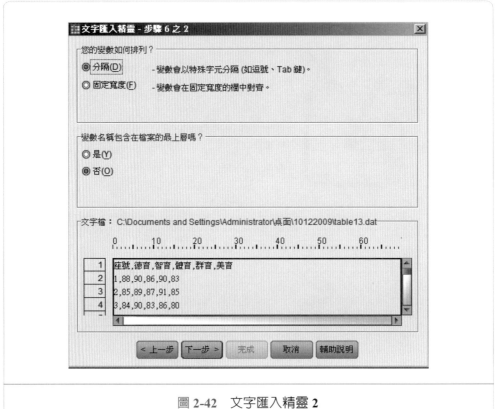

圖 2-42　文字匯入精靈 2

（三）文字匯入精靈 3

　　圖 2-43 為文字匯入精靈 6 個步驟中的第 3 個，在這個步驟中首先是選擇資料的第一個觀察值的位置，觀察值的表示方法、以及需匯入多少個觀察值等選項。

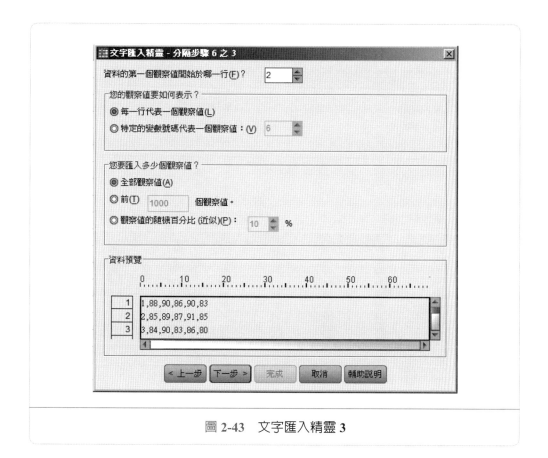

圖 2-43　文字匯入精靈 3

（四）文字匯入精靈 4

　　圖 2-44 是文字匯入精靈的第 4 個步驟，主要的選擇在於變數間的分隔符號及文字修飾詞為何等選項。

圖 2-44 文字匯入精靈 4

（五）文字匯入精靈 5

圖 2-45 是文字匯入精靈的第 5 個步驟，這個步驟是對於每個變項的格式定義。

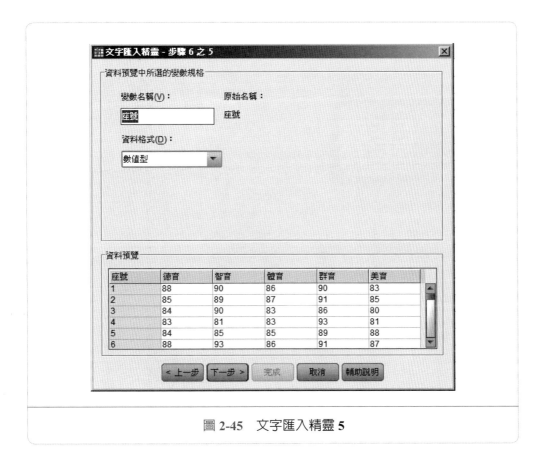

圖 2-45　文字匯入精靈 5

（六）文字匯入精靈 6

　　圖 2-46 是文字匯入精靈的最後一個步驟，因此在這個步驟中可以選擇將上述 1-5 個步驟所選擇設定的選項儲存成檔案的格式，提供日後使用。或者是將上述的選項貼至 SPSS 的語法檔中，以利日後若要讀取相同資料時即可不用再加以設定。在此步驟，點選完成以完成文字資料的匯入。

圖 2-46　文字匯入精靈 6

（七）文字檔匯入結果

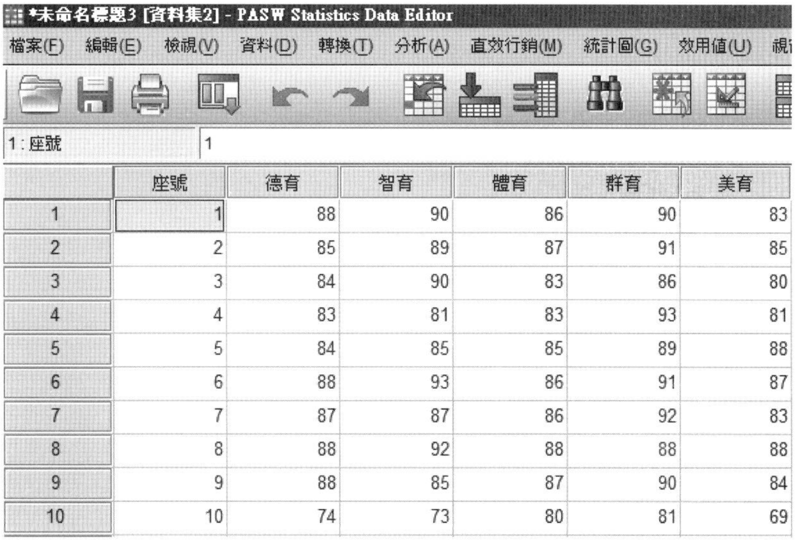

	座號	德育	智育	體育	群育	美育
1	1	88	90	86	90	83
2	2	85	89	87	91	85
3	3	84	90	83	86	80
4	4	83	81	83	93	81
5	5	84	85	85	89	88
6	6	88	93	86	91	87
7	7	87	87	86	92	83
8	8	88	92	88	88	88
9	9	88	85	87	90	84
10	10	74	73	80	81	69

圖 2-47　文字匯入結果顯示

文字檔匯入完成後，記得將檔案存成 SPSS 格式的資料檔，以利日後資料的重新分析。

伍、資料的合併與架構

研究者在蒐集資料，到正式進行資料分析之前，往往需要檢查資料的正確性以及合併或重新架構資料等工作，而這與研究者日後是否可以順利進行資料分析有相當密切的關係，以下將介紹及說明如何利用 SPSS 來進行資料的合併以及資料的重新架構。

一、新增觀察值

若研究蒐集資料時是不同的時間點來蒐集，而需要將 2 個相同變項或者是不同變項合併時，可以利用以下的步驟來加以進行。

(1) 開啓檔案

以下爲 2 個相同變項的個別檔案。

檔案 1：

	id	gender	grade	math
1	A001	1	3	78
2	A002	1	3	92
3	A003	1	3	98
4	A005	1	3	96
5	A007	0	3	86
6	A009	0	3	75
7	A010	0	3	79

圖 **2-48**　新增觀察值檔案 **1**

檔案 2：

	id	gender	grade	math
1	A004	0	3	86
2	A006	0	3	89
3	A008	0	3	79
4				
5				
6				

圖 **2-49**　新增觀察值檔案 **2**

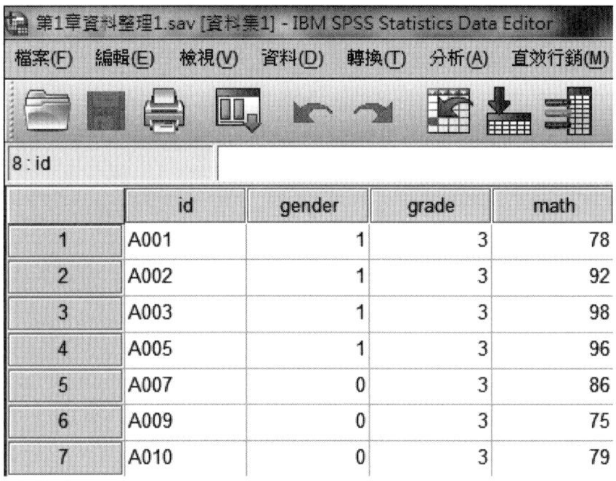

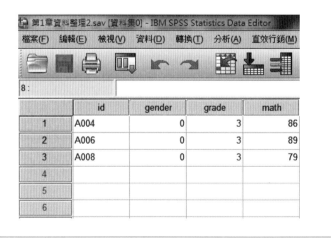

(2) 合併檔案，新增觀察值

　　若要進行觀察值的合併，可以點選資料→合併檔案→新增觀察值後再選擇所要合併的檔案內容。

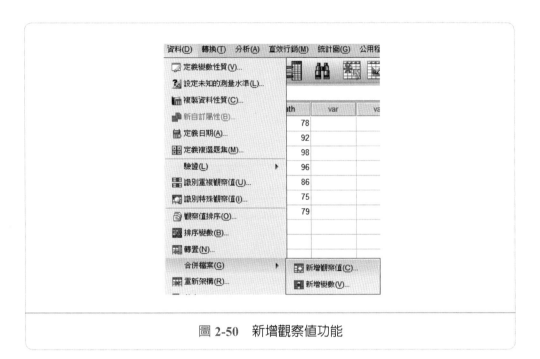

圖 2-50　新增觀察值功能

(3) 選擇新增觀察值的檔案

點選開啟的資料集或者選取外部 SPSS 的資料檔皆可，點選後請按繼續。

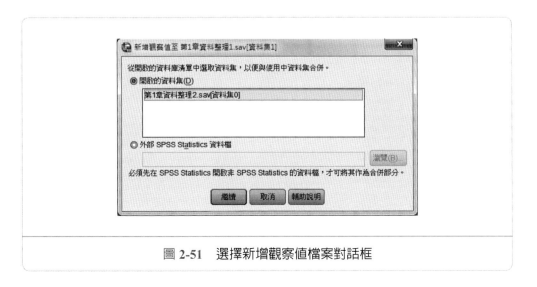

圖 2-51　選擇新增觀察值檔案對話框

(4) 選擇新作用資料集中變數

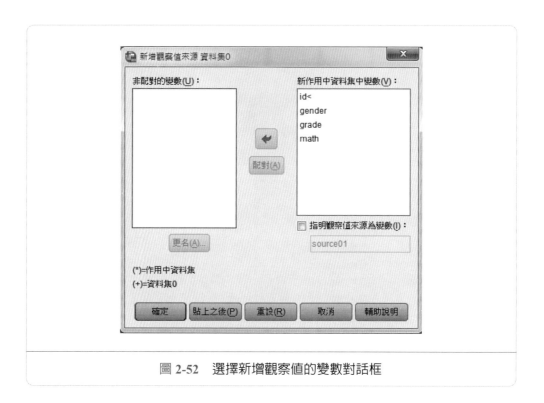

圖 2-52　選擇新增觀察值的變數對話框

(5) 點選確定即完成合併檔案，新增觀察值

以下將再繼續說明若要新增變數時，該如何利用 SPSS 來加以處理。

二、新增變數

(1) 開啓檔案

以下爲 2 個不同的檔案，具有相同的 ID，而企圖將這 2 個檔案合併，合併之後新增 CHINA（國語）成績這個變項。

檔案 1：

	id	gender	grade	math
1	A001	1	3	78
2	A002	1	3	92
3	A003	1	3	98
4	A005	1	3	96
5	A007	0	3	86
6	A009	0	3	75
7	A010	0	3	79
8	A004	0	3	86
9	A006	0	3	89
10	A008	0	3	79

圖 **2-53**　新增變數檔案 **1**

檔案 2：

	id	china
1	A001	82
2	A002	99
3	A003	65
4	A004	52
5	A005	63
6	A006	85
7	A007	25
8	A008	99
9	A009	12
10	A010	36

圖 **2-54**　新增變數檔案 **2**

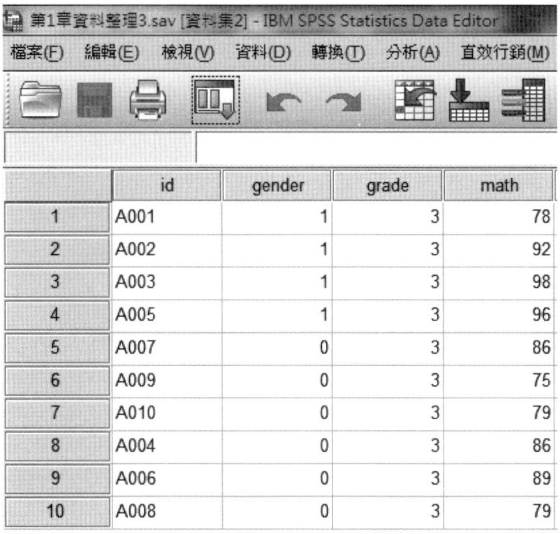

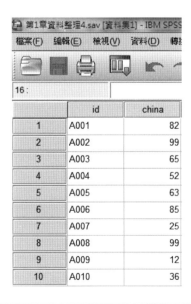

(2) 合併檔案，新增變數

若要進行新增變數的檔案合併，請點選資料→合併檔案→新增變數後，再選擇所要合併的檔案內容。

圖 2-55　新增變數功能

(3) 選擇新增變數檔案

點選合併的檔案來源，從開啟的資料檔或者是外部 SPSS 檔案皆可進行合併，點選後請按繼續。

圖 2-56　選擇新增變數檔案對話框

(4) 新增變數的方式，請輸入關鍵變數來進行合併

匹配已排序檔案關鍵變數的觀察值總共有 3 種方式，第 1 為兩個合併的檔案皆提供觀察值；第 2 種則為非作用中資料集是索引表；第 3 種則是作用中資料集是索引表。

圖 2-57　選擇新增變數的變數對話框

點選確定之後，會出現警告訊息，亦即若關鍵變數中的資料未以遞增順序儲存，關鍵配對將會失敗。

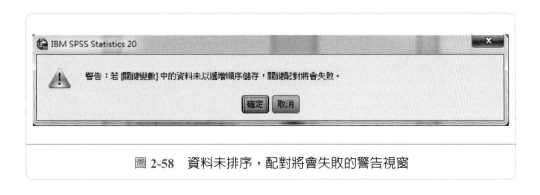

圖 2-58　資料未排序，配對將會失敗的警告視窗

此時的輸出結果如下。

```
File #1
    KEY: A004


誤差 # 5130
檔案順序錯誤。MATCH FILES 中所有檔案的 BY 變數必須是非遞減順序。請使用 SORT
CASES 排序檔案。
此指令的執行已停止。


Any changes made to the working file since 19-AUG-2013 08:13:23 have been lost.
The time now is 08:27:42.
```

上述的結果表示作用資料檔並未排序，因此合併檔案失敗，所以要進行資料值排序。

(5) 進行資料值排序

若要進行資料值的排序，請點選資料→觀察值排序來將觀察值排序。

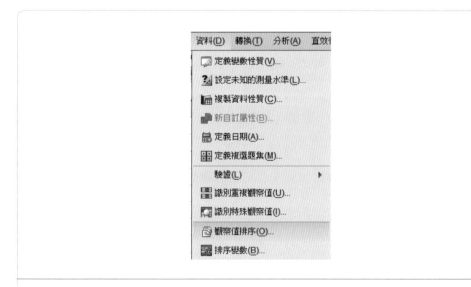

圖 2-59　觀察值排序功能

點選排序的依據，本範例是以編號來排序，並且選擇排序是遞增或遞減排序。

圖 2-60　觀察值排序條件設定對話框

(6) 重新進行資料檔合併，合併結果如下

　由下述的結果中可以得知，已成功地將這 2 個檔案合併，並且新增 CHINA
（國語）成績欄位。

圖 2-61　新增變數合併結果 1

(7) 以作用檔爲索引值

下述結果是 2 個檔案合併的結果，而且是以作用檔爲索引值的合併結果。

	id	gender	grade	math	china
1	A001	1	3	78	82
2	A002	1	3	92	99
3	A005	1	3	96	63
4	A006	0	3	89	85
5	A009	0	3	75	12
6	A010	0	3	79	36

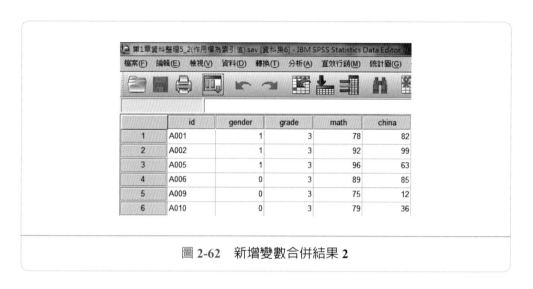

圖 2-62　新增變數合併結果 2

(8) 以非作用檔爲索引值

下述結果是 2 個檔案合併的結果，而且是以非作用檔爲索引值的合併結果，由下述結果可以發現，其中第 2 個檔案有部分觀察值在第 1 個檔案並不存在，所以會出現部分觀察值的 CHINA 並不存在的情形。

	id	gender	grade	math	china
1	A001	1	3	78	82
2	A002	1	3	92	99
3	A003	1	3	98	.
4	A004	0	3	86	.
5	A005	1	3	96	63
6	A006	0	3	89	85
7	A007	0	3	86	.
8	A008	0	3	79	.
9	A009	0	3	75	12
10	A010	0	3	79	36

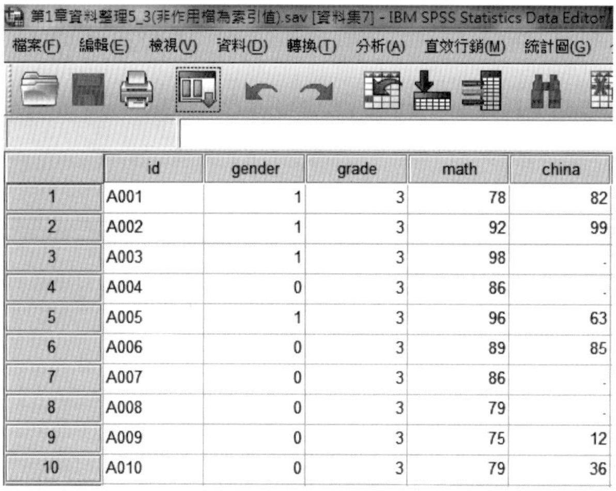

圖 2-63　新增變數合併結果 3

(9) 兩檔皆提供觀察值 1

以下亦是 2 個檔案的合併結果，而且合併的方法是點選兩檔皆提供觀察值，因爲第 2 個檔案有部分觀察值並不存在，所以 CHINA（國語）成績並非每個觀察值皆有。

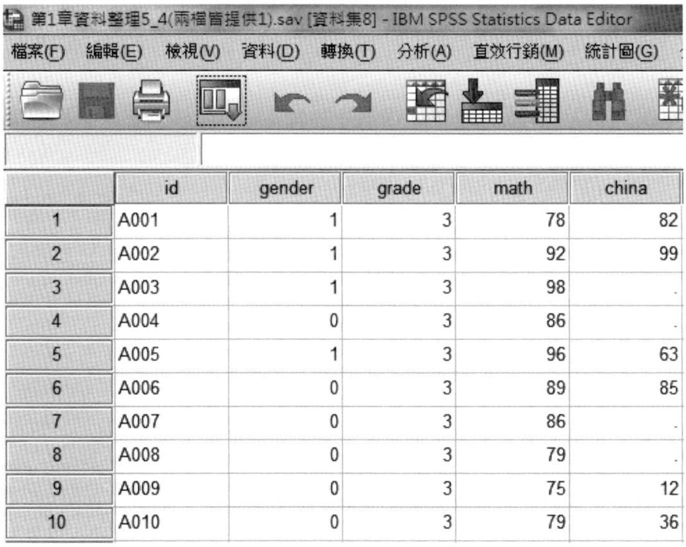

	id	gender	grade	math	china
1	A001	1	3	78	82
2	A002	1	3	92	99
3	A003	1	3	98	.
4	A004	0	3	86	.
5	A005	1	3	96	63
6	A006	0	3	89	85
7	A007	0	3	86	.
8	A008	0	3	79	.
9	A009	0	3	75	12
10	A010	0	3	79	36

圖 2-64　新增變數合併結果 4

(10) 兩檔皆提供觀察值 2

以下亦是 2 個檔案的合併結果，而且合併的方法是點選兩檔皆提供觀察值，因爲第 2 個檔案有部分觀察值在第 1 個檔案中並不存在，所以 CHINA（國語）成績並非每個觀察值皆有。而且有部分觀察值 (A011、A012) 只存在第 2 個檔案，第 1 個檔案中並不存在，所以可以發現 A011 及 A012 這二位觀察值只有 CHINA（國語）資料，其餘的變項皆不存在。

	id	gender	grade	math	china
1	A001	1	3	78	82
2	A002	1	3	92	99
3	A003	1	3	98	.
4	A004	0	3	86	.
5	A005	1	3	96	63
6	A006	0	3	89	85
7	A007	0	3	86	.
8	A008	0	3	79	.
9	A009	0	3	75	12
10	A010	0	3	79	36
11	A011	.	.	.	77
12	A012	.	.	.	99

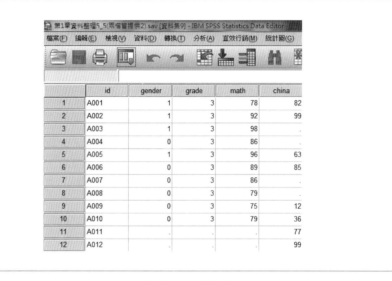

圖 2-65　新增變數合併結果 5

三、多個時間點的資料轉置

以下會將多個時間點的觀察資料加以轉置成一個時間點及資料等 2 個變項，例如將下述 Word1、Word2、Word3 及 Word4 這 4 個時間點轉置成 1、2、3、4 及 78、82、86、92 等 4 組資料值。

(1) 開啓資料檔

	id	gender	grade	word1	word2	word3	word4
1	A001	1	3	78	82	86	92
2	A002	1	3	92	92	94	98
3	A003	1	3	98	99	102	106
4	A004	0	3	86	88	96	102
5	A005	1	3	96	100	106	108
6	A006	0	3	89	92	96	110
7	A007	0	3	86	88	96	98
8	A008	0	3	79	80	86	88
9	A009	0	3	75	86	92	98
10	A010	0	3	79	80	82	88

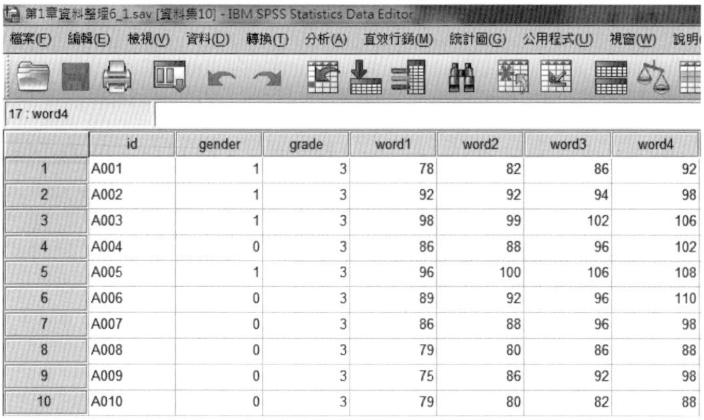

圖 2-66　多個時間點的資料檔案

(2) 點選資料→重新架構

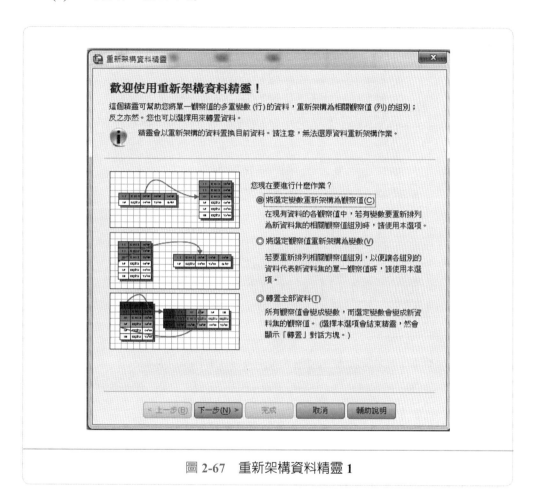

圖 2-67 重新架構資料精靈 1

圖 2-67 是要點選將選定變數，重新架構為觀察值的視窗畫面。

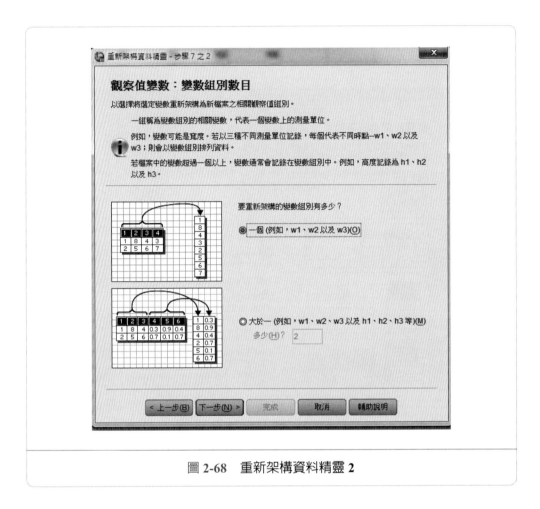

圖 2-68　重新架構資料精靈 2

圖 2-68 請點選重新架構的變數組別只有一個。

圖 2-69　重新架構資料精靈 3

　　在選擇變數這個步驟中，觀察值組別識別可以使用觀察值號碼，或者是選擇現在檔案的變項。而在轉置的變數中，將 4 個時間點的資料點加入要轉置變項的方框中，目標變數命名為 word，固定變數選擇性別以及年級等 2 個變項，因為這 2 個變項對於觀察值來說是固定不變的。

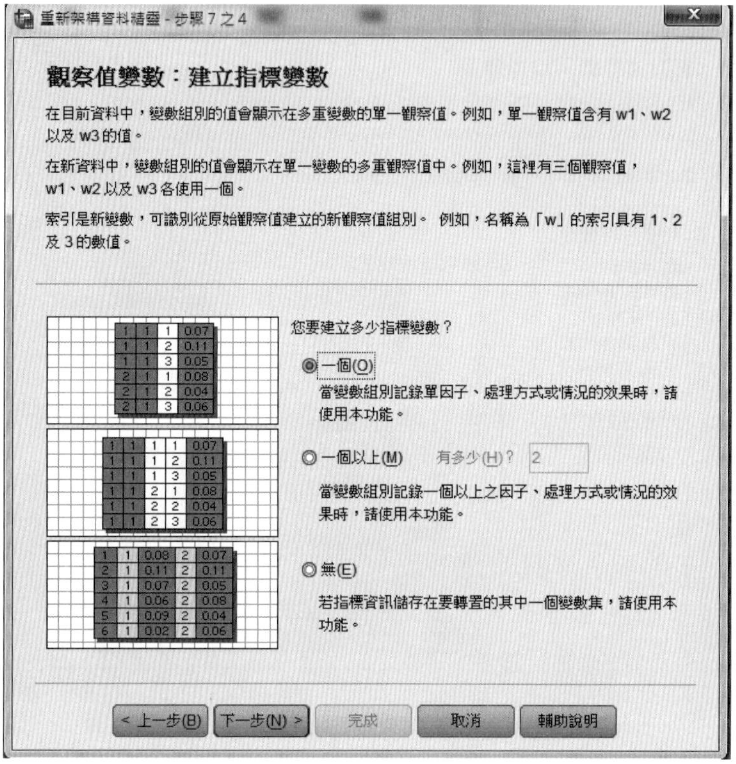

圖 2-70　重新架構資料精靈 4

　　建立指標變數的個數請選擇 1 個，因為本範例只有 1 個時間點的指標變數。

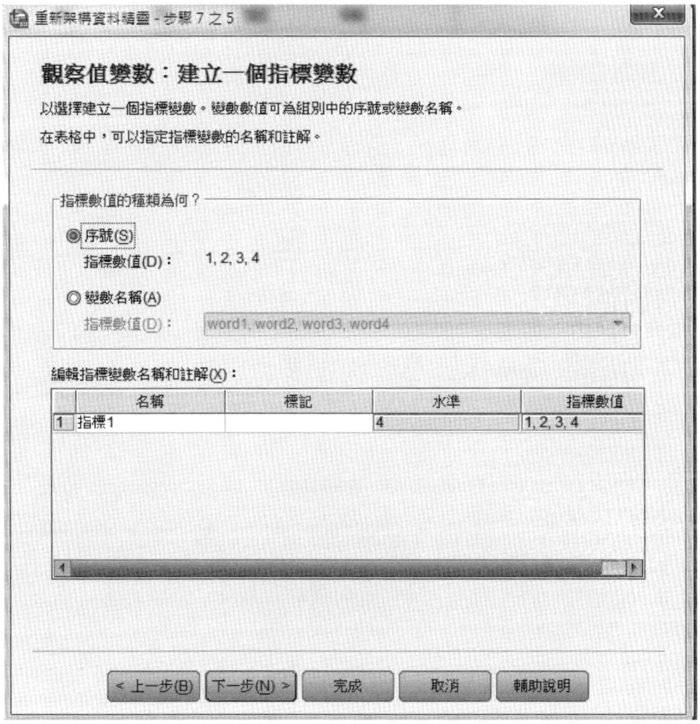

圖 2-71　重新架構資料精靈 5

　　建立一個指標變數的步驟中，可以將指標數值的種類以序號來自動編號即可，並且編輯指標變數名稱，內定值為指標 1，亦即修改為 TIME 等。

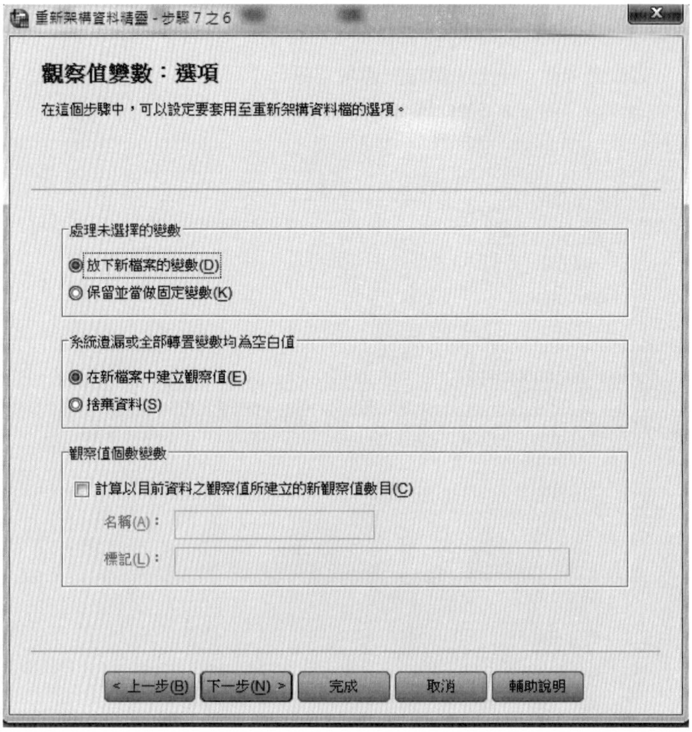

圖 2-72　重新架構資料精靈 6

在選項的步驟中，處理未選擇的變數是放下新檔案的變數，而系統遺漏或全部轉置變數均為空白值中選擇在新檔案中建立觀察值。

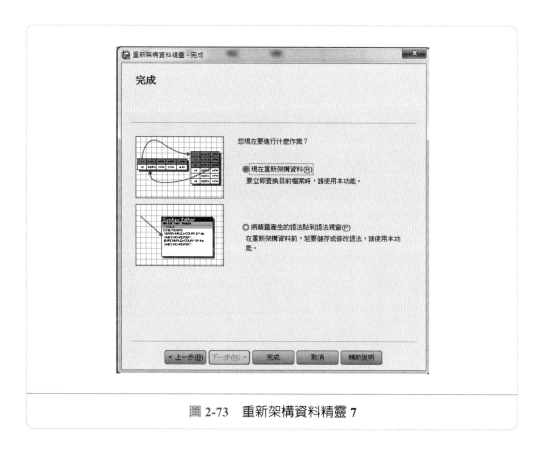

圖 2-73　重新架構資料精靈 7

　　在完成的這一個步驟中，可以選擇現在重新架構資料或者是將精靈產生的語法貼到語法視窗，並且可以下次需要相同的方法中選擇語法來加以重新架構即可。

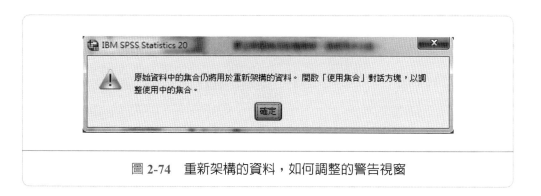

圖 2-74　重新架構的資料，如何調整的警告視窗

　　圖 2-74 的對話方框是在精靈最後一個步驟點選完成後，所出現的警告視窗，主要是說明「原始資料中的集合仍將用於重新架構的資料。開啟『使用集

合』的對話方框,可以加以調整使用中的集合」。圖 2-75 是重新架構後完成的資料轉置結果。

	id1	gender	grade	指標1	word
1	1	1	3	1	78
2	1	1	3	2	82
3	1	1	3	3	86
4	1	1	3	4	92
5	2	1	3	1	92
6	2	1	3	2	92
7	2	1	3	3	94
8	2	1	3	4	98
9	3	1	3	1	98
10	3	1	3	2	99
11	3	1	3	3	102
12	3	1	3	4	106

圖 2-75　資料重新架構後的結果顯示

四、將多筆時間點的資料轉置

下述資料重新架構是將每一筆觀察值有多筆不同時間點的資料,轉置成每一筆觀察值只有一筆資料,步驟說明如下。

(1) 開啟資料檔

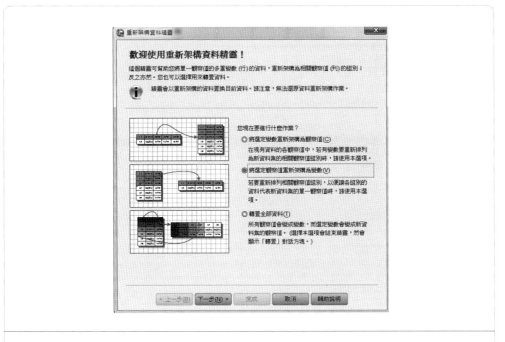

圖 2-76　多筆時間點的資料檔

(2) 點選資料→重新架構

圖 2-77　多筆時間點資料重新架構 1

　　圖 2-77 是重新架構資料精靈的第 1 個步驟，請點選將選定觀察值重新架構為變數。

圖 2-78　多筆時間點資料重新架構 2

　　第 2 個步驟為選擇變數，在這個步驟，識別碼變數請選擇編號，而指標變數則請點選指標 1 這個變項。

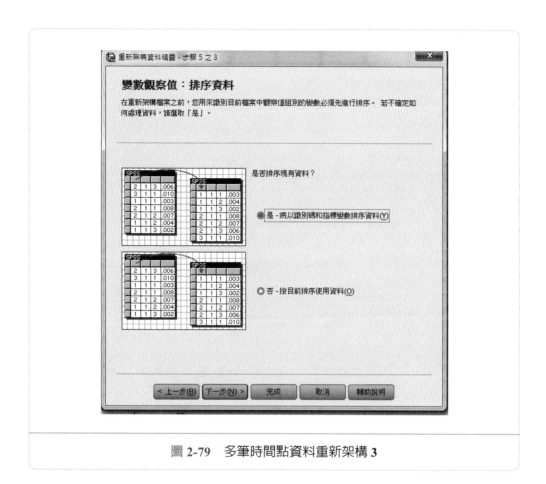

圖 2-79 多筆時間點資料重新架構 3

在排序資料的步驟中，在是否排序現有資料的選項，請點選是，SPSS 將以識別碼和指標變數排序資料。

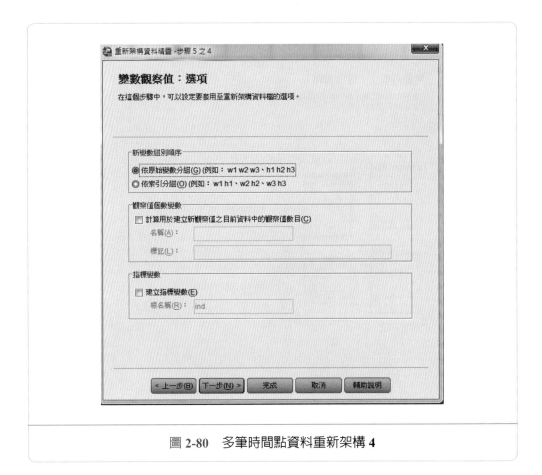

圖 2-80　多筆時間點資料重新架構 4

在選項的步驟中，請將新變數組別順序中，點選依原始變數分組。

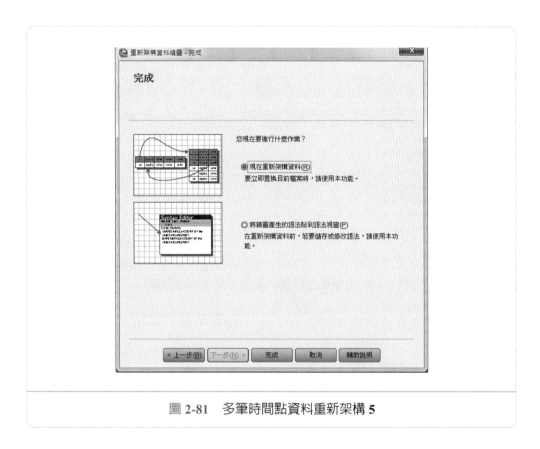

圖 2-81　多筆時間點資料重新架構 5

　　最後完成的步驟中，可以選擇現在重新架構資料或者是將精靈產生的語法貼到語法視窗。

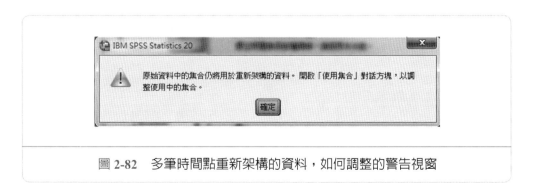

圖 2-82　多筆時間點重新架構的資料，如何調整的警告視窗

　　在最後完成步驟中，點選完成後即會出現警告視窗，說明「原始資料中的集合仍將用於重新架構的資料。開啟『使用集合』對話方框，可以調整使用中的集合」。圖 2-83 則為重新架構後的結果。

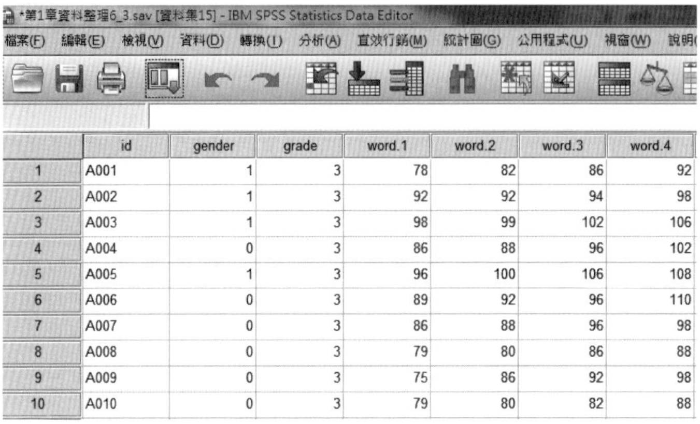

	id	gender	grade	word.1	word.2	word.3	word.4
1	A001	1	3	78	82	86	92
2	A002	1	3	92	92	94	98
3	A003	1	3	98	99	102	106
4	A004	0	3	86	88	96	102
5	A005	1	3	96	100	106	108
6	A006	0	3	89	92	96	110
7	A007	0	3	86	88	96	98
8	A008	0	3	79	80	86	88
9	A009	0	3	75	86	92	98
10	A010	0	3	79	80	82	88

圖 2-83　多筆時間點資料重新架構後的結果顯示

陸、複選題處理與分析

複選題在人文社會科學領域的調查研究中，常常出現。而量化研究中，如果受試者的答案不是只有一個選項，答案的選項可以多重選擇或題項可勾選其中多個選項，這即是所謂的複選題，複選題的分析與單選題稍微有所不同。複選題的分析模式有以下幾個原則：(1) 每一個選項都是一個二分變數（有無回答）；(2)K 個選項的複選題，必須被視爲 K 個變數；(3) 每一個選項，依其內容設定爲一個二分新變數；(4) 0 代表該題之該選項未被勾選，1 代表該題該項被勾選。以下爲複選題的分析範例資料類型。

您主要的任教領域或科目（可複選）				
□語文：國語	□語文：英語	□語文：鄉土	□數學	□社會
□健康與體育	□藝術與人文	□綜合活動	□自然與生活科技	

接下來將介紹如何利用 SPSS 來分析複選題的描述性資料、交叉表等。

一、開啓資料檔或輸入資料

圖 2-84 爲本範例中所需要的資料檔。1 代表受試者選擇，0 則代表未選擇。

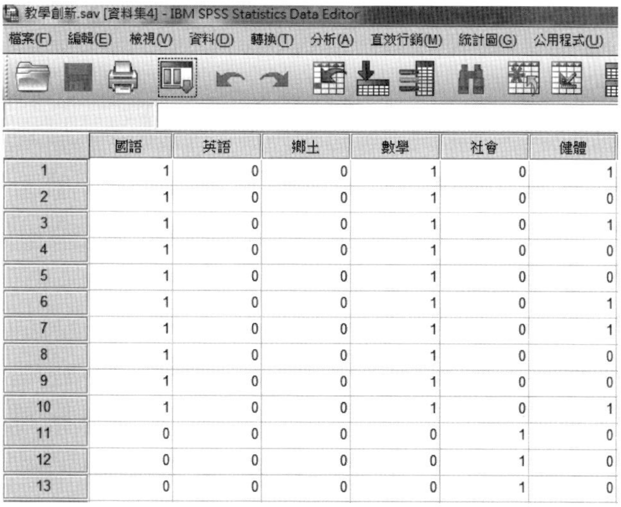

	國語	英語	鄉土	數學	社會	健體
1	1	0	0	1	0	1
2	1	0	0	1	0	0
3	1	0	0	1	0	1
4	1	0	0	1	0	0
5	1	0	0	1	0	0
6	1	0	0	1	0	1
7	1	0	0	1	0	1
8	1	0	0	1	0	0
9	1	0	0	1	0	0
10	1	0	0	1	0	1
11	0	0	0	0	1	0
12	0	0	0	0	1	0
13	0	0	0	0	1	0

圖 2-84　複選題資料檔

二、描述統計資料

表 2-2 爲此複選題的描述性統計資料，分別包括最小值、最大值、平均數及標準差等變數的描述性資料。

表 2-2　複選題資料描述性統計一覽表

敘述統計					
	個數	最小值	最大值	平均數	標準差
國語	47	0	1	.66	.479
英語	47	0	1	.09	.282
鄉土	47	0	1	.09	.282
數學	47	0	1	.57	.500
社會	47	0	1	.19	.398
健體	47	0	1	.23	.428
藝術	47	0	1	.21	.414
綜合	47	0	1	.34	.479
自然	47	0	1	.11	.312
有效的 N（完全排除）	47				

三、複選題分析

接下來開始進行複選題的分析，首先定義複選題的變數集。

(1) 點選分析→複選題→定義變數集

定義複選題分析集，變數編碼選擇二分法，計數值中因為所有的複選題都只有 0 和 1 二種情形，所以此時的計數值請輸入 1 即可。名稱輸入代表的名稱，在此範例是輸入 TEACH，標記輸入任教領域。關閉之後即完成複選題分析集的定義。

圖 2-85　定義複選題集對話框

(2) 點選分析→複選題→次數分配表

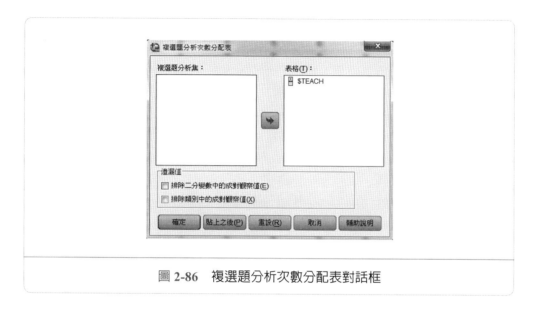

圖 2-86 複選題分析次數分配表對話框

　　定義完複選題的定義集之後，即可針對複選題開始分析，首先可進行次數分配表的分析，選點分析→複選題→次數分配表即會出現圖 2-86 的對話框，將所要分析的定義集點選至右邊的分析表格後，再點選確定即會出現表2-3的次數分配表。

表 2-3 複選題資料次數分配一覽表

		\$TEACH 次數		
		反應值		觀察值百分比
		個數	百分比	
任教領域[a]	國語	31	26.5%	66.0%
	英語	4	3.4%	8.5%
	鄉土	4	3.4%	8.5%
	數學	27	23.1%	57.4%
	社會	9	7.7%	19.1%
	健體	11	9.4%	23.4%
	藝術	10	8.5%	21.3%
	綜合	16	13.7%	34.0%
	自然	5	4.3%	10.6%
總數		117	100.0%	248.9%

a. 二分法群組表列於值 1。

(3) 點選分析→複選題→交叉表

圖 2-87　複選題分析交叉表對話框

　　若要繼續進行複選題的交叉表分析即可點選分析→複選題→交叉表，在交叉表分析的對話框中，可以針對不同的類別變項（本範例是以性別為範例）對於複選題的交叉表分析。表 2-4 為分析的結果。

表 2-4　複選題資料交叉表分析結果一覽表

$TEACH*性別交叉表列					
			性別		總數
			1	2	
任教領域[a]	國語	個數	23	8	31
	英語	個數	1	3	4
	鄉土	個數	3	1	4
	數學	個數	20	7	27
	社會	個數	5	4	9
	健體	個數	6	5	11
	藝術	個數	9	1	10
	綜合	個數	14	2	16
	自然	個數	4	1	5
總數		個數	32	15	47
百分比及總數是根據應答者而來的。					

a. 二分法群組表列於值 1。

(4) 點選選項→格百分比（行 Column）

在交叉表分析中，若點選選項可以針對格百分比、百分比依據及遺漏值加以設定，以下的範例是以行為格百分比出現的選項。

圖 2-88　複選題分析交叉表選項對話框

表 2-5 為分析的結果。

表 2-5　複選題資料交叉表分析增列行百分比結果

$TEACH*性別交叉表列					
			性別		總數
			1	2	
任教領域[a]	國語	個數	23	8	31
		性別中的 %	71.9%	53.3%	
	英語	個數	1	3	4
		性別中的 %	3.1%	20.0%	
	鄉土	個數	3	1	4
		性別中的 %	9.4%	6.7%	

表 2-5 （續）

$TEACH*性別交叉表列			性別		總數
			1	2	
任教領域[a]	數學	個數	20	7	27
		性別中的 %	62.5%	46.7%	
	社會	個數	5	4	9
		性別中的 %	15.6%	26.7%	
	健體	個數	6	5	11
		性別中的 %	18.8%	33.3%	
	藝術	個數	9	1	10
		性別中的 %	28.1%	6.7%	
	綜合	個數	14	2	16
		性別中的 %	43.8%	13.3%	
	自然	個數	4	1	5
		性別中的 %	12.5%	6.7%	
總數		個數	32	15	47

百分比及總數是根據應答者而來的。

a. 二分法群組表列於值 1。

　　複選題的分析在量化研究中時常會出現，因此研究者對於複選題的分析及結果的解釋需要特別加以注意，以免遺漏了受試者回應的重要訊息。

Chapter

03

描述統計

　　描述統計是一套用以整理、描述、解釋資料的系統方法與統計技術。調查方法中所蒐集到的資料稱爲原始資料 (raw data)，而原始資料經由排序、分析之後即會成爲有用的資訊 (information)，亦即透過統計量數來描述大量資料，並作爲彼此溝通的共同符號語言，即爲描述統計。

　　描述統計大致可以分爲集中量數、變異量數及相對地位量數等。集中量數所代表的是資料集中的情形，而變異量數則是代表資料離散的情形，至於相對地位量數則是表示個體在群體之中的位置。描述統計中若集中量數愈有代表性時，資料離散的變異量數則不能太大；反之若資料的變異量數太大時，集中量數就不是那麼有代表性。以下將依集中量、變異量數及相對地位量數等三個部分，分別說明如下。

壹、集中量數

　　集中量數 (measures of central location) 的目的主要是利用一簡單的數值來描述一個團體，所以集中趨勢的量數是各分數集中情形的最佳代表值，代表的是一個團體中心位置的數值。從所蒐集到的資料中，找出集中情形代表值的方法主要有下列幾種方法，分別爲 (1) 平均數 (Mean, *M*)、(2) 中位數 (Median, *Md*) 及 (3) 衆數 (Mode, *Mo*) 等，其中的平均數又可細分爲 (1) 算術平均數 (Arithmetic mean, *AM*)、(2) 幾何平均數 (Geometric mean, *GM*) 及 (3) 調和平均數 (Harmonic mean, *HM*) 等 3 種。

一、算術平均數

　　算術平均數的定義是將所有觀察值相加再除以觀察值個數，簡稱平均數 (Mean)。算術平均數是集中量數中最具有代表性的一個量數，一般來說要利用一個數字來表徵一個群體時，這時候即會利用算術平均數來代表一個群體的特性。算術平均數是將所有樣本的資料加總之後除以個體的值，計算平均數的方程式如下所示。

$$M = \frac{\sum_{i=1}^{n} X_i}{n}$$

其中 n 代表資料的個數，亦即樣本平均數。

統計上常用的平均數有算術平均數、幾何平均數及調和平均數，其中又以算術平均數被大家所周知。未歸類資料可以利用原始分數直接計算、加權平均數及相同分數合併時等情況來計算平均數，而歸類資料計算平均數則可以利用組中點來計算或者利用簡捷法。

$$\overline{X} = AM + \left(\frac{\sum fx'}{N} \right) h$$

AM：假定平均數，h = 組距，N = 總人數，f = 次數，x' = 代碼分數 (coded scores) = $(X - AM)/h$

但由於電腦科技的發達，統計軟體的功能發展地非常完備，所以目前大部分要計算平均數時皆是利用電腦來完成，以下將有幾個範例來說明算術平均數的計算過程。

【範例 3-1】算術平均數的計算 (1)

有 12 名幼兒的體重為 13, 14, 16, 14, 15, 14, 14, 18, 13, 12, 16 和 15 公斤，試求這些體重的算術平均數為何？

可將 12 位幼兒的體重加總後除以幼兒的個數 12，亦即：

$$M = \frac{\sum_{i=1}^{n} X_i}{n}$$

$$= (13 + 14 + 16 + 15 + 14 + 14 + 18 + 13 + 12 + 16)/12 = 174/12 = 14.50$$

所以這 12 名幼童的平均體重為 14.50 公斤。

另外一種算法可以將相同的分數合併，亦即這 12 名幼兒中，12 公斤有 1 位、13 公斤有 2 位、14 公斤有 4 位、15 公斤有 2 位，16 公斤有 2 位、18 公斤有 1 位，所以可以將平均數的公式稍加修改為：

$M = \dfrac{\sum_{i=1}^{m} f_i X_i}{n}$，其中 $n = \sum_{i=1}^{m} f_i$ 亦即這 12 名幼兒的平均體重為，$(12*1 + 13*2 + 14*4 + 15*2 + 16*2 + 18*1)/12 = 174/12 = 14.50$，其中 $12 = 1 + 2 + 4 + 2 + 2 + 1$。

加權平均數 (weighted mean) 最適用於各種分數的重要性並不相同時使用，

例如某位學生第一次、第二次及期末考數學成績為 35，50 和 86 分，假定三次考試加權為 20%，30% 和 50%，請計算其加權平均數為 (35*0.2 + 50*0.3 + 86*0.5) = 65.00。

【範例 3-2】算術平均數的計算 (2)

30 名學生在教育心理學的期末成績如圖 3-1 所示，請計算其平均數。

圖 3-1　30 名學生教育心理學的期末成績資料

首先將 30 位學生的資料輸入至 A1:E6，之後將游標移至 A8，我們將會把總和計算在這個儲存格中，所以在 A8 這個儲存格中輸入公式 = SUM(A1:E6)，即會出現 2091，之後將游標移至 B8 計算平均數，輸入公式 = A8/30，69.70 即為這30 位學生的成績平均數。另外一種方式直接利用 EXCEL 計算算術平均數的函數 AVERAGE，即在 B8 儲存格輸入 = AVERAGE(A1:E6)，會得到如 = A8/30 相同的結果 (69.70)。

二、中位數

中位數 (Median) 是將資料排序，中間的那個數即為中位數，亦即中數之前

與之後的數目都占全體的一半。中位數與百分位數 (percentile)50:P50 相同，亦與第二四分數 (Q_2) 相等，若是以百分等級 (PR) 來看的話，第 50 百分等級亦為中位數，所以 $Md = Q_2 = PR_{50}$。中位數的計算方法是將所有的資料排序（遞增或遞減排序均可），次數若是奇數，選擇中間值；次數若是偶數，則選擇鄰近中數的二個數目的平均即為中位數。中位數，簡稱中數 *Md*，根據某變項之大小次序，將團體中之每個人的分數加以排列，那麼占中間位置那一個人所得到的分數即是中位數。

若現在資料為甲、乙、丙、丁、戊五隻老鼠跑完某一迷宮之時間依次為 27、190、25、43 和 64 秒，問中位數為多少？首先將這五隻老鼠跑迷宮的時間排序為 25、27、43、64、190。因為有 5 隻老鼠是奇數，所以中位數就是第 3 個時間 43。現在若還有一隻老鼠跑迷宮的時間為 12(12,25,27,43,64,190)，則增加 1 隻老鼠之後為 6 隻老鼠，所以中位數即為 (27 + 43)/2 = 35.00。

【範例 3-3】中位數的計算

以下過程為計算範例 3-2 的中位數。

	A	B	C	D
1	68		47	
2	67		50	
3	64		55	
4	75		59	
5	75		61	
6	67		62	
7	50		64	
8	67		65	
9	76		65	
10	66		65	
11	88		66	
12	77		67	
13	65		67	
14	80		67	
15	62		67	
16	55		68	
17	83		72	
18	67		72	
19	83		74	
20	47		75	
21	74		75	
22	82		76	
23	61		77	
24	65		78	
25	72		80	
26	81		81	
27	59		82	
28	65		83	
29	78		83	
30	72		88	

圖 3-2　30 位學生資料的中位數

　　首先將 30 位學生的資料輸入至 A1:A30，點選 A1 之後將滑鼠拖曳至 A30，點選複製之後將游標移至 C1，選取貼上即可將 A1:A30 的資料複製至 C1:C30。接下來做排序，選取 C1:C30，點選排序的指令即可完成排序如圖 3-2。因為有 30 筆資料為偶數，所以中位數為第 15 與 16 筆 (30/2 = 15) 資料的平均數，亦即此筆資料的中位數為 (67 + 68)/2 = 67.50。

　　中數的使用時機，若你所任教的班級恰巧有一位智能不足的學生，那麼應採取中數來描述這個班級的特質較為適切。亦即變項中出現極端值時中數 (Median) 比算術平均數 (Mean) 更能有效地代表變項的集中量數。

三、眾數

　　眾數簡稱 *Mo*，是指出現次數最多的數值或最多人所得到的分數。一個資料中有時可能不是只有一個眾數出現，可能是雙眾數 (bimodal)、三眾數 (trimodal) 或者是多眾數 (multimodal)。舉例來說，若有 12 名幼兒的體重為 13, 14, 16, 14, 15, 14, 14, 18, 13, 12, 16 和 15 公斤，試求這些體重的眾數為何？由這 12 筆資料中可以發現有 4 個人的體重是 14 公斤，出現的頻率最多，所以這 12 名幼兒體重的眾數是 14。若是歸類資料中計算眾數，是以次數最多一組之組中點來做為眾數，而且次數最多的這一組中分配必須符合均等的原則。

　　另外還有 (1) 金式插補法 (Kings Method)，其公式及說明如下。

$$Mo = l + \left(\frac{f_a}{f_a + f_b} \right) h$$

　　其中，*l*：眾數所在組真正下限，f_a：眾數所在組上一組的次數，f_b：眾數所在組下一組的次數，*h*：組距。

　　另外還有一種方法可以來計算眾數，稱為 (2) 皮式經驗法 (Pearson's Method)，公式為 *Mo* = 3*Md* − 2*M* = *M* − 3(*M* − *Md*) = *M* + 3(*Md* − *M*)，這個公式適用於大約對稱或偏態不太嚴重的情形 (Garrett, 1966)。

【範例 3-4】眾數的計算 (1)

　　以上一個範例中的資料，這 30 位學生的教育心理學期末成績中的眾數就是 67，因為它出現 4 次，是成績中出現次數最多次的一個成績。

眾數類別（等級）通常被使用在質化資料中，眾數表示是類別或者是那個等級出現次數最多的。

【範例 3-5】眾數的計算 (2)

圖 3-3 是關於使用酒精習慣的調查研究，在這個結果中對於不常使用酒精 (infrequently) 的百分比 48% 會被當做是眾數，因為它所占的比率最多。

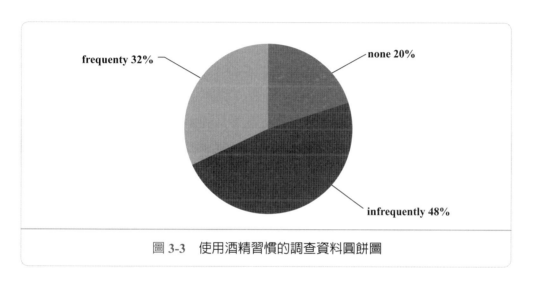

圖 3-3　使用酒精習慣的調查資料圓餅圖

眾數使用時機，若某公司薪資分配為負偏態，則勞方宜採取眾數作為薪資較佳，若是資方則是採用平均數較節省人事費用。集中量數中，$M > Mo > Md$ 的情況是不可能出現的。

四、幾何平均數

幾何平均數 (GM) 也是求一組數值的平均數方法中的一種。它的意義為表示平均改變率、平均生長率和平均比率，其公式如下所示。

$$GM = \sqrt[N]{X_1 \cdot X_2 \cdot X_3 \cdots X_N} = \sqrt[N]{\prod_{i=1}^{N} X_i}$$

另外亦可以利用下列公式來計算幾何平均數。

$$GM = anti \ log \ \frac{\sum\limits_{i=1}^{N} \log X_i}{N}$$

若要以 EXCEL 來加以計算幾何平均數時，可以採用 GEOMEAN 函數來加以計算，以 2,3,4,9,12 為例，其幾何平均數則可以計算如下所示。

$$GM = \sqrt[5]{2 \times 3 \times 4 \times 9 \times 12} = \sqrt[5]{2592} = 4.82$$

五、調和平均數

調和平均數 (Harmonic Mean, HM) 也是求一組數值的平均數方法中的一種，一般是在計算平均速率時使用。調和平均數是將數值個數除以數值倒數的總和，一組正數 $X_1, X_2 \dots X_N$ 的調和平均數 HM 其計算公式如下。

$$HM = \frac{1}{\frac{1}{N}\left(\frac{1}{X_1} + \frac{1}{X_2} + \frac{1}{X_3} + \cdots + \frac{1}{X_N}\right)} = \frac{N}{\sum\limits_{i=1}^{N} \frac{1}{X_i}}$$

調和平均數可以用在相同距離但速度不同時平均速度的計算：如一段路程，前半段時速 60 公里，後半段時速 30 公里（兩段距離相等），則其平均速度為兩者的調和平均數 40 公里，亦即可以計算如下。

$$HM = \frac{1}{\frac{1}{2}(\frac{1}{60} + \frac{1}{30})} = \frac{2}{\frac{3}{60}} = 40$$

若要以 EXCEL 來加以計算調和平均數時，可以採用 HARMEAN 來加以計算調和平均數。幾何平均數 (GM)、調和平均數 (HM) 與算術平均數 (AM) 之間的關係會呈現 $HM \le GM \le AM$。

六、集中量數的正確評量方法

以下針對集中量數（平均數、中數、眾數）來說明集中量數的特性。集中

量數中最常被使用的是平均數，但是在某些情況下是比較建議使用中數以及眾數的。在理論上平均數與標準差是息息相關的，例如在常態分配的經驗法則 (empirical rule) 中，大約有 68% 的分配是距離平均數 1 個標準差範圍，而距離平均數 2 個標準差則大約占有 95%，若是距離平均數有 3 個標準差時則就會超過 99% 了。柴比雪夫定理 (Chebyshev's Theorem) 則是另一個相關於平均數與標準差的理論，適用於任意的隨機分布，不論機率直方圖是否為鐘型 (bell-shaped)，而前述的經驗法則只能適用於常態分配的情況下。從柴比雪夫定理中可以獲知，當高偏態時選擇比較有代表性的集中量數是為中數。

【範例 3-6】集中量數的計算 (1)

5 位諮商心理師的薪水（單位：一千美元）60、185、70、75、65。其中平均數是 91 千美元，中數則是 70 千美元。這個例子中數代表諮商心理師的薪水是比較有代表性的，主要是這 5 位諮商師中，185 千美元的薪水與其他 4 位明顯地有所差距，亦即若團體中有極端的偏差值存在時，中數是比較具代表性的集中量數。

其他顯示中數是比較具有代表性的集中量數的例子還有房屋的價格、結婚的年齡和每週花費在網際網路的時間等。針對開放式分配資料 (open ended distributions) 中，中數是比較被推薦使用代表群體的集中趨勢。

【範例 3-7】集中量數的計算 (2)

有 50 隻老鼠參加心理學的實驗，內容是橫越迷宮 (MAZE)，表 3-1 為橫越的時間一覽表。

表 3-1　老鼠橫越迷宮的時間一覽表

時間（小時）	次數	累積次數
1	5	5
2	7	12
3	25	37
5	8	45
超過5	5	50

　　因爲有 50 隻老鼠，所以中位數是位於第 25 與第 26 的平均時間，亦即爲 (3 + 3)/2，而眾數亦爲 3，但若是計算平均數在這種開放式的分配資料中則無法計算。

【範例 3-8】集中量數的計算 (3)

　　研究成人關係的心理學研究中，蒐集資料如圖 3-4 所示。其中結婚占最高的百分比，即爲眾數。

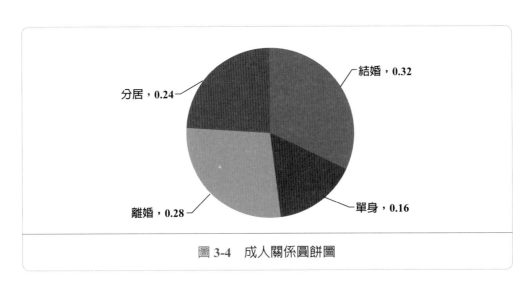

圖 3-4　成人關係圓餅圖

【範例 3-9】集中量數的計算 (4)

　　研究家庭成員中，對於家中的小孩個數是研究感興趣的變項之一。下列表 3-2 有 300 個家庭資料，次數分配表如下所示。

表 3-2　家庭成員家中的小孩個數一覽表

家中小孩數	家庭數	累積次數
2	60	60
3	90	150
4	65	215
5	50	265
超過5	35	300

上例中因為是開放性的分配資料，所以無法計算平均數，中數則是第 150 與 151 的平均，亦即為 (3 + 4)/2，而眾數則為 3，因為家中有 3 位小孩的家庭有 90 個，所以出現頻率最高的即為眾數。

七、平均數的特性

集中量數中平均數是最常被使用的一個量數，而平均數的特性有以下幾點。

1. 平均數在所有的集中量數是屬於群體的不偏估計值。

   假如有 16 位小朋友，身高如下：155, 160, 153, 158, 159, 158, 157, 164, 156, 157, 178, 165, 178, 198, 155, 154，若任意從中取 2 位，5 位，7 位，計算其平均數的變化，結果是越來會越接近平均數。圖 3-5 是利用 R code 將這個例子任意取 2、5、7 及 14 的情形，並且每一種情況都是任意執行 10 次，結果如圖 3-5 所示。

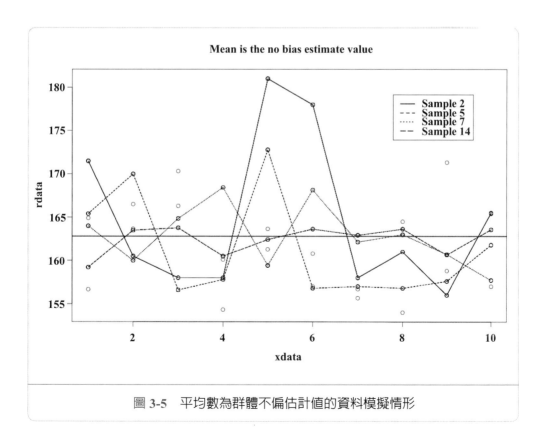

圖 3-5　平均數為群體不偏估計值的資料模擬情形

```
R code:
# test the mean is no bias estimate value
data = matrix(c(155,160,153,158,159,158,157,164,156,157,178,165,178,198,155,154),nrow = 1)
# random select two value from array
ldata = length(data)
# create the sample serial number
psample = seq(1,ldata)
rx2 = matrix(rep(0,10),nrow = 1)
for(i in 1:10)
 {
  x2 = sample(psample,2)
  rx2[i] = mean(data[x2])
 }
rx3 = matrix(rep(0,10),nrow = 1)
for(i in 1:10)
 {
  x3 = sample(psample,3)
  rx3[i] = mean(data[x3])
 }
rx5 = matrix(rep(0,10),nrow = 1)
for(i in 1:10)
 {
  x5 = sample(psample,5)
  rx5[i] = mean(data[x5])
 }
rx7 = matrix(rep(0,10),nrow = 1)
for(i in 1:10)
 {
  x7 = sample(psample,7)
  rx7[i] = mean(data[x7])
 }
rx10 = matrix(rep(0,10),nrow = 1)
for(i in 1:10)
 {
  x10 = sample(psample,10)
  rx10[i] = mean(data[x10])
 }
```

```
rx14 = matrix(rep(0,10),nrow = 1)
for(i in 1:10)
{
  x14 = sample(psample,14)
  rx14[i] = mean(data[x14])
}
#plot result, first combine the array to matix
rx2 = matrix(rx2,ncol = 1)
rx3 = matrix(rx3,ncol = 1)
rx5 = matrix(rx5,ncol = 1)
rx7 = matrix(rx7,ncol = 1)
rx10 = matrix(rx10,ncol = 1)
rx14 = matrix(rx14,ncol = 1)
rdata = cbind(rx2,rx3,rx5,rx7,rx10,rx14)
xdata = matrix(rep(seq(1,10),6),ncol = 6,nrow = 10)
par(oma = c(0,0,3,0),adj = 0.5, font.sub = 3)
plot(xdata,rdata,xlable = "times",ylabel = "mean")
for(i in 1:10){
        lines(xdata[,1],rdata[,1],lty = 2,type = "o",col = "red")
        lines(xdata[,3],rdata[,3],lty = 2,type = "o",col = "green")
        lines(xdata[,4],rdata[,4],lty = 2,type = "o",col = "black")
        lines(xdata[,6],rdata[,6],lty = 2,type = "o",col = "blue")
}
abline(h = mean(data),lty = 1,lwd = 2)
title('Mean is the no bias estimate value')
legend(4,180,c("Sample 2","Sample 5","Sample 7","Sample 14"),
text.col = c("red","green","black","blue"))
```

2. 平均數的離均差總和爲零 $\sum_{i=1}^{n}(X_i - \overline{X})=0$，亦即將所有的觀察值減平均數之後加總的和爲 0。

3. 所有數加上常數後 $\dfrac{\Sigma(X+C)}{N}=\overline{X}+C$，則其平均數爲原平均數加上該常數。

4. 所有數乘上常數後 $\dfrac{\Sigma(CX)}{N}=C\overline{X}$，則其平均數爲原平均數乘上該常數。

5. 離均差平方和小於每一數與任一數之差的平方和 $\sum_{i=1}^{n}(X_i - \overline{X})^2 < \sum_{i=1}^{n}(X_i - P)^2$ 。

6. 數個平均數、中數與眾數的混合。例如甲：$N = 20$ $M = 80$，乙：$N = 25$ $M = 78$，聯合平均數 $M = (80*20 + 78*25)/(20 + 25)$，但中數與眾數則不能混合直接計算。

7. 平均數會被任一個數量影響，但中數與眾數則不會。甲：1, 2, 3, 4, 5 → $M = 3$，乙：1, 2, 3, 4, 6 → $M = 3.2$；甲：1, 2, 3, 4, 5 → $Md = 3$，乙：1, 2, 3, 4, 6 → $Md = 3$。所以這也是間接說明平均數是最能真實反應一群資料的情形。

8. 如果要猜從一組數量隨機取出的數，最好猜眾數（平均數不一定存在資料內，亦即平均數在原始資料中可能不會存在，而眾數與中數的值則大部分是原始資料中的值）。例如 1, 2, 3, 3, 4 的 $Md = 3$, $Mo = 3$, $M = 2.6$，由上例可以發現平均數 2.6 在原始資料的數列中並未出現此數值。

9. N 較小時，眾數可能很不穩定。例如下列資料 1, 1, 1, 2, 4, 7, 7, 18，其中的眾數 $Mo = 1$，但是若與上述資料大都相同的資料數列中 1, 1, 2, 4, 7, 7, 7, 18，其眾數 $Mo = 7$，表示若資料數列的個數過少，眾數可能會有不穩定的情形。在集中量數中，中數與眾數不似平均數那麼地敏感，亦即中數與眾數不受兩極端數量影響。平均數與眾數、中數相較雖然相對穩定，但平均數的值往往不存在，亦即它是一個不存在的數量。

10. 在一組數量中，如果有非常極端的數值，而其分配又是單峰，則最好的代表值為中數，以下列資料為例。1, 2, 3, 100($Md = 3$, $M = 26.5$)。

11. 如果次數分配為對稱或者是常態分配 (normal distribution)，則平均數、中數與眾數相同，否則，則不相同。

12. 集中量數與量尺是有密切的關係，若資料數值是類別變項，往往會利用眾數來代表；若所使用的量尺是次序變項則會使用眾數與中數；若是等距變項及等比變項（連續變項）則是會採用眾數、中數與平均數。

八、集中量數與次數分配的關係

圖 3-6 為集中量數與次數分配的關係圖，分別是常態分配、雙峰分配、矩形分配、右偏態及左偏態，分別說明如下。

A. 常態分配 (Normal Distribution(1))

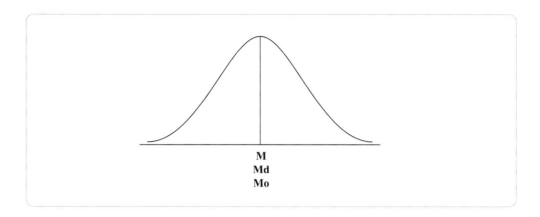

B. 雙峰分配 (Eimodality Distribution)

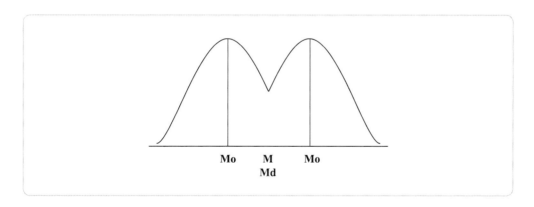

C. 矩形分配 (Uniform Distribution)

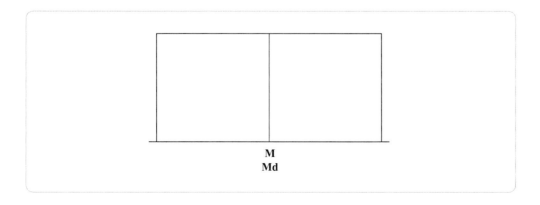

D. 右偏態 (Skewed Right)

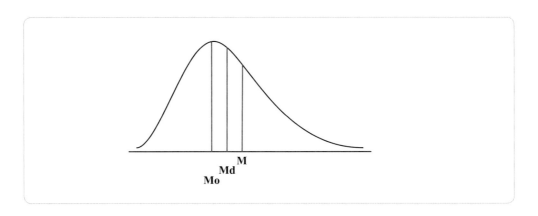

E. 左偏態 (Skeded Left)

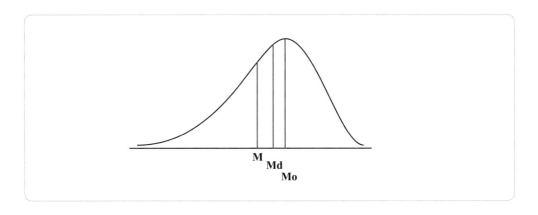

F. 不同標準差及平均數的常態分配 (Normal Distribution(2))

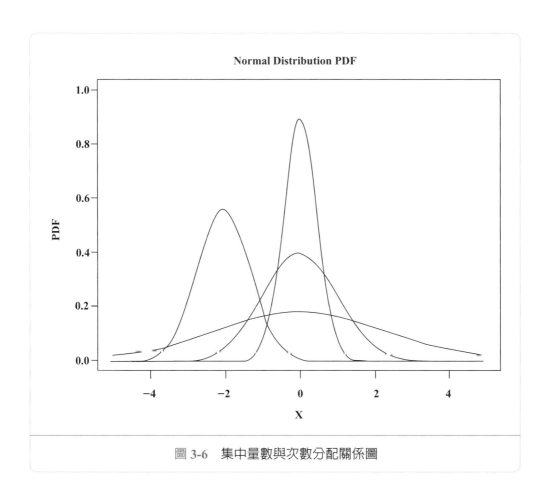

圖 3-6　集中量數與次數分配關係圖

（一）常態分配

　　常態分配 (Normal) 時，圖 3-6 中的 A，平均數 = 中數 = 眾數。例如在成人的身高或體重的分配情形即為常態分配。常態分配時是一種對稱的分配形狀。

（二）雙峰分配

　　國中基測英語科的雙峰分配 (Eimodality)，圖 3-6 中的 B，長久以來一直受到各界的關心和研究，因此雙峰分配的現況往往是社會所關注的重點，對於教育政策及社會產生重大的影響。

（三）矩形分配

　　矩形分配（均勻分配，Uniform）時平均數 = 中數，圖 3-6 中的 C，其所有的數值皆是眾數亦不是眾數。例如在介於 1 與 10 之間隨機產生亂數，所有的數

介於 1 與 10，發生的機率相等，這時候的平均數 = 中數 = 5.5。在 R 中，可以利用 data = runif(10000, min = 1, max = 10) 產生 10000 個均勻分配的值，計算其平均數與中數會非常接近 5.5。

（四）右偏態分配

偏右分配 (Skewed right) 的情況下平均數 > 中數，圖 3-6 中的 D。例如結婚的年齡，大部分的人結婚都在 20 與 35 歲之間，但隨著年齡愈來愈大，結婚的可能就愈來愈小，亦即他們在40、50、60、70、80、90歲結婚的可能會愈來愈低。

（五）左偏態態分配

偏左分配 (Skewed left) 的情況下中數 > 平均數，圖 3-6 中的 E。例如在人類的壽命上，大部分人的生命介於 55 到 85 歲之間，年輕人死亡的可能比老年人機率還要低。

圖 3-6 的 A 為常態分配、E 為左偏態及 D 為右偏態，當次數分配呈現這三種型態時，其平均數、中數及眾數有其相對的位置，以下將分別說明這些關係。

1. 當資料的分配呈現常態分配時，此時的平均數、中數及眾數的資料會相等。
2. 當變項是左偏態時（亦即負偏態），此時的平均數往左偏的比較多，而中數次之，眾數則是在最右邊。因此，當資料是呈現負偏態時，會有平均數 < 中數 < 眾數的情形。
3. 當變項是右偏態時（亦即正偏態），此時的平均數往右偏的比較多，而中數次之，眾數則是在最左邊。因此，當資料是呈現正偏態時，會有平均數 > 中數 > 眾數的情形。
4. 判斷資料的偏態情形可以由下列 2 個規則來加以判斷（必須提供中數及平均數的資料）。
5. 規則 1，假如平均數小於中數，資料是偏向左（左偏態，負偏態）。
6. 規則 2，假如平均數大於中數，資料是偏向右（右偏態，正偏態）。

九、偏態係數

上述中對於次數分配形狀的測量包括偏態 (skewness) 與峰度 (kurtosis)，以下將說明偏態係數的特性及其計算公式。

偏態係數是描述次數分配偏離對稱性的情形，它與峰度都和統計學中的動差 (moments) 息息相關，而偏態係數為第三級動差，變異數是第二級動差，而動差即是離均差 $(X - \overline{X})$。

偏態分為左偏態（負偏態）及右偏態（正偏態）2 種，計算公式如下所示。

$$偏態 = \frac{m_3}{m_2\sqrt{m_2}} = \frac{\dfrac{\sum x^3}{N}}{(\sqrt{\dfrac{\sum x^2}{N}})^3}$$

十、峰度係數

峰度是描述次數分配平坦或陡直的情況，峰度係數即為四級動差，峰度共有 3 種情形，分別是常態峰 (mesokurtic)、高狹峰 (leptokurtic) 及低濶峰 (platykurtic)，計算公式如下所示。

$$峰度 = \frac{m_4}{m_2^2} - 3 = \frac{\dfrac{\sum x^4}{N}}{(\dfrac{\sum x^2}{N})^2} - 3$$

若是要利用 SPSS 來計算集中量數可以利用：(1) 分析→敘述統計→次數分配表；(2) 分析→敘述統計→描述性統計量；(3) 分析→敘述統計→預檢資料，以上 3 個功能如圖 3-7 所示；(4) 分析→報表→觀察值摘要，如圖 3-8 所示，其中在觀察值摘要具有幾何及調整平均數的計算功能。

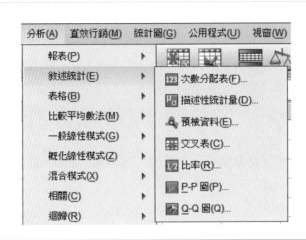

圖 3-7　敘述統計計算集中量數的功能 **(1)**

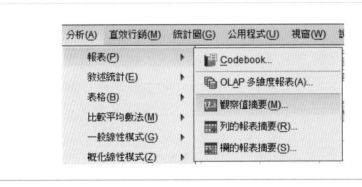

圖 3-8　計算集中量數利用觀察值摘要功能表 **(2)**

　　SPSS 在其他許多功能表中皆有計算集中量數的功能，一般來說若要進行假設考驗，例如 *t* 考驗或者是 ANOVA 等，其中的分析選項皆有選擇計算集中量數的功能，只要點選即會出現集中量數，以下將會利用 EXCEL 來計算集中量數的實例操作。

十一、利用 EXCEL 軟體計算集中量數

　　EXCEL 在增益集中有一個資料分析的工具盒（安裝 office excel 並未預設安排，需要事後加入）。以下將說明 EXCEL2007 如何新增分析工具盒。

(1) 點選→自訂快速存取工具列

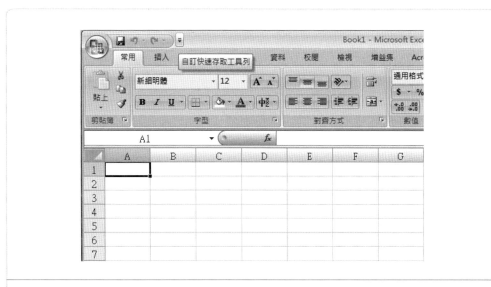

圖 3-9　**EXCEL** 中自訂快速存取工具列功能

(2) 選擇→其他命令

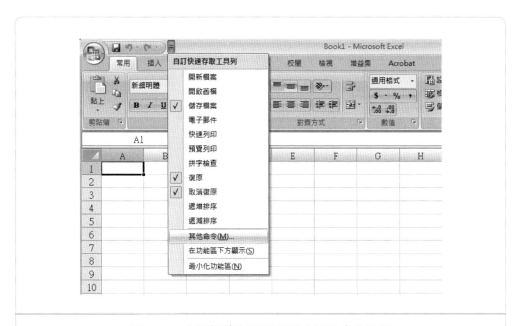

圖 **3-10**　自訂快速存取工具列中其他命令功能

(3) 選擇→增益集→執行

圖 3-11　**EXCEL** 中增益集對話框

(4) 點選→分析工具箱→確定

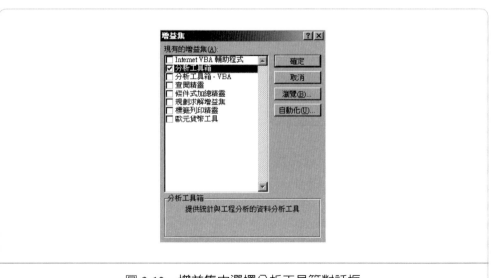

圖 3-12　增益集中選擇分析工具箱對話框

　　此時即會在資料的標籤中出現資料分析的工具箱。以下將說明如何利用 EXCEL 的資料分析工具箱來進行資料分析，首先點選 EXCEL 的資料分析功能選項後即會出現圖 3-13。

圖 3-13　資料分析工具箱對話框

　　選點資料分析（左圖）之後，即會出現資料分析的選擇小視窗（右圖），選擇敘述統計輸入分析的資料範圍以及相關描述統計需要出現的量數內容（如圖3-14）。

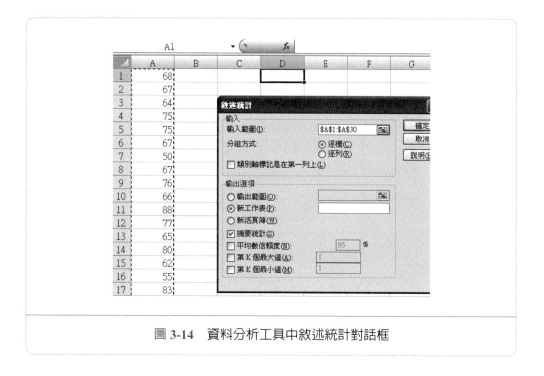

圖 3-14　資料分析工具中敘述統計對話框

輸入資料分析範圍 (A1:A30)，勾選摘要統計輸出描述統計內容。

表 3-3　描述統計結果一覽表

平均數	69.7
標準誤	1.804942
中間值	67.5
眾數	67
標準差	9.886075
變異數	97.73448
峰度	−0.12021
偏態	−0.33065
範圍	41
最小值	47
最大值	88
總和	2091
個數	30

至於其他專業的統計軟體 (SPSS、SAS、MINTAB、STATISTIX) 所提供的訊息都會比 EXCEL 還多，以下的分析程式碼即是利用 R 來進行集中量數的計算範例。

```
R code:
# read the data
data = c(
68,67,64,75,75,67,50,67,76,66,
88,77,65,80,62,55,83,67,83,47,
74,82,61,65,72,81,59,65,78,72)
mean(data)
median(data)
sd(data)
var(data)
max(data)-min(data)
min(data)
max(data)
```

```
sum(data)
length(data)
summary(data)
```

貳、變異量數

變異量數 (measures of variation) 主要的特性是可以表徵群體資料分散的情形。舉例來說明，假如有甲、乙兩班，讓張老師和李老師來選擇，其班級資料如下：甲班 $M = 80$ 張老師選擇了甲班，乙班 $M = 80$ 李老師選擇了乙班，結果是張老師 Happy，而李老師 Not Good，為何會有這樣的結果呢？主要是甲班 $M = 80$，學生成績分配 79-81（學生成績很集中，資料變異的情形很小），乙班 $M = 80$，學生成績分配 1-100（分數變異的情形很大）。因此，當看到平均數時，仍然無法真正地了解一群資料的分配情形，而變異量數即代表資料分散的情況。所以變異量數是表示個別差異大小的指標，亦即變異量數可以做為表徵群體中各分數分散情形之指標，它可以表示一群數值散布範圍，亦可反映平均數代表性的大小。常見的變異量數有 (1) 全距 (range)、(2) 平均差 (average deviation, *AD*)、(3) 標準差 (standard deviation, *SD/S*) —最常用、變異數 (variance, S^2) 以及 (4) 四分差 (quartile deviation, *Q*)。其中又以變異數 (variance) 與標準差 (standard deviation) 是最常被使用的變異量數。

一、全距

變異量數中最簡單的量數即是全距 (range)。全距的計算方法是將蒐集的資料中的最大值減去最小值，亦即 Maximum − Minimum($\omega = X_H - X_L$)。全距僅適用於等距變數，不適用於次序變數，並且容易受兩極端分數所影響，是一種頗為簡易的變異量數。

【範例 3-10】全距計算範例

有一份研究調查 21 所學院的學生在行動電話的使用情形。內容是調查學生每週花費在行動電話說話的時間。有 3 種資料的情形（如圖 3-15），第 1 種資料集為 0 到 20 個小時皆有 1 位學生；第 2 種資料集中 0 小時有 1 位學生，4 及

8 小時有 3 位學生，10 小時有 7 位學生，12 與 16 皆有 3 位學生，20 小時則有 1 位學生；第 3 種資料集中 0 小時有 1 位學生，8 小時有 4 位學生，10 小時有 11 位學生，12 小時有 4 位學生，20 個小時則有 1 位學生。計算這 3 個資料組的全距為 20 − 0 = 20，但是其觀察資料的分布則有明顯地不同。

上述 3 種資料中的全距皆為 20 − 0 = 20，但是觀察資料的變異程度明顯是不同的。

二、樣本與母群的變異數與標準差

以下將說明樣本與母群的變異數與標準差 (Variance and Standard Deviation of Samples and Population)，評量變異性中，將所有資料點均加以考慮的是變異數 (variance) 和標準差 (standard deviation)。這些資料考慮的因素與平均數是有所關聯的，亦即若是變異數小，其平均數在資料比較具有代表性；反之，若變異數大，平均數在資料中的代表性就會顯得不足。綜上所述，變異數可以利用下列公式表示。

$$S^2 = \frac{\sum_{i=1}^{n}(X_i - M)^2}{n-1}$$

標準差的計算公式則為：

$$S = \sqrt{\frac{\sum_{i=1}^{n}(X_i - M)^2}{n-1}}$$

在圖 3-15 中 3 種資料集的平均數均為 10。圖 3-15 則利用 EXCEL 呈現出 3 種資料的平均數、離均差平方和、離均差平方和的平均數（變異數）及離均差平方和平均數的平方根（標準差）。A、B、C 行是計算資料集 1，資料內容呈現在 A2:A22。行 B 計算離均差，在 B2 輸入公式 = A2-10，其中 10 為平均數，並且將公式 (B2) 複製至 B22。B23 則輸入公式 = SUM(B2:B22) 計算離均差的總和，其總和為 0（離均差總和均為 0，為什麼？如何利用公式加以驗證？）。離均差

平方和呈現在行 C，利用公式 (C2) 計算 = B2^2，並複製至 C22。在 C23 計算離均差平方和 = SUM(C2:C22)。

	A	B	C	D	E	F	G	H	I	J	K
1	X	X-M	(X-M)^2		X	X-M	(X-M)^2		X	X-M	(X-M)^2
2	0	-10	100		0	-10	100		0	-10	100
3	1	-9	81		4	-6	36		8	-2	4
4	2	-8	64		4	-6	36		8	-2	4
5	3	-7	49		4	-6	36		8	-2	4
6	4	-6	36		8	-2	4		8	-2	4
7	5	-5	25		8	-2	4		10	0	0
8	6	-4	16		8	-2	4		10	0	0
9	7	-3	9		10	0	0		10	0	0
10	8	-2	4		10	0	0		10	0	0
11	9	-1	1		10	0	0		10	0	0
12	10	0	0		10	0	0		10	0	0
13	11	1	1		10	0	0		10	0	0
14	12	2	4		10	0	0		10	0	0
15	13	3	9		10	0	0		10	0	0
16	14	4	16		12	2	4		10	0	0
17	15	5	25		12	2	4		10	0	0
18	16	6	36		12	2	4		12	2	4
19	17	7	49		16	6	36		12	2	4
20	18	8	64		16	6	36		12	2	4
21	19	9	81		16	6	36		12	2	4
22	20	10	100		20	10	100		20	10	100
23		0	770			0	440			0	232
24			38.5				22				11.6
25			6.204837				4.690416				3.405877

圖 3-15　3 種資料的平均數、離均差平方和、變異數

樣本的變異數利用公式 = C23/20（其中的 20 為樣本數 -1）呈現在 C24。樣本的標準差利用公式 = SQRT(C24) 呈現在 C25（亦可以利用 = C24^0.5 計算變異數的平方根 = 標準差）。

相同的程序可以計算資料集 2（行 E, F, G）及資料集 3（行 I, J, K）。

假如是計算母群資料的代表性，則變異數以 δ^2，而標準差則以 δ 來表示。計算上與樣本變異數以及標準差的差異，母群變異數是除以 N，而樣本變異數是除以 $N-1$。亦即母群變異數的計算公式為：

$$\delta^2 = \frac{\sum\limits_{i=1}^{n}(X_i - \mu)^2}{N}$$

母群標準差的計算公式則為：

$$\delta = \sqrt{\frac{\sum\limits_{i=1}^{n}(X_i - \mu)^2}{N}}$$

　　在圖 3-16 中所呈現的變異數及標準差分別是樣本的變異數及標準差。從圖 3-15、圖 3-16 中可以清楚地表達出，若變異數及標準差太大，表示資料的分散程度即大，反之則小。與前面所討論的集中量數比較則可以得知，若變異程度大，集中量數則較不具代表性；反之，若變異程度小，集中量數則具有代表性。

　　EXCEL 中若要利用內定 (built-in) 的函數計算變異數及標準差，可參考圖 3-16 利用內定的函數來計算變異數及標準差。

　　圖 3-16 中，資料集 1 呈現在 A2:A22，資料集 2 則呈現在 C2:C22，而資料集 3 則呈現在 E2:E22。A24 輸入 = VAR(A2:A22) 是計算樣本的變異數 (S^2)，A25 輸入 = STDEV(A2:A22) 則為計算樣本的標準差 (S)，A28 輸入 = VARP(A2:A22) 是計算母群的變異數 (δ^2)，A29 輸入 = STDEVP(A2:A22) 則是計算母群的標準差 (δ)。至於其他二個資料則是利用相同的公式加以計算。

　　變異數 (S^2) 係指一群數值與其算術平均數之差異平方和（離均差平方和，sum of square of deviation from the mean，SS）的平均數，變異數開根號即為標準差 (SD/S)。群體中標準差愈小，即表群體中大部分數量集中於平均數附近，則平均數代表性強；相反地，若標準差大則表示大部分數值比較分散，平均數代表性則比較弱。

A27

	A	B	C	D	E	F
7	5		8		10	
8	6		8		10	
9	7		10		10	
10	8		10		10	
11	9		10		10	
12	10		10		10	
13	11		10		10	
14	12		10		10	
15	13		10		10	
16	14		12		10	
17	15		12		10	
18	16		12		12	
19	17		16		12	
20	18		16		12	
21	19		16		12	
22	20		20		20	
23						
24	38.5		22		11.6	
25	6.204837		4.690416		3.405877	
26						
27						
28	36.66667		20.95238		11.04762	
29	6.055301		4.577377		3.323796	

圖 3-16 計算變異數及標準差

【範例 3-11】離均差平方和計算範例

7 名學生參加一項測驗，得分為 3, 4, 8, 9, 11, 12, 16，問該項測驗結果之離均差平方和為多少？

談到推論統計時的標準差，推論統計時，當母群的性質不清楚，母群變異數 (σ^2) 或標準差 (σ) 的大小無法知道，必須自母群中抽取樣本大小為 N 的樣本來計算出不偏估計值，以估計 σ^2 或 σ；所以其眞正目的並不在描述樣本本身的分散情形。由於數學的推理證明要用樣本的變異數代替母群的變異數，分母須除以 $N-1$ 而不是 N，才不會低估它，所以計算母群的變異數的不偏估計值時，其分母應該是除以 $N-1$ 而不是 N。

三、變異數與標準差的計算公式

以下將說明變異數與標準差的計算公式 (Alternate Formula for Variance and Standard Deviation)，如下所示。

$$S^2 = \frac{\sum\limits_{i=1}^{n}(X_i - M)^2}{n-1} = \frac{\sum\limits_{i=1}^{n}X_i^2 - \dfrac{\left(\sum\limits_{i=1}^{n}X\right)^2}{n}}{n-1}$$

$$\sigma^2 = \frac{\sum\limits_{i=1}^{n}(X_i - \mu)^2}{N} = \frac{\sum\limits_{i=1}^{n}X_i^2 - \dfrac{\left(\sum\limits_{i=1}^{n}X\right)^2}{N}}{N}$$

以上的公式稱為計算公式或者為簡捷法。上述的公式可以利用手算的方法來加以計算變異數與標準差。但是在目前資訊科技發展蓬勃快速的時代中，通常會利用統計相關的軟體來加以計算，例如 SPSS、SAS、MiniTAB、R…。

【範例 3-12】變異數與標準差計算範例

以下的例子是計算圖 3-15 資料集 1 的變異數與標準差，分別計算樣本及母群的變異數與標準差。圖 3-15 中 A2:A22 為資料內容，A24 為資料內容的總和 = SUM(A2:A22)，計算的結果為 210。X^2 計算 B2 輸入 A2^2，並且複製至 B22。X^2 的總和儲放位置為 B24 = SUM(B2:B22)，亦即 ΣX(A24)、ΣX^2(B24)。

樣本變異數的計算公式如下所示。

$$S^2 = \frac{\sum\limits_{i=1}^{n}X_i^2 - \dfrac{\left(\sum\limits_{i=1}^{n}X\right)^2}{n}}{n-1}$$

儲存格為 D3 = (B24 − A24^2/21)/20，樣本變異數計算結果為 38.50。樣本標準差為 = SQRT(D3)，計算結果為 6.2048。

母群變異數計算公式如下所示。

$$\sigma^2 = \frac{\sum\limits_{i=1}^{n} X_i^2 - \dfrac{\left(\sum\limits_{i=1}^{n} X\right)^2}{n}}{N}$$

儲存格為 D6 = (B24 − A24^2/21)/21，母群變異數計算結果為 36.67。母群標準差為 = SQRT(D6)，計算結果為 6.0553。

四、變異數與標準差的特性

以下是關於變異數與標準差特性的說明。

1. 資料中若全部是相同的值時，變異數及標準差的值為 0。
2. 原始資料中加或減一個值，並不會改變變異數或標準差的值。團體中各數量都加 c，則所得的變異數仍與原來的變異數相等，亦即，加常數於團體中各分數，平均數改變，但變異數仍不改變。
3. 原始資料中乘一個常數，原始資料的變異數改變為平方倍，標準差則為常數倍。團體中各數量都乘 c，則所得的變異數為原來變異數的 c^2 倍，亦即，平均數變 c 倍，則變異數變為 c^2 倍。
4. 柴比雪夫定理 (Chebyshev's Theorem) 指出至少 $(1-\dfrac{1}{k^2})100\%$ 的值介於 $\mu - k\sigma$ 與 $\mu + k\sigma$ 之間。當 $k = 2$ 時，即有 75% 的資料介於 $\mu - 2\sigma$ 與 $\mu + 2\sigma$ 之間；當 $k = 3$ 時，即有 89% 的資料介於 $\mu - 3\sigma$ 與 $\mu + 3\sigma$ 之間。

【範例 3-13】變異數與標準差特性範例

圖 3-17 利用 EXCEL 說明資料中變異數與標準差的特性。資料 1 說明若資料中的值都是一樣時，其變異數與標準差為 0。資料 A2:A11 的值皆為 1，變異數 = VARP(A2:A11)，計算的值為 0，標準差 = STDEVP(A2:A11)，計算的值仍為 0。

資料 2 的變異數 $\sigma^2 = 9.36$，標準差 $\sigma = 3.0594117$。資料 3 將資料 2 所有的值加上 10，變異數與標準差均未改變。資料 4 將資料 2 所有的值乘以 10，變異數由 9.36 改變為 936，改變為 100(10^2) 倍，而標準差則由 3.0594117 改變至 30.594117（改變 10 倍）。

J8 *fx*

	A	B	C	D	E	F
1	data set1	data set2	data set3	data set4		
2	1	1	11	10		
3	1	3	13	30		
4	1	5	15	50		
5	1	7	17	70		
6	1	5	15	50		
7	1	10	20	100		
8	1	9	19	90		
9	1	9	19	90		
10	1	8	18	80		
11	1	11	21	110		
12						
13	0	9.36	9.36	936		
14	0	3.0594117	3.0594117	30.594117		
15						

圖 3-17　變異數與標準差的特性

五、四分差

四分全距 (interquartile range, IQR) 是次數分配中的第 1 與第 3 四分位數的差，而四分全距又稱爲中點分配，IQR（四分全距）= $Q3 - Q1$。

四分差 (quartile deviation) 又稱爲半四分全距 (semi-interquartile range)，四分差是第 3 四分位數與第 1 四分位數間距離的一半，$Q = \frac{1}{2}(Q3 - Q1)$。

下列盒鬚圖（圖 3-18）是利用圖 3-15 的資料製作。四分全距是盒鬚圖中盒子的寬度，亦即 $Q3 - Q1$。盒子的寬度值爲 15.5 − 4.5 = 11.0 個單位。資料 2 盒子的寬度爲 12 − 8 = 4 個單位；資料 3 中盒子的寬度則爲 11 − 9 = 2 個單位。至於半四分全距在資料 1 中是 5.5，資料 2 中是 2，而資料 3 中的半四分全距則爲 1。

四分全距是一種簡單表示資料值的 50%，而半四分全距則是所有 50% 資料的一半。

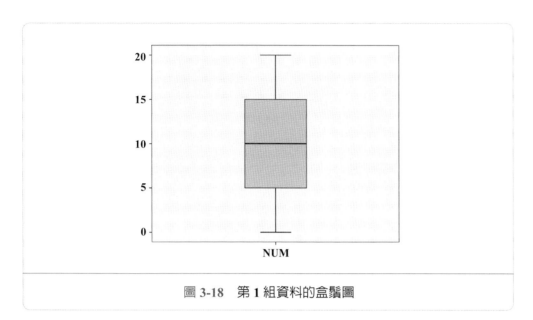

圖 3-18　第 1 組資料的盒鬚圖

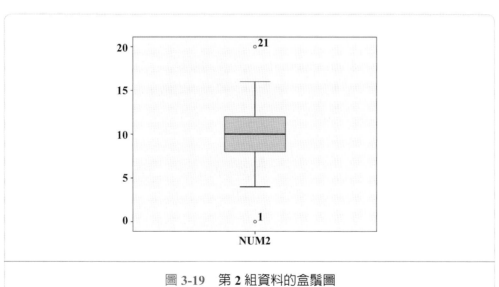

圖 3-19　第 2 組資料的盒鬚圖

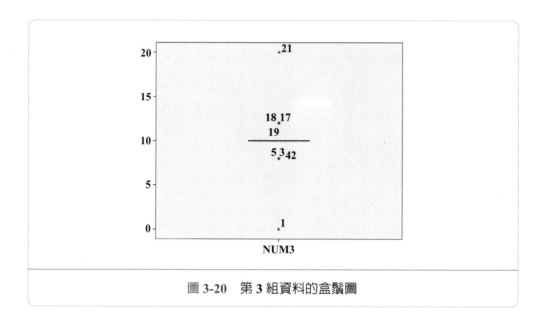

圖 3-20　第 3 組資料的盒鬚圖

六、平均差

　　平均差 (average deviation/mean deviation) 通常是以 AD 來代表，其意義是指一群體中各量數減去算術平均數的絕對值之算術平均數，其值愈大表示量數愈分散（變異程度大），反之則否。

$$AD = \frac{\sum_{i=1}^{N} |X_i - M|}{N}$$

【範例 3-14】平均差計算範例

　　計算圖 3-15 中 3 個資料的平均差。圖 3-21 是利用 EXCEL 來計算圖 3-15 中 3 個資料的平均差。3 個資料分別位於行 A、C、E。B 輸入計算 = ABS(A2-10)，並且複製至 B22。B23 = SUM(B2:B22)/21，計算平均差，結果為 5.238。同樣地，資料 2 的平均差為 3.238，資料 3 的平均差為 1.714。

K7

	A	B	C	D	E	F	G
1	X	|X-M|	X	|X-M|	X	|X-M|	
2	0	10	0	10	0	10	
3	1	9	4	6	8	2	
4	2	8	4	6	8	2	
5	3	7	4	6	8	2	
6	4	6	8	2	8	2	
7	5	5	8	2	10	0	
8	6	4	8	2	10	0	
9	7	3	10	0	10	0	
10	8	2	10	0	10	0	
11	9	1	10	0	10	0	
12	10	0	10	0	10	0	
13	11	1	10	0	10	0	
14	12	2	10	0	10	0	
15	13	3	10	0	10	0	
16	14	4	12	2	10	0	
17	15	5	12	2	10	0	
18	16	6	12	2	12	2	
19	17	7	16	6	12	2	
20	18	8	16	6	12	2	
21	19	9	16	6	12	2	
22	20	10	20	10	20	10	
23		5.238095		3.238095		1.714286	

圖 3-21　計算平均差

【範例 3-15】算術平均數及平均差計算範例

7 名學生參加一項測驗，得分爲 3, 4, 8, 9, 11, 12, 16，問該項測驗結果之算術平均數與平均差各爲多少？

七、變異係數

變異係數 (coefficient of variation, CV) 又稱爲相對差異係數 (coefficient of relative variability) 以及相對差，變異係數是個沒有單位的比值，表示標準差的大小與平均數大小相比起來是占平均數的多少百分比，其最適用於比率變數。但是請注意，變異係數只是描述統計用的方法，不能用於推論統計中，若在推論統計中，比較 2 個標準差是否相同，必須進行變異數差異顯著性考驗才能得到結果。

變異數與標準差是變異量數中最常被使用的變異量數，表 3-4 是由圖 3-15 的資料所計算的變異量數一覽表，由表 3-4 的資料可以得知，無論是資料 1、2 或者是 3，除了全距以外所有的變異量數都有一致性的結果，亦即變異情形是資料 1 大於資料 2 以及資料 3。

表 3-4　變異量數的比較一覽表

	變異量數					
	變異數	標準差	全距	四分全距	半四分全距	平均差
資料1	38.5	6.2	20	11	5.5	5.3
資料2	22.0	4.7	20	4	2	3.2
資料3	11.6	3.4	20	2	1	1.7

八、各種變異量數的適用時機

各種變異量數的適用時機，可以分為以下幾點來加以說明。

1. 全距、平均差及標準差適用於等距變數，而四分差則在計算之前需先處理次序變數。
2. 計算的快速與簡易次序：全距、四分差、平均差及標準差。
3. 穩定性：標準差、平均差、四分差及全距。
4. 四分差比平均差更不受兩極端分數的影響。
5. 四分差所重視的部分為中央 50% 的分數，通常，如果以中位數為集中量數時，應以四分差為變異量數，因為這二者皆利用次序變數。
6. 若以算術平均數為集中量數時，則應以標準差為變異量數。

九、利用統計軟體來計算變異量數

【範例 3-16】變異量數計算範例

表 3-5 為心理實驗室中 56 隻老鼠走迷宮的反應時間，以下將以本範例的資料利用統計軟體來計算其變異量數。

表 3-5 心理實驗室中老鼠走迷宮的反應時間資料

5.26	5.87	4.16	5.18	4.24	4.42
5.61	5.08	4.15	5.14	5.78	3.40
4.74	4.55	5.11	4.27	4.67	4.34
5.22	4.69	5.70	5.73	5.25	4.50
4.79	5.55	4.75	4.95	5.11	5.88
4.42	5.03	4.31	4.29	5.46	5.21
5.27	5.23	5.16	4.06	5.39	3.97
5.26	4.82	4.44	4.48	5.08	5.14
4.92	5.55	5.85	5.80	5.34	5.72

以下將利用 SPSS 來進行變異量數的計算，首先輸入資料或者開啟資料，接下來請點選分析→描述統計→次數分配，即會出現次數分配的對話方框。

圖 3-22 次數分配表統計量對話框

檢視輸出結果：

統計量		
TIME		
個數	有效的	54
	遺漏值	0
標準差		.57602
變異數		.332
範圍		2.48
百分位數	25	4.4700
	50	5.0950
	75	5.3525

全距為 2.48，標準差為 .576，變異數為 .332，第 1 四分位數 4.47，第 2 四分位數 5.10，第 3 四分位數 5.35，所以四分全距 = 5.35 − 4.47 = 0.88，而半四分全距則為 0.44。

參、相對地位量數

相對地位量數 (measures of relative position) 是一種相對性的比較量數，亦即由相對地位量數了解特定觀察值在樣本中所處的相對性位置。在其意涵的解讀方面可以分為：(1) 絕對意義：表示由數值大小反應其意涵；(2) 相對意義：需從相對比較，甚至於進行變項數據的標準化，才能對於數據的意義進行正確解讀。相對量數或相對地位量數，即描述個別觀察值在團體中所在相對位置的統計量，而將某特定觀察值在樣本中所處的位置，以其他分數進行參照，計算出觀察值在該變項上分數的團體地位（位置），常用的相對量數包括百分等級、百分位數、標準分數和衍生分數等。

一、百分等級與百分位數

百分等級 (percentile rank, PR) 所代表的意義，係指觀察值的分數在團體中所位居的等級，亦即若在一百個等級，該觀察值排在第幾個等級。例如百分等級 25，代表該分數在團體中可以勝過 25% 的人，而這個分數也稱為第 1 四分位數，

若是百分等級 50，稱為第 2 四分位數，也恰好是中位數。

百分位數 (percentile point, Pp/P)，亦稱為百分位分數，與百分等級同是屬於相對地位量數的一種。百分位數係指在樣本中某一個等級觀察值的分數，亦即若是在 100 個人的團體中，贏過多少百分比的人，則其分數必須得到多少分的分數稱為百分位數。例如百分位數 30 等於 60，即表示該團體中有 30% 的樣本低於 60，因此若中位數 (PR50) 等於 60，即表示有 50% 的人比 60 分還低，此時即可稱第 50 百分位數為 60，表示成 P50 = 60。此時若是要利用 EXCEL 來計算百分等級可以利用 PERCENTRANK( )，至於百分位數則可利用 PERCENTILE( ) 來計算。

百分等級與百分位數兩者的數學關係可以表示為，百分等級是將原始分數轉化為等級（百分比），百分位數則是由某一等級來推算原始分數。至於百分等級與百分位數的計算中，樣本數少時，將資料依序排列，算出累積百分比，即可對應出每一分數的百分等級，亦可從百分等級推算出各特定百分位數。樣本數大時，百分等級的計算必須以分組資料的方式來整理資料，百分等級的換算，必須以公式來計算之。

$$PR = \left[cf_L + \left(\frac{X - X_L}{i} \right) f_x \right] \frac{100}{N}$$

二、標準分數

標準分數 (standard scores)，指利用線性轉換的原理，將一組數據轉換成不具有實質的單位與集中性的標準化分數。

不同的標準分數，其共通點是利用一個線性方程式 $y = bx + a$ 進行集中點的平移與重新單位化，使得不同量尺與不同變項的測量數據具有相同的單位與相同的集中點，因此得以相互比較。

常用的標準分數有：(1) Z 分數；(2) T 分數 $(T = 10Z + 50)$；(3) SAT 考試 (Scholastic Assessment Test) $(SAT = 100Z + 500)$；(4) 比西測驗 IQ 分數（平均數為 100，標準差為 16 的標準分數，$IQ = 16Z + 100$）；(5) 魏氏智力測驗為 $15Z + 100$。

Z 分數的定義，指原始分數減去其平均數，再除以標準差後所得到的新分數。

$$Z = \frac{X - \mu}{\sigma}$$

$$Z = \frac{X - \overline{X}}{S}$$

表示該原始分數是落在平均數以上或以下幾個標準差的位置上。

Z 分數的特性中任何一組數據經過 Z 公式轉換後，均具有平均數為 0，標準差為 1 的特性，Z 分數可以作分配內與跨分配的比較。Z 分數僅是將原始分數進行線性轉換，並未改變各分數的相對關係與距離，因此 Z 分數轉換並不會改變分配的形狀。

三、常態分配

常態分配 (normal distribution)，指一個隨機變項的觀察值，呈現對稱的鐘形曲線分配。常態分配是由德國數學家 Gauss(Karl F. Gauss；1777-1855) 所提出，因此又稱為高斯分配 (Gaussian distribution)。

$$f(x) = \frac{1}{\sigma\sqrt{2\pi}} e^{-(x-\mu)^2/2\sigma^2}$$

此時若是常態分配，平均數 $(\mu) = 0$，而標準差 $(\sigma) = 1$，因此若代入上述公式則可以將上述的公式簡化成如下。

$$f(x) = \frac{1}{\sigma\sqrt{2\pi}} e^{-(x-\mu)^2/2\sigma^2} = \frac{1}{\sqrt{2\pi}} e^{-\frac{x^2}{2}}$$

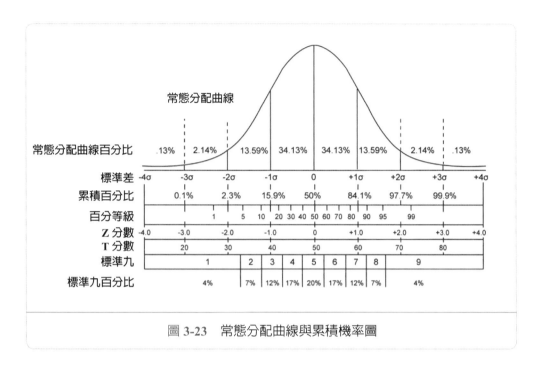

圖 3-23　常態分配曲線與累積機率圖

　　常態分配的特性中，常態曲線並沒有兩端點極限值，當 $x = \mu$ 時，函數值 $f(x)$ 達到最高點，當 x 趨近無限大時，函數值 $f(x)$ 則趨近為 0。

　　常態曲線內的機率變化呈現數學規則，分配內絕大多數的機率 (99.7%) 落於 ±3 個標準差之內，一般來說，常態化的分配全距約為 6 個標準差。

　　常態分配中的反曲點 (inflection points) 是位於距離平均數負一個標準差位置上，切線斜率由漸增轉為漸減；在距離平均數正一個標準差位置上，切線斜率由漸減轉為漸增，亦即在 2 次曲線中凹向上及凹向下的轉折點上。

四、標準化常態分配與其應用

　　標準化常態分配 (standard normal distribution) 所代表的意義是，若觀察變項的分配呈常態分配，將之原始分數轉換成為平均數為 0，標準差及變異數為 1 的常態分配，此時即稱為標準化的常態分配。常態分配的變數 X 已經不是原始分數，而是 Z 分數。Z 分數是距離平均數幾個標準差的量數，不同的 Z 值，即代表距離平均值多少個標準差，透過機率對照表，可以很快地查出 Z 值與機率間的關係。例如在常態分配中，68.26% 的觀察值落在 Z 值 ±1 個標準差的區間內，95.44% 的觀察值會落在 Z 值 ±2 個標準差的區間內，99.74% 的觀察值則是會落

在 $Z = \pm 3$ 個標準差的區間內。而這對於衍生分數在測驗結果的比較與解釋具有相當重要的特性，圖 3-23 常態分配機率與累積機率圖中，即有衍生分數 T 分數。

若以 EXCEL 來計算標準常態分配的機率值，可以利用 NORMSDIST 這個函數，亦即 NORMSDIST(0.54) = 0.705401484，代表當 $Z = 0.54$ 時，其標準常態分配下所累積的面積為 0.705401484。此時亦可以利用 EXCEL 來計算標準常態的 Z 值，此時所運用的函數為 NORMSINV，若 NORMSINV(0.95) = 1.644853627，所代表的是傳回標準常態累加函數的反函數，而上述的意義即當累積的機率面積是 0.95 時，此時的 Z 值則為 1.644853627。

五、T 分數

T 分數在測驗的應用中是常被運用來解釋受試者的相對地位，而 T 分數的定義則為將 Z 分數以下列線性轉換公式轉換成平均數 50，標準差 10 的 T 分數，亦即可以表示為 $T = 50 + 10Z$。T 分數可改善 Z 分數的缺點，Z 值多介於 ± 3 之間，計算時多半帶有一至二位的小數點，加上低於平均數的 Z 分數帶有負號，實際使用上較為不便。

六、常見的衍生分數

常見的衍生分數包括，T 分數 $T = 50 + 10Z$；AGCT 分數 $AGCT = 100 + 20Z$（美國陸軍普通分類測驗）；CEEB 分數 $CEEB = 500 + 100Z$（美國大學入學考試委員會）；離差智商，魏氏量表 $WISC = 100 + 15Z$（平均數 100、標準差 15）；比西量表 $BSS = 100 + 16Z$（平均數 100、標準差 16）等。

肆、描述統計的範例解析

以下將利用 SPSS 來進行描述統計的分析，包括集中量數、變異量數、相對地位量數以及衍生分數的轉換。

一、次數分配表

點選分析→敘述統計→次數分配表，即會出現次數分配的對話框。

圖 3-24　敘述統計中次數分配表功能

選擇將要進行次數分配的變數。

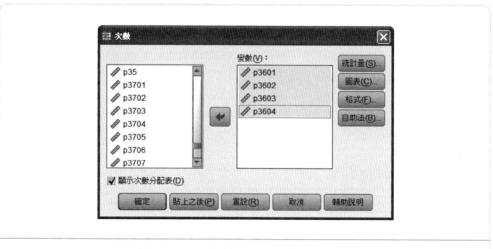

圖 3-25　次數分配中選擇變數對話框

點選集中趨勢、百分位數與分散情形的相關量數。

圖 3-26　次數分配表統計量對話框

　　檢視分析結果，由表 3-6 的結果可以得知，點選四分位數後即會出現第 1 及第 3 四分位數，亦即百分等級 25 及 75，至於百分等級 33 及百分等級 67 則是自行設定要計算的百分等級。

表 3-6　次數分配中描述統計量數一覽表

		p3601	p3602	p3603	p3604
個數	有效的	939	590	417	275
	遺漏值	61	410	583	725
平均數		91.0156	92.3203	89.3034	90.0145
平均數的標準誤		38750	5.11387	2.24176	3.41828
中位數		95.0000	90.0000	91.0000	90.0000
眾數		100.00	100.00	98.00	98.00a
標準差		11.87424	124.21547	45.77804	56.68574
變異數		140.998	15429.483	2095.628	3213.274
偏態		−3.778	23.916	17.809	15.116

表 3-6 （續）

		p3601	p3602	p3603	p3604
偏態的標準誤		.080	.101	.120	.147
峰度		20.616	577.974	348.949	243.673
峰度的標準誤		.159	.201	.238	.293
範圍		90.00	3079.00	971.50	999.00
最小值		10.00	10.00	10.00	.00
最大值		100.00	3089.00	981.50	999.00
百分位數	25	90.0000	82.0000	82.0000	81.0000
	33	90.0000	86.0000	86.0000	85.0000
	50	95.0000	90.0000	91.0000	90.0000
	67	97.0000	94.0000	95.0000	95.0000
	75	98.0000	96.0000	96.0000	96.0000

二、描述性統計量功能

點選分析→敘述統計→描述性統計量，來進行描述性統計量的分析。

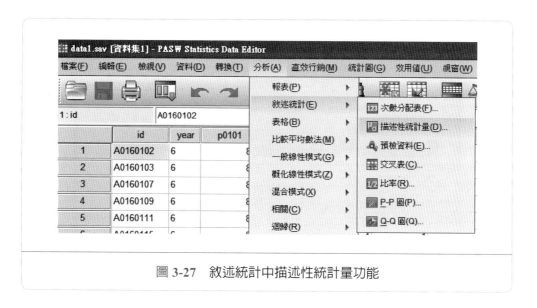

圖 3-27　敘述統計中描述性統計量功能

選取要進行描述統計的變數。

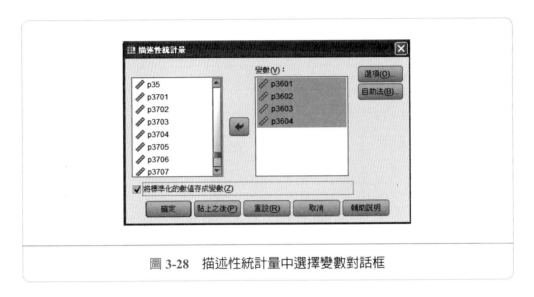

圖 3-28　描述性統計量中選擇變數對話框

點選要進行的描述性統計量，若是「將標準化的數值存成變數」的選項勾選之後即會計算各分數的標準分數。

圖 3-29　描述性統計量中選項對話框

檢視結果。

表 3-7　描述性統計量數一覽表

	個數	範圍	最小值	最大值	總和	平均數		標準差	變異數	偏態		峰度	
	統計量	統計量	統計量	統計量	統計量	統計量	標準誤	統計量	統計量	統計量	標準誤	統計量	標準誤
p3601	939	90.00	10.00	100.00	85463.69	91.0156	.38750	11.87424	140.998	-3.778	.080	20.616	.159
p3602	590	3079.00	10.00	3089.00	54469.00	92.3203	5.11387	124.21547	15429.483	23.916	.101	577.974	.201
p3603	417	971.50	10.00	981.50	37239.50	89.3034	2.24176	45.77804	2095.628	17.809	.120	348.949	.238
p3604	275	999.00	.00	999.00	24754.00	90.0145	3.41828	56.68574	3213.274	15.116	.147	243.673	.293
有效的N （完全排除）	256												

三、觀察值摘要

點選分析→報表中的觀察值摘要，來進行描述性統計量數的分析。

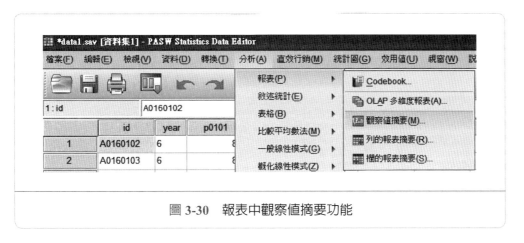

圖 3-30　報表中觀察值摘要功能

點選要進行分析的變數。

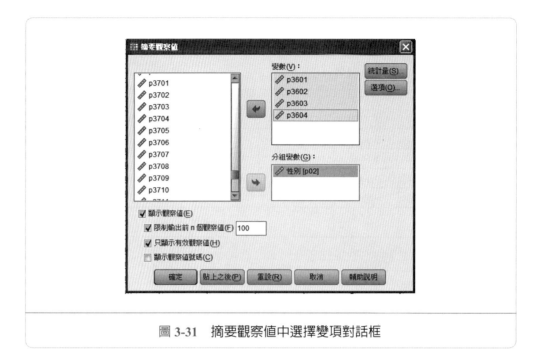

圖 3-31　摘要觀察值中選擇變項對話框

選擇要呈現的描述性統計量數的內容項目。

圖 3-32　摘要觀察值中統計量對話框

檢視觀察值摘要的分析結果。

表 3-8　觀察值摘要描述性統計量數一覽表

性別		p3601	p3602	p3603	p3604
男生	個數	465	303	212	134
	平均數	91.0165	97.8614	88.0420	87.9366
	中位數	95.0000	92.0000	92.0000	92.0000
	組別的中位數	94.6667	91.9091	91.5238	92.3333
	最小值	10.00	10.00	15.00	55.00
	最大值	100.00	3089.00	100.00	100.00
	範圍	90.00	3079.00	85.00	45.00
	標準差	13.23159	172.86170	12.16950	11.49426
	變異數	175.075	29881.168	148.097	132.118
	峰度	19.871	299.782	7.311	.298
	偏態	−3.913	17.268	−2.181	−1.094
女生	個數	469	282	202	139
	平均數	91.0554	86.5390	90.7703	91.9173
	中位數	95.0000	90.0000	90.0000	89.0000
	組別的中位數	94.1000	89.6000	90.0000	89.1429
	最小值	10.00	10.00	10.00	.00
	最大值	100.00	100.00	981.50	999.00
	範圍	90.00	90.00	971.50	999.00
	標準差	10.38887	12.56026	64.61327	79.01879
	變異數	107.929	157.760	4174.875	6243.970
	峰度	18.622	5.448	182.121	128.384
	偏態	−3.310	−1.836	13.125	11.091
總和	個數	934	585	414	273
	平均數	91.0361	92.4034	89.3732	89.9634
	中位數	95.0000	90.0000	91.0000	90.0000
	組別的中位數	94.3851	90.6441	90.7931	90.4286
	最小值	10.00	10.00	10.00	.00
	最大值	100.00	3089.00	981.50	999.00

表 3-8 （續）

性別		p3601	p3602	p3603	p3604
總和	範圍	90.00	3079.00	971.50	999.00
	標準差	11.88304	124.74061	45.92784	56.89001
	變異數	141.207	15560.219	2109.366	3236.473
	峰度	20.688	573.130	346.830	242.031
	偏態	−3.789	23.816	17.760	15.067

四、相對地位量數轉換

點選轉換→等級觀察值，來進行相對地位量數（百分等級、百分位數）的轉換。

圖 3-33　轉換中等級觀察值功能

點選要進行分析的變數。

圖 3-34　等級觀察值中選擇變項對話框

點選進行相對地位量數中的百分等級。

圖 3-35　等級觀察值中等級類型對話框

檢視相對地位量數的結果。

Zp3604	Rp3601	Pp3601
.	834.500	88.87
.10559	679.500	72.36
-.08846	162.500	17.31
.07031	309.500	32.96
-.26487	309.500	32.96
-.01790	309.500	32.96
.	97.500	10.38
.05267	309.500	32.96
.	679.500	72.36
.	521.000	55.48
-.26487	309.500	32.96
.	97.500	10.38
.	679.500	72.36
.	309.500	32.96
.	834.500	88.87
-.12374	162.500	17.31

圖 3-36   相對地位量數轉換結果顯示

　　圖 3-36 中的 Pp3601 為 p3601 變項的百分等級量數，至於 Rp3601 則為 p3601 變項的百分位數量數。

五、Z 分數轉換

　　當進行 SPSS 的描述統計時，將「將標準化的數值存成變數」的選項勾選之後即會計算各分數的標準分數如圖 3-37。

圖 3-37　Z 分數轉換結果顯示

六、T 分數轉換

利用轉換→計算變數進行 T 分數的轉換。

圖 3-38　轉換中計算變數功能

因為 T 分數的平均數為 50，標準差為 10，所以將標準分數 *10 + 50 即為 T 分數，如圖 3-39 數值運算式中所示。

圖 3-39　計算變數中數值運算對話框

檢視標準分數轉換成 T 分數的結果。

Zp3601	Tp3601	Zp3602
.75663	57.57	.04572
.58819	55.88	.06183
-.50661	44.93	-.13944
-.08553	49.14	-.00258
-.08553	49.14	-.16359
-.08553	49.14	-.01063
-.92769	40.72	.
-.08553	49.14	-.03478
.58819	55.88	.
.33555	53.36	.04572
-.08553	49.14	-.09919
-.92769	40.72	.

圖 3-40　T 分數轉換結果顯示

Chapter

04

假設考驗

本章主要是探討研究推論中假設考驗的意涵，並且以平均數檢定的 Z 考驗與 t 考驗來進行平均數差異的假設考驗。因此，第一部分首先說明範例中的三個教育與心理研究的問題。第二部分則是介紹假設考驗的原理及 Z 考驗與 t 考驗的理論基礎，並且利用 EXCEL 及 SPSS 來進行理論的驗證。第三部分則是介紹平均數考驗需要符合的常態性及變異數同質性的檢驗。最後則是以 SPSS 來進行獨立樣本及相依樣本的 t 考驗之範例說明。

壹、三個研究問題

在教育與心理的研究中，樣本數通常要大於 30 才能確保樣本平均數 M 會趨近於常態分配。M 的平均數為 μ，而 μ 為母群的平均數，$\frac{\sigma}{\sqrt{n}}$ 則為標準誤（平均數的標準差），σ 則為母群的標準差。在 Z 考驗中，假定母群的標準差已知，這個假定是為了確保可以利用常態分配來進行假設考驗，若研究的樣本是小樣本時，就必須利用 t 考驗來進行平均數差異的考驗。首先就三個研究問題的內容加以說明如下。

一、酒精與出生體重是否過輕的關係

這個研究主要是探討小老鼠出生時的體重與母老鼠懷孕期喝酒之間是否有所關聯。已知參與的母群中，白老鼠出生的平均體重是 20 公克，標準差是 4 公克。抽取 50 隻老鼠當做樣本來參與實驗，研究進行中，每天在母老鼠懷孕期間加入酒精，結果發現這 50 隻新生老鼠的平均體重為 $M = 18$，亦即在懷孕期間每天喝酒的母老鼠其出生的小老鼠的體重低於其他所有的老鼠 ($M = 18$ 小於 $\mu = 20$)。是否實驗上的證據支持在懷孕期間飲酒會造成出生體重減輕？

二、室內溫度與食量的關係

某研究已知當室內溫度 (70 度)，老鼠消化的食物平均是 12 公克 ($\mu = 12$)，標準差是 4 公克 ($\sigma = 4$)。36 隻老鼠在室內 64 度的環境下，每天食物的消化量為 13 公克 ($M = 13$)。這樣的樣本是否足夠做成室內 64 度比 70 度消化更多食物的結論？

三、麻醉藥對於壓力及反應時間的影響

已知當遇到緊急情況時的反應時間，平均數是 10 秒 ($\mu = 10$)，標準差為 2 秒 ($\sigma = 2$)。有 35 位受試者（樣本）當他們遇到緊急情況下，利用特殊的麻醉藥計算其反應時間。當研究者觀察到的反應時間是樣本的平均數 M，得到的結論是什麼？

以下所進行的 Z 考驗與 t 考驗將以這 3 個例子來進行相關之分析結果的說明。

貳、Z 考驗與 t 考驗

Z 考驗與 t 考驗都是平均數差異的考驗方法，亦即是針對連續變項之平均數的意義的檢驗。當研究者所欲分析的資料是不同樣本的平均數，而探討其不同組別是否有所差異時，就可以利用 Z 考驗或者是 t 考驗。而 Z 考驗與 t 考驗就是探討二個類別變項對於連續變項的影響，其中的平均數差異就是主要分析的重點。

平均數間的差異是否具有統計的意義，可透過 Z 或 t 考驗來檢驗平均數間的差異是否顯著的高於隨機變異量。而其考驗的依變項之基本特性為，變項「數值」應該是具有無限的特質，一個連續變項的基本定義，是在一定的數線範圍之中，具有一定的單位，而可能存在無限數值。

連續性測量資料在進行統計分析之前，除了必須以次數分配的形式來歸類整理之外，同時必須以描述統計的集中趨勢量數與離散量數來加以描繪該變項的觀察特性。統計的檢定圍繞在樣本的統計數上，若是單一變項的檢定則是利用平均數與標準差，而多變項的檢定是以 t 或 Z 考驗，其中單母群的平均數考驗的意義在於一個連續變數的得分可以計算出一個平均數，對於單一變項的平均數加以檢驗。若同時考慮兩種不同情況之下的平均數是否有所差異，牽涉到多個平均數的考驗。不同的平均數，代表背後具有多個母群的存在，因此被稱為多母群的平均數考驗，例如男生與女生之平均數的比較是多母群的比較。

Z 考驗與 t 考驗主要的差別在於母群的已知與未知，大樣本或者是小樣本，若是母群已知可以採用 Z 考驗，反之則需要利用 t 考驗。

一、虛無假設與對立假設

研究假設一般可以分為虛無假設 (null hypothesis, H_0) 與對立假設 (alternative hypothesis, H_1)，以下將就前述 3 個研究問題來說明研究假設的意涵。

前述 3 個研究問題中，第 1 個例子所處理的是每天對懷孕老鼠的酒精；第 2 個例子中，居住在較冷的環境對於食量是否會產生影響；第 3 個例子則是針對面臨壓力下的麻醉藥對於反應時間是否會有所影響。這些實驗處理都是想了解是否不同的實驗處理對於依變項是否有所改變。在第 1 個例子中，酒精的使用是否會造成出生體重的減輕？第 2 個例子中，是否可以得出以下結論，居住較冷的環境可以提高食量？第 3 個例子則是使用麻醉藥的反應時間為何？在所有的例子中，虛無假設是假設所有的實驗處理是無效果的。針對前三個例子以符號來表示虛無假設如下所示：

1. $H_0 : \mu = 20$ 克，表示懷孕的母老鼠若喝酒對於出生小老鼠的體重沒有影響。
2. $H_0 : \mu = 12$ 公克，表示較低的溫度對於食量沒有影響。
3. $H_0 : \mu = 10$ 秒，表示這麻醉藥對於反應時間沒有影響。

對立假設可以表示為：

1. $H_1 : \mu < 20$，表示酒精會減輕平均的出生重量。
2. $H_1 : \mu > 12$ 公克，表示老鼠在較冷的環境下食量較大。
3. $H_1 : \mu \neq 10$ 秒，表示麻醉藥會影響反應時間。

假設可以分為研究假設 (research hypothesis) 與統計假設 (statistical hypothesis)，研究假設又稱為科學假設 (scientific hypothesis) 或操作型定義 (operational definition)；統計假設事實又分為虛無假設 (null hyphthesis) 和對立假設 (alternative hypothesis)，反面否證 (refutate)，統計考驗或統計檢定 (statistical testing)。

二、做決定

上述例子中所做的決定 (reaching a decision) 可以表示為，當從一個平均數為 20 的母群中，抽取 50 個樣本，得到樣本平均數為 18，請問與母群是否有所差

異？假設虛無假設是與母群平均數相同，對立假設則不同。此時的測量標準誤為 0.57($\sigma_{\bar{X}} = \dfrac{\sigma}{\sqrt{N}} = \dfrac{4}{\sqrt{50}} = 0.57$)。

在 EXCEL 中可以利用 NORMDIST (x, mean, sd, 1) 來計算常態分配上的累積次數，亦即利用 = NORMDIST(18, 20, 0.57, 1) 的結果為 0.00022509 來計算常態分配下的累積次數。

因為在第 1 個實驗中，樣本平均數為 18 時的機率是 0.0002251（很小的值），所以統計上所下的決定（裁決）是拒絕虛無假設，承認對立假設，亦即樣本平均數的分配與母群的分配是有所不同的。亦即每天喝酒的母老鼠所生的小老鼠的體重是不同於不喝酒的母老鼠所生的小老鼠。

另一種方法為利用 Z 分數，亦即計算：

$$Z = \frac{M - 20}{\dfrac{\sigma}{\sqrt{n}}} = \frac{18 - 20}{\dfrac{4}{\sqrt{50}}} = -3.54$$

p-value 定義上是以現有的樣本資料而言，能拒絕 (reject) 虛無假設 H_0 的最小顯著水準（如圖 4-1）。顯著水準 (level of significance) 是做檢定時我們能容許的第一類型機率的上限。因此，顯著水準愈小則拒絕區愈小。所以，若在特定的顯著水準下依據目前的資料 H_0 能被拒絕，則可將顯著水準降低，但降得太低，則目前的資料點可能被排擠出拒絕區之外，即不能拒絕 H_0。p-value 就是表示顯著水準放寬至能拒絕 H_0 後又儘量縮減至幾乎不能拒絕 H_0 的情況，如圖 4-2 所示。

		母群真正性質	
		虛無假設為真	虛無假設為假
決定	拒絕虛無假設	Type 1 error α	正確 $(1 - \beta)$ 統計考驗力
	未拒絕虛無假設	正確 $(1 - \alpha)$	Type 2 error β

圖 4-1　第一類型 (Type 1) 與第二類型 (Type 2) 誤差

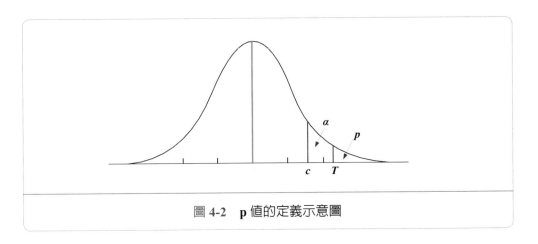

圖 4-2　**p** 值的定義示意圖

圖 4-2 中 c 代表的是臨界值，T 值則爲所計算的 T 值。

【範例 4-1】Z 檢定範例

以 10 隻在懷孕期間仍然喝酒的母老鼠爲例，探討其出生的小老鼠體重是否低於一般出生小老鼠的平均體重 20 公克，此時的統計假設可以描述如下。

$H_0 : \mu \geq 20$

$H_1 : \mu < 20$

假如 H_0 是對的，但它被拒絕了，稱爲第一類型誤差；假如 H_0 是錯的，但它沒有被拒絕，則稱爲第二類型誤差，亦即 α 稱爲第一類型誤差，而 β 則被稱爲第二類型誤差（圖 4-1）。

三、抽樣分配與中央極限定理

統計考驗的基本概念是指，當研究者針對某些議題進行了解與探討時，往往會因爲人力與物力的因素無法針對所關心議題的母群體逐一訪問與調查時，即需要抽樣。而藉由所抽取之有代表性的樣本中來推估母群的特徵來回答原來設想的問題，此即爲推論考驗。因此，基於統計的機率原理所形成的分配可以簡略地分爲母體分配 (population distributions) 以及樣本分配，而母群分配即爲隨機變數所有可能觀察值所形成的機率分配。至於抽樣分配 (sampling distributions) 則爲樣本統計量的機率分配，主要功能是在推估母體參數，其中樣本平均數的抽樣分配 (sampling distribution of means) 的定義爲從母體分配 (μ,σ) 中重複抽取無數次的樣本，計算某一個樣本統計量（如平均數），則無限多個平均數會形成一個常態分

配，稱之，以 $N(\mu_{\bar{X}}, \sigma_{\bar{X}}^2)$ 表示。此一分配的平均數等於母體平均數 $\mu_{\bar{X}} = \mu$，變異數等於母體變異數除以樣本數，如下所示。

$$\sigma_{\bar{X}}^2 = \frac{\sigma^2}{N}$$

以下將上述的測量變異數（測量標準誤，SEM）以民意調查的範例說明其應用之內涵。

【範例 4-2】民意調查 (1)

以民意調查為例，05/17/2010《聯合報》的報導中，「南部縣市中，以台南市的居住生活環境較佳，獲 86% 市民好評；台南縣和嘉義市的評價也不錯，認為適合居住者都超過 80%。至於屏東縣、高雄縣市和嘉義縣的居住生活好評在 70% 至 80% 之間，覺得不適合生活的比率則超過 10%。這次調查於 4 月 26 日至 5 月 14 日晚間進行，共計成功訪問了 17,232 位成年人，另 3,300 人拒訪；除連江縣完訪 466 人、金門縣 600 人、澎湖縣 603 人外，其他縣市有效樣本在 700-749 人之間；在 95% 的信心水準下，各縣市抽樣誤差在 ±3.6-4.6% 以內。調查是以各縣市住宅電話為母體作尾數兩位隨機抽樣。」

由上面的報導已知人數是介於 466 與 749 之間，所以依照標準誤的算法為：

$$\sigma_{\bar{X}} = \sqrt{\frac{p*(1-p)}{N}} = \sqrt{\frac{0.5*0.5}{466}} = 0.0232$$

又因為是 95% 信賴水準，其標準為 1.96，所以經計算得抽樣誤差為 1.96*0.0232 = 0.045，亦即為 4.5%。

【範例 4-3】民意調查 (2)

例如在台北市隨機抽取 1,000 戶家庭為一隨機樣本，發現其中有 720 戶家裡有上網，試問在 95% 信賴水準之下，其抽樣誤差 (E) 為何？

答：

$$\hat{P} = \frac{720}{1000} = 0.72$$

$$C.I. = \left(\hat{P} - Z_{\alpha/2} \sqrt{\frac{\hat{P}(1-\hat{P})}{n}}, \hat{P} + Z_{\alpha/2} \sqrt{\frac{\hat{P}(1-\hat{P})}{n}} \right)$$

$$= \left(0.72 - 1.96 \sqrt{\frac{(0.72)(0.28)}{1000}}, 0.72 + 1.96 \sqrt{\frac{(0.72)(0.28)}{1000}} \right)$$

抽樣誤差 $E = Z_{\alpha/2} \sqrt{\dfrac{\hat{P}(1-\hat{P})}{n}} = 1.96 \sqrt{\dfrac{(0.72)(0.28)}{1000}} \approx 0.028$

承上題，若在 95% 信賴水準之下，給定抽樣誤差為 0.02，則抽樣之樣本數大小為何？

$$n = \hat{P}(1-\hat{P}) \left(\frac{Z_{\alpha/2}}{E} \right)^2$$

$$= (0.72)(0.28) \left(\frac{1.96}{0.02} \right)^2 \approx 1937$$

中央極限定理 (Central Limit Theorem) 是指樣本統計量可以根據抽樣分配的機率原理來推估母數，並估計抽樣誤差的大小。中央極限定理的定義為對於任何一個母體 (μ, σ^2)，樣本大小為 n 的樣本平均所形成的分配，當樣本大小 n 趨近無限大時，亦趨近於常態分配 $(\mu, \sigma^2/n)$。

樣本平均數抽樣分配的平均數等於母體平均數。平均數抽樣分配的變異數等於母體變異數除以樣本數。變異數（又稱變異誤）與樣本數大小成反比，或標準差（又稱標準誤）與樣本數大小的平方根成反比。

不論原始母體的形狀是否為常態分配，當樣本人數夠大時，抽樣分配會趨近於常態分配。

四、雙尾與單尾考驗

考驗時依目的不同，分為雙尾與單尾考驗，說明如下。平均數差異考驗在檢驗兩個平均數大於、小於與不等於等不同形式的研究假設，此時會形成有特定方

向的考驗或無方向性的考驗兩種不同模式。

單尾或是雙尾檢定，取決於 α 是全部放在一邊或是平均分配在兩邊。單尾檢定是用在只關心特定方向的結果時；而雙尾檢定則是結果的兩個方向都關心。單尾或是雙尾檢定之選擇，考量各種不同的假設檢定情況。

單尾檢定由於僅需考慮單方向的差異性，因此在同樣的顯著水準下，可以較雙尾檢定容易得到顯著的結果，即其統計檢定力 (power of test) 大於雙尾檢定，因此採用單尾檢定對於研究者似乎較為有利。採用單尾檢定必須提出支持證據，除非理論文獻支持單尾檢定的概念，或是變項間的關係具有明顯的線索顯示須使用單尾檢定，否則以採雙尾檢定來考驗平均數的特性。

雙尾或單尾考驗的選擇中，單尾考驗主要在於：(1) 對於調查之理論方向十分清楚，我們應採用單尾檢定；(2) 在考驗的語句當中有「是否高於？」、「是否低於？」、「是否優於？」、「是否劣於？」等等的用詞；(3) 對於變數在群體間的變化方向是單方向的，我們應當採取單尾檢定。而雙尾考驗在於：(1) 對於理論變化的方向不很清楚，原則上則要採取雙尾檢定；(2) 對於男、女性別的不一樣，對於捐血的態度，兩者的看法有什麼區別？凡是在調查語句當中採取兩者（或兩者以上）「有何區別？」、「有何不同」、「有什麼不一樣時」，採取雙尾檢定；(3) 對於變數之間在群體的變化方向，可能是雙方向的，我們就應採取雙尾 t 檢定。

當研究者並未有特定方向的設定（例如男生的智商與女生的智商有所不同），假設考驗在兩個極端的情況皆有可能發生，而必須設定兩個拒絕區。無特定方向的假設，例如男生的薪資與女生的薪資有所不同。假設在兩個極端的情況都有可能發生，而必須設定兩個拒絕區。此時的統計考驗可以如下表示。

$H_0 : \mu_1 = \mu_2 \ (\mu_1 - \mu_2 = 0)$

$H_1 : \mu_1 \neq \mu_2 \ (\mu_1 - \mu_2 \neq 0)$

雙尾考驗是將 α 值平均分配在兩端，虛無假設之臨界值 (critical value) 有二：一為正，一為負，t 值則是以正負號表示 ($\pm$)。

例如：自由度為 10 ($df = 10$)，而 α 定為 0.05，則 $t (10, .05) = \pm 2.228$，其抽樣分配模式可以如圖 4-3 所示。

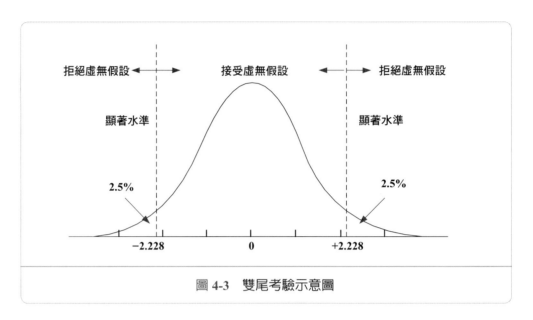

圖 4-3 雙尾考驗示意圖

　　單尾考驗時當研究者只關心單一一個方向的比較關係時（例如男生的數學成績 X_1 優於女生 X_2），平均數的考驗僅有一個拒絕區。只關心單一方向的比較關係時，例如男生的薪資 X_1 高於女生的薪資 X_2。此時的平均數的考驗僅有一個拒絕區，假設考驗如下所示。

$H_0 : \mu_1 \leq \mu_2 (\mu_1 - \mu_2 \leq 0)$

$H_1 : \mu_1 > \mu_2 (\mu_1 - \mu_2 > 0)$

　　此時的自由度 $df = 10$，若假設 α 定為 0.05，則 $t(10,.05) = 1.812$，其抽樣分配模式如圖 4-4 所示。

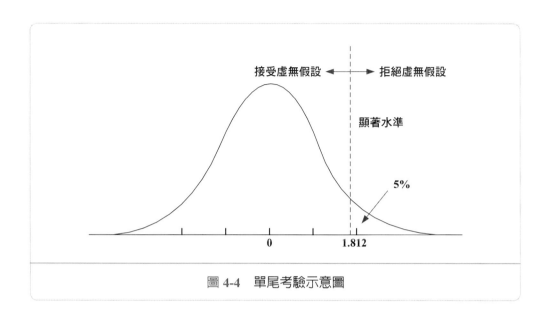

接受虛無假設 ←　　→ 拒絕虛無假設

顯著水準

5%

0　　　　1.812

圖 4-4　單尾考驗示意圖

【範例 4-4】Z 檢定範例 (1)

36 隻老鼠在控制室內溫度 64 度的情況下。母群資料為室內溫度 70 度，老鼠的平均體重為 12 克，標準差為 4 克。請問在室內溫度 64 度的環境下，老鼠的平均體重 13 克是否與母群有所差異？

此時的統計假設可以如下所示。

$H_0 : \mu \leq 12$

$H_1 : \mu > 12$

$$Z = \frac{M - 12}{\frac{\sigma}{\sqrt{n}}} = \frac{13 - 12}{\frac{4}{\sqrt{36}}} = 1.5$$

以下將利用 EXCEL 以及 SPSS 軟體來計算常態分配下累積的機率，此時 EXCEL 的軟體中可以利用 1 − NORMDIST(1.5, 0, 1, 1) = 1 − 0.933193 = 0.067，而 (SPSS) 則可以利用 1 − CDF.NORMAL(1.5,0,1) = 1 − 0.933 = 0.067，二種軟體的計算結果獲得一致。

【範例 4-5】Z 檢定範例 (2)

一般在緊急狀況下的反應時間，平均反應時間為平均數 = 20 秒，標準差是 6 秒。36 位受試者在喝酒之後，測量其反應時間為 22 秒，是否與 20 秒有所不同？

此時的統計假設可以如下所示。

$H_0 : \mu = 20$

$H_1 : \mu \neq 20$

假設 $\alpha = 0.05$

$$Z = \frac{M - 20}{\frac{\sigma}{\sqrt{n}}} = \frac{22 - 20}{\frac{6}{\sqrt{36}}} = 2.00$$

此時利用 EXCEL 以及 SPSS 來計算拒絕區，EXCEL 軟體中可以利用 2*(1 − NORMDIST(2,0,1,1)) = 0.0455，而 SPSS 則為 2*(1 − CDF.NORMAL(2,0,1)) = 2*.0227 = 0.0455，二種軟體的計算結果一致。

此時歸納 Z 假設考驗的幾個步驟：(1) 首先決定統計假設，而統計假設可以分為虛無假設 (null hypothesis，H_0) 及對立假設 (alternative hypothesis，H_1)。並依照目的決定要單尾或雙尾假設；(2) 決定統計的顯著水準 (α)，可以分為 0.05、0.01 及 0.001 等三種常見的顯著水準；(3) 實施實驗並獲得相關數據資料；(4) 假設虛無假設成立，並計算 Z 值；(5) 計算 p 值，假如小於 α，則拒絕虛無假設，承認對立假設，否則則有相反的統計決定。假設考驗其實也可以利用另一種決斷值的方式來進行。

【範例 4-6】Z 檢定範例 (3)

本範例將利用決斷值 (critical value) 來進行假設考驗，一般小老鼠平均體重為 20 克，標準差為 4 克。目前有 50 隻母老鼠參與實驗，而這些母老鼠每天喝酒，平均樣本的出生小老鼠為 18 克，請問是不是比較輕，亦即喝酒會不會影響到小老鼠出生的重量？

此時的統計假設可以如下所示。

$H_0 : \mu \geq 20$

$H_1 : \mu > 20$

假設 $\alpha = 0.05$

$$Z = \frac{M - 20}{\frac{\sigma}{\sqrt{n}}} = \frac{18 - 20}{\frac{4}{\sqrt{50}}} = -3.54$$

此時可以利用 EXCEL 與 SPSS 來進行決斷值的計算，EXCEL 軟體中可以利

用 NORMINV(0.05, 0, 1) = −1.65，而 SPSS 軟體則是利用 IDF.NORMAL(0.05, 0, 1) = −1.65，二種軟體利用不同的函數但得到相同的結果。

接下來討論決斷值 (critical value) 與拒絕區 (rejection region) 的觀念，圖 4-5 為決斷值與拒絕區之關係圖。

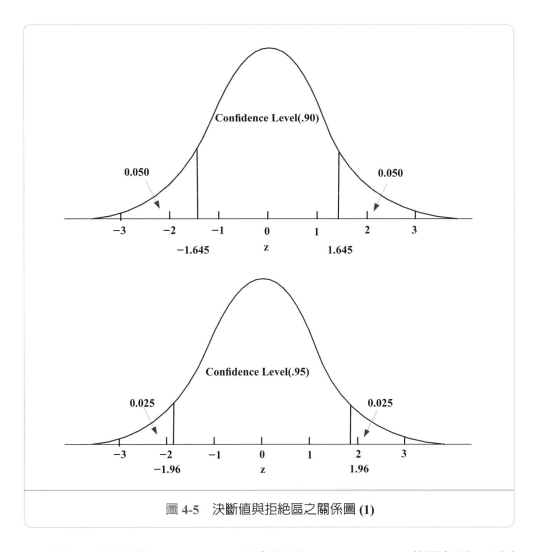

圖 4-5　決斷值與拒絕區之關係圖 (1)

圖 4-5 為決斷值 (critical value) 與拒絕區 (rejection region) 的關係圖，以圖 4-5 上方圖為例，其顯著水準為 0.90，在雙尾檢定之下，決斷值可由查表得知為 1.645 及 −1.645，大於 1.645 及小於 −1.645 的部分為拒絕區，落入拒絕區則代表需要拒絕虛無假設，承認對立假設，反之則接受虛無假設。另外圖 4-5 下方圖則

為顯著水準 0.95 的情形，其決斷值為 1.96，當所計算 Z 值落入拒絕區時 (> 1.96) 或 (< 1.96) 則拒絕虛無假設，承認對立假設。

圖 4-6 亦為決斷值與拒絕區之關係圖，其中 C_l 與 C_r 分別為左側的決斷值與右側的決斷值，若所計算的考驗值 (T) 落入拒絕區則代表需要拒絕虛無假設。

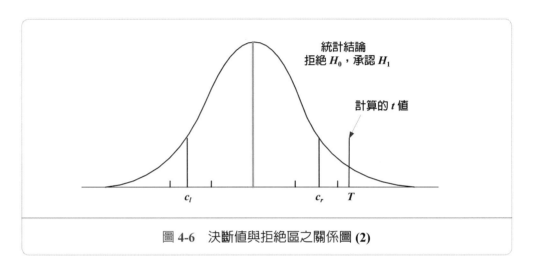

圖 4-6 決斷值與拒絕區之關係圖 (2)

圖 4-7 為接受虛無假設的決斷值與拒絕區的關係圖，圖中因為統計的考驗值 (T) 並未落入拒絕區，所以需要接受虛無假設，拒絕對立假設。

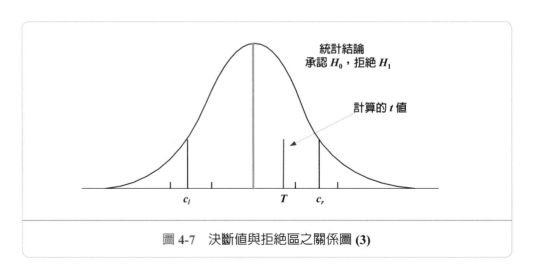

圖 4-7 決斷值與拒絕區之關係圖 (3)

　　圖 4-7 中的檢定統計量 (test statistic) 是指配合抽樣分配的機率模式所計算出來的統計數據（如 Z 值或 t 值），用以推估母體參數的範圍或決定假設是否成立。而假設考驗即是透過統計檢定量，配合抽樣分配，來考驗虛無假設 (null hypothesis testing) 是否接受或拒絕。例如「喝酒的駕駛與未喝酒的駕駛，對於號誌的反應時間相同」，這個統計假設可以 $\mu_1 = \mu_2$ 來加以表示，其中 μ_1 代表喝酒的駕駛所需要的平均反應時間，而 μ_2 代表未喝酒的駕駛所需要的平均反應時間。若 $p \leq \alpha$，則拒絕 H_0（顯著的假設考驗結果），而若 $p > \alpha$，則保留 H_0（不顯著的假設考驗結果）。

　　顯著水準是假設考驗據以判斷虛無假設是否成立的機率水準，此一數值一般慣用 0.05(5%)、0.01(1%) 或 0.001(.1%)，是在研究進行之初就由研究者所指定，因此不受研究進行的影響。

五、利用 EXCEL 軟體進行 Z 考驗

　　以下將利用 EXCEL 來進行 Z 考驗，主要步驟為計算標準誤、決斷值，進行統計考驗結論的決定，或者利用信賴區間的方式來進行統計考驗。

（一）計算標準誤

	A	B	C	D	E	F
				f_x =E14/SQRT(50)		
1	12.20	17.90	18.90	23.80	23.20	
2	7.80	24.90	16.30	21.50	22.00	
3	16.10	19.00	11.90	19.30	18.90	
4	22.40	18.80	17.50	14.60	26.60	
5	22.20	16.00	12.50	14.80	22.40	
6	19.50	16.30	8.50	10.50	26.60	
7	14.70	31.10	13.50	21.30	13.60	
8	22.00	15.30	20.20	13.00	15.30	
9	21.40	12.90	22.50	17.90	17.40	
10	12.10	17.10	25.70	19.30	22.50	
11						
12						
13	平均數	18.234		母群平均數	20.00	
14	標準差	4.950		母群標準差	4.00	
15	標準誤	0.566				
16		1.960				
17	95信賴	17.125	19.343			
18						
19	Z值	-3.12188				
20	P值	0.001797	0.000899	0.001797		
21		0.001797				

圖 4-8　**EXCEL** 計算標準誤的結果顯示

由圖 4-8 可知範例的標準誤為 0.566。

（二）計算決斷值

利用 NORMINV 的函數來計算決斷值，在 95% 信賴水準雙尾考驗之下，其決斷值如下，NORMINV(0.975,0,1)，結果決斷值為 1.960。

（三）計算 Z 值

			B19			f_x	=(B13-E13)/B15	
	A	B	C	D	E	F	
1	12.20	17.90	18.90	23.80	23.20		
2	7.80	24.90	16.30	21.50	22.00		
3	16.10	19.00	11.90	19.30	18.90		
4	22.40	18.80	17.50	14.60	26.60		
5	22.20	16.00	12.50	14.80	22.40		
6	19.50	16.30	8.50	10.50	26.60		
7	14.70	31.10	13.50	21.30	13.60		
8	22.00	15.30	20.20	13.00	15.30		
9	21.40	12.90	22.50	17.90	17.40		
10	12.10	17.10	25.70	19.30	22.50		
11							
12							
13	平均數	18.234		母群平均數	20.00		
14	標準差	4.950		母群標準差	4.00		
15	標準誤	0.566					
16		1.960					
17	95信賴	17.125	19.343				
18							
19	Z值	-3.12188					
20	P值	0.001797	0.000899	0.001797			
21		0.001797					

圖 4-9　EXCEL 計算 Z 值的結果顯示

Z 值的計算為樣本的平均數與母數平均數的差異，再除上平均數的標準差（標準誤），結果為 −3.12188。其統計考驗結果，統計考驗值與決斷值相較，統計考驗值的絕對值大於決斷值，因此拒絕虛無假設，承認對立假設，亦即表示樣本的平均數 18.234 與母群的平均數 (20.00) 有所差異。接下來進行點估計所需的 p 值。

（四）計算 P 值

	B20		f_x	=2*(1-NORMDIST(ABS(B19),0,1,1))		
	A	B	C	D	E	F	G
1	12.20	17.90	18.90	23.80	23.20		
2	7.80	24.90	16.30	21.50	22.00		
3	16.10	19.00	11.90	19.30	18.90		
4	22.40	18.80	17.50	14.60	26.60		
5	22.20	16.00	12.50	14.80	22.40		
6	19.50	16.30	8.50	10.50	26.60		
7	14.70	31.10	13.50	21.30	13.60		
8	22.00	15.30	20.20	13.00	15.30		
9	21.40	12.90	22.50	17.90	17.40		
10	12.10	17.10	25.70	19.30	22.50		
11							
12							
13	平均數	18.234		母群平均數	20.00		
14	標準差	4.950		母群標準差	4.00		
15	標準誤	0.566					
16		1.960					
17	95信賴	17.125	19.343				
18							
19	Z值	-3.12188					
20	P值	0.001797	0.000899	0.001797			
21		0.001797					

圖 4-10　EXCEL 計算 P 值的結果顯示

計算 P 值的結果可由 $2\times(1-\text{NORMDIST}(\text{ABS}*B19),0,1,1))$ 的計算下，得知為 0.001797，因為其機率小於顯著水準 0.05，所以統計結論為拒絕虛無假設，承認對立假設，亦即樣本的平均數與母群的平均數並不同，點估計的結果與上述由決斷值來判斷的結論相同。

（五）計算 95% 信賴區間

	A	B	C	D	E	F
1	12.20	17.90	18.90	23.80	23.20	
2	7.80	24.90	16.30	21.50	22.00	
3	16.10	19.00	11.90	19.30	18.90	
4	22.40	18.80	17.50	14.60	26.60	
5	22.20	16.00	12.50	14.80	22.40	
6	19.50	16.30	8.50	10.50	26.60	
7	14.70	31.10	13.50	21.30	13.60	
8	22.00	15.30	20.20	13.00	15.30	
9	21.40	12.90	22.50	17.90	17.40	
10	12.10	17.10	25.70	19.30	22.50	
11						
12						
13	平均數	18.234		母群平均數	20.00	
14	標準差	4.950		母群標準差	4.00	
15	標準誤	0.566				
16		1.960				
17	95信賴	17.125	19.343			
18						
19	Z值	-3.12188				
20	P值	0.001797	0.000899	0.001797		
21		0.001797				

B17 ▾ f_x =B13-B16*B15

圖 4-11　**EXCEL 計算 95% 信賴區間的結果顯示**

由計算區間估計的結果中，95% 的信賴區間，下界為 17.125，而上界為 19.343，信賴區間中並未包括母群的平均數 20，亦即下界、上界與母群平均數的差並未包括 0，所以與點估計的結果相同，拒絕虛無假設，承認對立假設。

六、t 考驗

當研究者關心某一個連續變項的平均數，是否與某個理論值或母群平均數相符合之時，稱為單母群平均數考驗。例如某大學一年級新生的平均年齡 19.2 歲，是否與全國大一新生的平均年齡 18.7 歲相同。研究假設為樣本平均數與母群平均數（或理論值）相同，或 $\mu = \mu_0$。

當母群的標準差已知，抽樣分配的標準誤可依中央極限定理求得，且無違反常態假設之虞，可使用 Z 分配來進行考驗。

Z 考驗的基本假設：母群標準差已知，樣本人數大於 30 人，符合這樣的假設下，Z 值會符合常態分配的假設，此時的 Z 值計算方程式如下所示。

$$Z = \frac{M - \mu_0}{\frac{\sigma}{\sqrt{n}}}$$

　　若母群的標準差未知，則需使用樣本標準差的不偏估計數來推估母群標準差，此時即不能採用 Z 考驗而需要利用 t 考驗來進行兩組平均數的差異考驗。t 考驗的基本假設是母群標準差未知，樣本人數為小樣本（也許小於 30），此時的統計考驗值 t 值可以利用下述方程式加以計算，而此時的分配稱為斯徒登 t 分配 (student t-distribution)。

$$t = \frac{M - \mu_0}{\frac{S}{\sqrt{n}}}$$

　　t 考驗與 Z 考驗不同，是帶有自由度 (df) 的並且其自由度皆為 $n - 1$。以下將簡要地說明 Z 分配（常態分配）與 t 分配的關係。當樣本人數大於 30 時，t 分配與 Z 分配的曲線幾乎是相同的，如圖 4-12 所示。

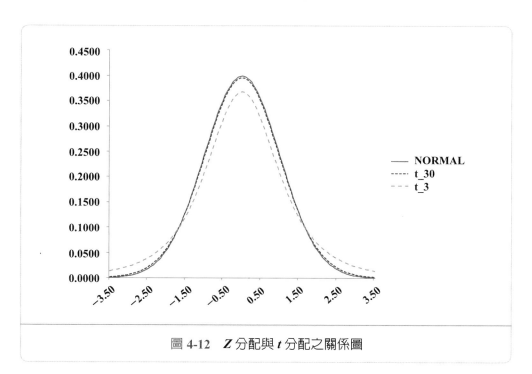

圖 4-12　Z 分配與 t 分配之關係圖

Z 分配曲線的特性如下所示。

1. 在 Z 分配的曲線下所涵蓋的面積總和為 1。
2. Z 分配的曲線是以 0 為中心點，互相對稱。
3. Z 分配的平均數為 0。
4. Z 分配的標準差為 1。
5. 因為 Z 分配以 0 為中心點互相對稱，而且面積總和為 1，所以右半部與左半部所占的面積相等，而且各為 0.5。
6. Z 分配的曲線漸近於左右兩個方向的水平軸。

具有自由度 t 分配曲線的特性說明如下。

1. 當 t 分配曲線的自由度為 1，其曲線下所涵蓋的面積總和為 1。
2. 具有自由度的 t 分配曲線是以 0 為中心點，互相對稱。
3. 具有自由度的 t 分配的平均數為 0。
4. 具有自由度的 t 分配，當自由度大於 2 時，其標準差為 $\sqrt{\dfrac{df}{df-2}}$。
5. 因為 t 分配以 0 為中心點互相對稱，而且面積總和為 1，所以右半部與左半部所占的面積相等，而且各為 0.5。
6. t 分配的曲線漸近於左右兩個方向的水平軸。

從以上針對 Z 分配以及 t 分配的特性說明下可以清楚地了解，Z 分配與具自由度的 t 分配是非常地類似的；並且大部分的統計觀點皆同意當樣本人數大於 30 時，Z 分配與 t 分配幾乎相同，亦即當自由度大於 30 時，Z 分配與 t 分配幾乎沒有什麼差異。

【範例 4-7】t 考驗範例 (1)

當自由度愈大，發現 t 分配下的標準差會愈接近 Z 分配。t 分配是以樣本的標準差來推導抽樣分配的標準誤，因此不受中央極限定理母體標準需為已知的限制。但隨著樣本數的不同，分配的機率變化有所不同，因此 t 分配並不是單一分配，而是隨著樣本數（自由度）變化而變化的一組對稱分配。當樣本數愈大，t 分配愈接近常態分配，當樣本數愈小，則呈現扁平化的雙尾分配，如圖 4-13 所示。

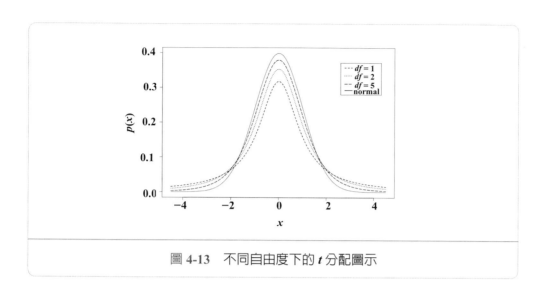

圖 4-13　不同自由度下的 t 分配圖示

　　表 4-1 是以 EXCEL 軟體的函數 TINV( ) 來加以計算彙集而成 t 分配下的面積資料一覽表，縱軸為自由度，TINV 這個函數主要的功能是在於傳回機率函數和自由度的 t 分配，語法中主要有 2 個參數，分別為機率以及自由度等 2 個參數，其中的機率是一個雙尾 t 分配的機率值，自由度則是構成該 t 分配的自由度數目值。例如 TINV(0.05,10) = 2.28139 表示的是自由度 10 的雙尾 t 分配，若以相同的機率與自由度來計算單尾的 t 分配時，則是以 TINV(2*0.05,10) = 1.812462 來計算。

表 4-1　單尾 t 分配下的面積一覽表

DF	0.25	0.1	0.05	0.025	0.01	0.005
1	1.0000	3.0777	6.3138	12.7062	31.8205	63.6567
2	0.8165	1.8856	2.9200	4.3027	6.9646	9.9248
3	0.7649	1.6377	2.3534	3.1824	4.5407	5.8409
4	0.7407	1.5332	2.1318	2.7764	3.7469	4.6041
5	0.7267	1.4759	2.0150	2.5706	3.3649	4.0321
6	0.7176	1.4398	1.9432	2.4469	3.1427	3.7074
7	0.7111	1.4149	1.8946	2.3646	2.9980	3.4995
8	0.7064	1.3968	1.8595	2.3060	2.8965	3.3554

表 4-1 （續）

DF	0.25	0.1	0.05	0.025	0.01	0.005
9	0.7027	1.3830	1.8331	2.2622	2.8214	3.2498
10	0.6998	1.3722	1.8125	2.2281	2.7638	3.1693
11	0.6974	1.3634	1.7959	2.2010	2.7181	3.1058
12	0.6955	1.3562	1.7823	2.1788	2.6810	3.0545
13	0.6938	1.3502	1.7709	2.1604	2.6503	3.0123
14	0.6924	1.3450	1.7613	2.1448	2.6245	2.9768
15	0.6912	1.3406	1.7531	2.1314	2.6025	2.9467
16	0.6901	1.3368	1.7459	2.1199	2.5835	2.9208
17	0.6892	1.3334	1.7396	2.1098	2.5669	2.8982
18	0.6884	1.3304	1.7341	2.1009	2.5524	2.8784
19	0.6876	1.3277	1.7291	2.0930	2.5395	2.8609
20	0.6870	1.3253	1.7247	2.0860	2.5280	2.8453
21	0.6864	1.3232	1.7207	2.0796	2.5176	2.8314
22	0.6858	1.3212	1.7171	2.0739	2.5083	2.8188
23	0.6853	1.3195	1.7139	2.0687	2.4999	2.8073
24	0.6848	1.3178	1.7109	2.0639	2.4922	2.7969
25	0.6844	1.3163	1.7081	2.0595	2.4851	2.7874
26	0.6840	1.3150	1.7056	2.0555	2.4786	2.7787
27	0.6837	1.3137	1.7033	2.0518	2.4727	2.7707
28	0.6834	1.3125	1.7011	2.0484	2.4671	2.7633
29	0.6830	1.3114	1.6991	2.0452	2.4620	2.7564
30	0.6828	1.3104	1.6973	2.0423	2.4573	2.7500

【範例 4-8】t 考驗範例 (2)

請計算當自由度為 13 的 t 分配，其值介於 −1.350 至 2.650 之間的面積為多少？由表 4-1 的資料可以得知 $df = 13$，$p(-1.350 < t < 2.650) = 0.89$。

若利用 SPSS 統計軟體來計算上述問題的面積為 SPSS: cdf.t(−1.350,13) = 0.10，cdf.t(2.650,13) = 0.99，0.99 − 0.10 = 0.89，結果與上述查表的結果一致。

圖示結果如圖 4-14。

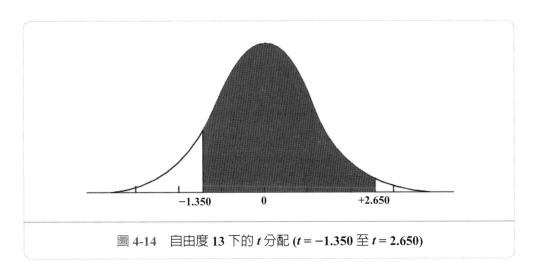

圖 4-14　自由度 **13** 下的 t 分配 ($t = -1.350$ 至 $t = 2.650$)

七、利用 SPSS 進行 t 考驗

有關平均數差異檢定可以透過三種不同指令來進行。

1. 單一樣本 t 檢定乃是用來檢定單一變數的平均數，是否跟指定的常數不一樣。
2. 獨立樣本 t 檢定乃是用來比較兩組不同樣本測量值的平均數。
3. 配對樣本 t 檢定是用來比較單一樣本或配對樣本在兩個變數的平均數。

其原理是計算每個觀察者在兩個變數值之間的差異，以及檢定平均數是否為 0。通常用於具有前測 (pre-test) 與後測 (post-test) 的研究設計中。

【範例 4-9】單一樣本 t 考驗

以下將利用 SPSS 軟體來進行獨立樣本 t 考驗的分析，研究問題如下「研究者相信若母老鼠在懷孕期間仍然喝酒的話，其出生小老鼠的體重會低於一般的小老鼠，而一般出生的小老鼠體重為 20 公克，研究者蒐集 10 隻在懷孕期間仍有喝酒的母老鼠其出生小老鼠的資料，分別為 17, 17, 20, 19, 18, 19, 16, 21, 15 以及 21」。此時的統計假設為，$H_0 : \mu = 20$ 以及 $H_1 : \mu \neq 20$，此時利用 SPSS 分析時變項的選擇如圖 4-15 所示。

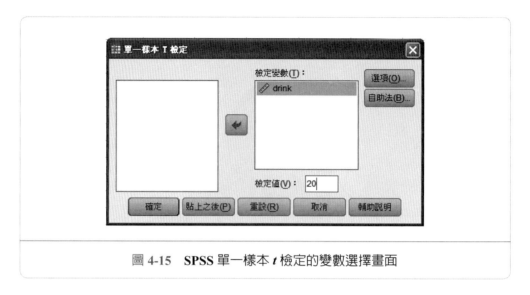

圖 4-15　SPSS 單一樣本 t 檢定的變數選擇畫面

分析結果如下所示，首先下列為單一樣本的統計量數，總共有 10 筆資料，平均數為 18.40，標準差為 2.22，而平均數的標準誤則為 0.70。

單一樣本統計量

	個數	平均數	標準差	平均數的標準誤
drink	10	18.4000	2.22111	0.70238

上述資料中的平均數標準誤其計算過程如下所示。

$$S_{\overline{X}} = \frac{S}{\sqrt{N}} = \frac{2.22}{\sqrt{10}} = 0.70$$

下述資料為單一樣本檢定的結果，因為母群的母數平均數為 20，所以為本分析資料的檢定值，另外 t 值為 −2.278，自由度 9，雙尾 t 檢定的顯著性 p 值為 0.049，平均數差異為 −1.60，95% 信賴水準下的信賴區間估計結果下界為 −3.1889，而上界為 −0.01。

單一樣本檢定

	檢定值 = 20				
	t	自由度	顯著性（雙尾）	平均差異	差異的95%信賴區間	
					下界	上界
drink	−2.278	9	0.049	−1.60000	−3.1889	−0.0111

上述資料中，平均數差異的計算過程為 = 18.4 − 20 = −1.6，至於 t 值則可計算如下。

$$t = \frac{M - \mu}{S_{\overline{X}}} = \frac{18.4 - 20}{\frac{2.22}{\sqrt{10}}} = -2.28$$

t 檢定的自由度為樣本人數減 1，所以自由度為 10 − 1 = 9。至於雙尾檢定下顯著性差異 p 值則有幾種計算方法。分別為：(1) 查閱統計參考書籍中附錄的 t 分配表；(2) 利用 SPSS 函數 (cdf.t)，計算如下 CDF.T(2.28,9) = 0.98，1 − 0.98 = 0.02；(3) 利用 EXCEL 函數 (tdist)，計算如下 TDIST(2.28,9,1) = 0.024，TDIST(2.28,9,2) = 0.049。

信賴區間的計算方法如下所示。

(1) 查表或者利用 EXCEL 函數 TINV( )，得知 TINV(.05,9) = 2.262。

(2) (18.4 + 0.70*2.262) − 20 = −0.011。

(3) (18.4 − 0.70*2.262) − 20 = −3.189。

因為 0 未落於 −3.189 與 −0.011 之間，所以要拒絕虛無假設，接受對立假設，亦即這 10 個樣本所計算出來的平均數 (18.4) 與母群的平均數 (20) 是不同的。接下來將說明關於信賴區間的意義。

八、信賴區間的意義

信賴區間是假設考驗的一種，在統計學中，一個機率樣本的信賴區間 (confidence interval, CI) 是對這個樣本的某個總體參數的區間估計。信賴區間展現的是這個參數的真實值有一定機率落在測量結果的周圍的程度。信賴區間給出

的是被測量參數的測量值的可信程度，即前面所要求的「一定機率」，這個機率被稱為信賴水準。舉例來說，如果在一次大選中某人的支持率為 55%，而信賴水準 0.95 上的信賴區間是 (50%，60%)，那麼他的真實支持率有 95% 的機率落在 50% 和 60% 之間，因此他的真實支持率不足一半的可能性小於 5%，多次操弄後樣本形成的信賴區間如圖 4-16 所示。

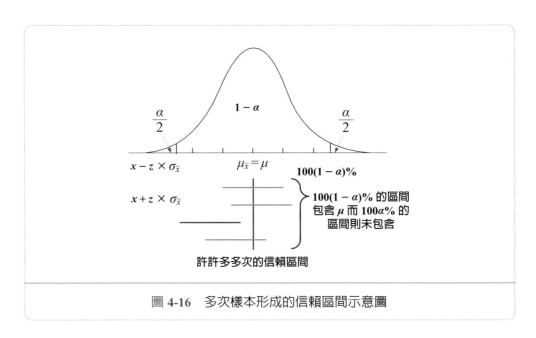

圖 4-16　多次樣本形成的信賴區間示意圖

九、統計檢定的效果量

計算效果量 (effect size) 的方法有很多種，像 Cohen 的 d 就是其中一種效果量。但複雜的是 Cohen 的 d 的計算方法視不同的統計方法、資料，而有不同的計算方法。具體一點來說，如果你有兩組人（剛好兩組，不多不少），一組實驗組，一組控制組。作了實驗之後，想知道後測有沒有差別，利用 t 考驗時，利用每一組的平均值 (mean) 和標準差 (standard deviation)，此時的 d 效果量的計算為 $d = \dfrac{M_{實驗組} + M_{控制組}}{S_{併組}}$，而 $S_{併組}$ 的算法如下所示。

$$S_{併組} = \sqrt{\frac{S^2_{實驗組} + S^2_{控制組}}{2}}$$

例如：$M_{實驗組} = 24$，$M_{控制組} = 20$，$S_{實驗組} = 5$，$S_{控制組} = 4$，此時的 $S_{併組} =$

$\sqrt{\frac{5^2 + 4^2}{2}}$，而 $d = (24 - 20)/4.53 = 0.88$。至於其他種類的效果量計算方法將會於

後續的相關統計方法中加以介紹，若想知道更多公式，有一篇文章中簡易介紹效
果量的計算。

http://www.bwgriffin.com/gsu/courses/edur9131/content/Effect_Sizes_pdf5.pdf。
另外有免費的計算軟體如下。

http://gemini.gmu.edu/cebcp/EffectSizeCalculator/d/d.html
至於效果量大小的代表意義判斷可由表 4-2 中得知。

表 4-2 效果量大小與考驗意義大小

考驗方法	效果量的種類	小	中	大
t 考驗	d	0.20	0.50	0.80
相關	r	0.10	0.30	0.50
ANOVA	f	0.10	0.25	0.40
多元相關與迴歸	f^2	0.02	0.15	0.35
卡方考驗	w	0.10	0.30	0.50

資料來源：Hinton (2004). *Statistics Explained*. NY: Routledge. p.108.

參、平均數考驗的基本假設

進行平均數考驗時必須要符合一些基本假設，例如：(1) 觀察值獨立性，樣
本之抽取須符合均等與獨立原則；(2) 資料常態分配，樣本來自之母群，在依變
項上的機率分配呈常態分配；(3) 變異數同質性，各組樣本來自同一母群，故各
組樣本在依變項得分的變異數應該具有同質性。以下將再針對常態性假設以及變
異數同質性假設詳細說明如下。

一、常態性假設

在雙樣本平均數考驗中，兩個平均數來自於兩個樣本，除了樣本本身的抽樣分配需為常態化之外，兩個平均數的差的抽樣分配也必須符合常態分配 (normality) 的假設。

如何檢驗資料是否常態？簡單地判定為在變項的描述性統計資料中偏態值的絕對值小於 3，峰度值的絕對值小於 10，即未違反常態分配 (Kline, 2011)。

（一）利用 SPSS 來進行描述性統計，利用偏態與峰度係數來判斷

SPSS 統計軟體中點選分析→描述性統計量→選項→勾選峰度與偏態。

圖 4-17　描述性統計中選項對話框

以下為分析的結果。

表 4-3　敘述統計量數一覽表

敘述統計								
	個數	最小值	最大值	平均數	標準差	偏態		峰度	
	統計量	統計量	統計量	統計量	統計量	統計量	標準誤	統計量	標準誤
p1701	995	1	4	2.90	.863	-.455	.078	-.425	.155
p1702	994	1	4	2.79	.983	-.303	.078	-.959	.155

表 4-3 （續）

	個數	最小值	最大值	平均數	標準差	偏態		峰度	
	統計量	統計量	統計量	統計量	統計量	統計量	標準誤	統計量	標準誤
p1703	989	1	4	2.23	1.002	.301	.078	−1.001	.155
p1704	989	1	4	2.89	1.002	−.511	.078	−.824	.155
p1705	992	1	4	2.19	.940	.244	.078	−.930	.155
p1706	985	1	4	2.67	.920	−.129	.078	−.840	.156
p1707	994	1	4	3.09	.956	−.790	.078	−.372	.155
p1708	991	1	4	2.90	1.005	−.491	.078	−.875	.155
p1709	987	1	4	3.00	.963	−.567	.078	−.738	.156
p1710	990	1	4	3.01	.997	−.679	.078	−.645	.155

叙述統計（表頭）

（二）常態分配的檢定

分析→預檢資料→選擇依變數清單→圖形→常態機率圖附檢定

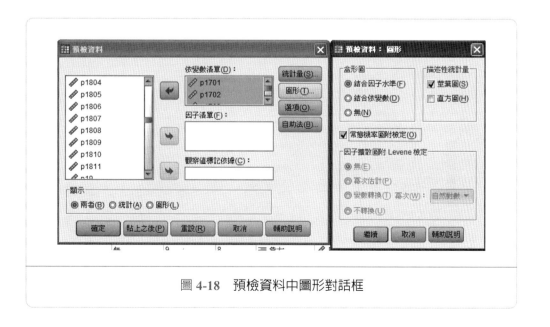

圖 4-18 預檢資料中圖形對話框

常態檢定結果如表 4-4 所示。

表 4-4　常態檢定結果一覽表

	Kolmogorov-Smirnov檢定[a]			Shapiro-Wilk常態性檢定		
	統計量	自由度	顯著性	統計量	自由度	顯著性
p1701	.259	953	.000	.855	953	.000
p1702	.208	953	.000	.866	953	.000
p1703	.206	953	.000	.865	953	.000
p1704	.228	953	.000	.847	953	.000
p1705	.201	953	.000	.866	953	.000
p1706	.213	953	.000	.877	953	.000
p1707	.244	953	.000	.813	953	.000
p1708	.216	953	.000	.849	953	.000
p1709	.224	953	.000	.839	953	.000
p1710	.230	953	.000	.825	953	.000

a. Lilliefors 顯著性校正

因為以上常態機率檢定的結果都達顯著，表示所有的資料都是符合常態分配。

（三）繪製常態 Q-Q 圖

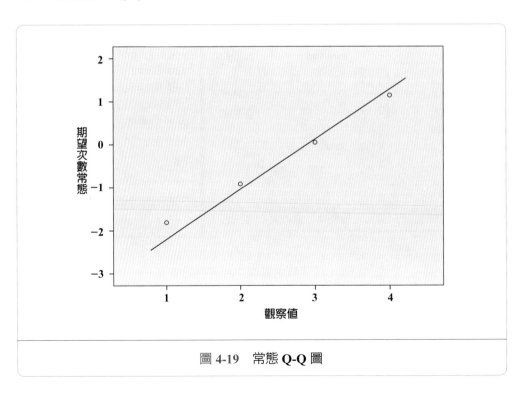

圖 4-19　常態 Q-Q 圖

由其上的 Q-Q 圖中，因為資料大致是圍繞在 45 度線左右，所以應該符合常態分配。

二、變異數同質性假設

平均數差異檢定中，每一個常態化樣本的平均數要能夠相互比較，除了需符合常態分配假設外，必須具有相似的離散狀況，也就是樣本的變異數必須具有同質性，而此即稱為變異數同質性假設 (homogeneity of variance)。如果樣本的變異數不同質，表示兩個樣本在平均數差異之外，另外存有差異的來源，致使變異數呈現不同質的情況。變異數同質性假設若不能成立，會使得平均數的比較存有混淆因素。

SPSS 統計分析軟體在處理獨立樣本 t 考驗時，提供兩種 t 考驗值：當變異數同質性假設成立時與不成立時的狀況，當成立時，t 值由上述公式提出，且自由度為整數；不成立的情況下，t 值須進行矯正，可以由非整數的自由度得知是否進行矯正。

肆、t 考驗的範例解析

上述所討論的是單一樣本 t 考驗，接下來所要討論的是兩個獨立樣本的 t 考驗。雖然仍然會有許多數學與統計理論方面的討論，但是在此主要的目的在於利用 SPSS 或是其他的統計電腦軟體來進行 t 考驗，並且逐步地說明如何利用 SPSS 來進行相關的分析，說明分析的結果及解釋結果的意義。

進行兩個以上樣本的平均數考驗時，會面臨到的是這些樣本之間是否有關還是沒有任何的關聯。若是兩兩之間的樣本獨立無關，統計分析上稱為獨立樣本，若是樣本之間有存在相關聯的關係時，則稱之為相依樣本，以下將說明獨立與相依樣本的設計。有位心理學系的學生想要了解女生的壽命是否比男生還要長？而在這個問題之中，男生與女生即是屬於不同的群組，而不同的平均數可能計算自不同的樣本，亦有可能計算自同一個樣本的同一群人，或是具有配對關係的不同樣本。

一、獨立樣本設計

不同平均數來自於獨立沒有關聯的不同樣本，根據機率原理，當不同的平均數來自於不同的獨立樣本，兩個樣本的抽樣機率亦相互獨立。

【範例 4-10】獨立樣本 t 考驗

有位心理學系的學生想要了解女生的壽命是否比男生還要長？蒐集了 35 位女生及 38 位男生的資料來進行考驗，因此其研究假設可以如圖 4-20 所示。圖 4-20 資料為獨立樣本女生與男生兩個群組的壽命資料。

	A	B	C	D	E	F
1	女生	男生				
2	21	19			女生	
3	41	30				
4	54	41		平均數	78.34285714	
5	60	43		標準誤	2.823950049	
6	62	52		中間值	81	
7	64	53		眾數	93	
8	66	63		標準差	16.70671379	
9	70	64		變異數	279.1142857	
10	72	64		峰度	3.192020507	
11	73	65		偏態	-1.46426924	
12	74	66		範圍	82	
13	75	68		最小值	21	
14	76	68		最大值	103	
15	77	68		總和	2742	
16	78	68		個數	35	
17	79	69				
18	80	70			男生	
19	81	71				
20	82	71		平均數	70.15789474	
21	83	72		標準誤	2.616428651	
22	84	75		中間值	71.5	
23	86	76		眾數	68	
24	87	76		標準差	16.12874941	
25	88	78		變異數	260.1365576	
26	88	78		峰度	2.19688082	
27	89	80		偏態	-1.435969651	
28	90	80		範圍	71	
29	92	82		最小值	19	
30	92	82		最大值	90	
31	93	82		總和	2666	
32	93	85		個數	38	
33	93	85				
34	94	85				
35	102	86				
36	103	86				
37		87				
38		88				
39		90				

圖 4-20　女生與男生兩個群組獨立樣本的壽命資料

進行上述範例的獨立樣本 t 考驗，其統計假設如下所示。

$H_0 : \mu_F = \mu_M$

$H_1 : \mu_F \neq \mu_M$

其離均差平方和 (sum of squares，SS) 的計算方程式如下所示。

$$SS = \sum (X - \overline{X})^2 = \sum X^2 - \frac{(\sum X)^2}{n}$$

此時因為是兩組合併，所以其併組變異數為 (pooled variance)：

$$S_P^2 = \frac{SS_1 + SS_2}{df_1 + df_2}$$

兩組標準誤（差異的標準誤）的計算公式為：

$$S_{(M_1 - M_2)} = \sqrt{\frac{S_P^2}{n_1} + \frac{S_P^2}{n_2}}$$

此時兩個獨立樣本的統計考驗量 (t) 的計算公式如下所示。

$$t = \frac{M_1 - M_2 - 0}{S_{(M_1 - M_2)}}$$

　　以上是探討女生與男生壽命的範例加以說明其計算的過程，由圖 4-20 的資料中，女生的變異數為 279.114，個數為 35，因為離均差平方和 = 變異數 × 個數，所以女生的離均差平方和 = 279.114×35 = 9769，而男生的離均差平方和則為 9885.19。又因為女生的自由度為樣本數 −1，所以女生的自由度為 34，男生的自由度為 38，將上述資料代入併組變異數的公式中可以算出男生與女生的併組變異數為 (9769 + 9885.19)/(34 + 37) = 376.82。

　　因此這二個獨立樣本的標準誤如下。

$$\sqrt{\frac{S_p^2}{n_1} + \frac{S_p^2}{n_2}}$$

$$= \sqrt{\frac{276.82}{35} + \frac{276.82}{38}}$$

$$= 3.90$$

因為女生的平均數為 78.34，而男生的平均數為 70.16，所以此時的統計考驗量 t 值如下。

$$\frac{M_1 - M_2}{S_{(M_1 - M_2)}}$$

$$= \frac{78.34 - 70.16}{3.90}$$

$$= 2.10$$

而經由 EXCEL 中 TINV 函數計算 95% 信賴水準下 t 的決斷值為 TINV(.05,34 + 37) = 1.99，因為 2.10 大於決斷值 1.99，所以應該拒絕虛無假設，承認對立假設，也就是女生與男生之間的壽命是有所差異，並且由男女的平均數 (女生 = 78.34，男生 = 70.16) 來看，女生的壽命大於男生。

接下來利用 SPSS 統計軟體來進行獨立樣本 t 考驗，首先要先將資料轉換成另 2 個變項，一個為年齡，另外一個為性別；其中性別是採編碼的方式，1 是代表女生，而 2 是代表男生，資料如圖 4-21 所示。

圖 4-21 男女年齡資料一覽表

1. 點選分析→比較平均數法→獨立樣本 T 檢定，如圖 4-22 所示。

圖 4-22 比較平均數法中獨立樣本 **T** 檢定功能

2. 點選年齡至檢定變項，而性別至分組變項，並且點選定義組別，組別 1 的代碼請輸入 1，而組別 2 的代碼請輸入 2，之後點選繼續的按鈕後，再點選確定後分析。

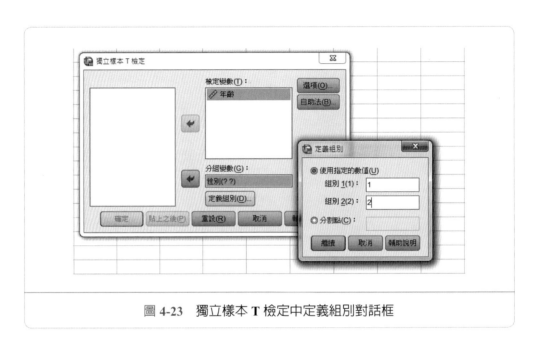

圖 4-23　獨立樣本 T 檢定中定義組別對話框

3. 檢視分析結果

組別統計量				
性別	個數	平均數	標準差	平均數的標準誤
年齡 1	35	78.34	16.707	2.824
年齡 2	38	70.16	16.129	2.616

獨立樣本檢定		變異數相等的 Levene 檢定		平均數相等的 t 檢定						
		F檢定	顯著性	t	自由度	顯著性（雙尾）	平均差異	標準誤差異	差異的 95% 信賴區間 下界	上界
年齡	假設變異數相等	.030	.862	2.129	71	.037	8.185	3.844	.520	15.850

（續）

獨立樣本檢定									
		變異數相等的 Levene 檢定		平均數相等的 t 檢定						
		F 檢定	顯著性	t	自由度	顯著性（雙尾）	平均差異	標準誤差異	差異的 95% 信賴區間	
									下界	上界
年齡	不假設變異數相等			2.126	70.016	.037	8.185	3.850	.507	15.863

由上述的分析結果中可以獲知，女生的平均數為 78.34，而男生的平均數為 70.16，女生的平均數標準誤為 2.824，男生的平均數標準誤為 2.616。由變異數相等 Levene 的檢定結果 $F = 0.030 (P = 0.862 > 0.05)$ 代表未達顯著，承認虛無假設，表示女生與男生的變異數為相等，因此後續的 t 考驗只要檢視假設變異數相等那一行即可。統計考驗值 $t = 2.129$，自由度為 71，雙尾的顯著性為 0.037 小於 0.05 代表達顯著水準，亦即拒絕虛無假設，承認對立假設，所以統計結論為女生與男生的壽命長度並不相同。再由女生與男生的平均數上來比較，明顯女生 ($M = 78.34$) 的壽命大於男生 ($M = 70.16$) 的壽命。平均數差異為 8.185，標準誤差異為 3.844，差異的 95% 信賴水準下的信賴區間其下界為 0.520，上界為 15.850，因為未包括 0，所以與上述點估計的結果相同，統計結論一樣為拒絕虛無假設，承認對立假設，本範例利用 SPSS 軟體所呈現的計算結果與上述利用公式計算的結果一致。

二、相依樣本設計

資料的蒐集中，若不同的平均數來自同一樣本的同一群人，或是具有配對關係的不同樣本，則稱為相依樣本，而相依樣本設計又可分為二種，分別為重複量數與配對樣本設計，說明如下。

（一）重複量數設計

重複量數設計 (repeated measure design) 是指不同的平均數來自於同一個樣本的同一群人（例如某班學生的期中考與期末考成績）重複測量的結果。

（二）配對樣本設計

配對樣本設計 (matched sample design) 是指不同的平均數來自具有配對關係的不同樣本（例如夫妻兩人的薪資多寡），樣本抽取的機率是為非獨立、相依的情況，因此必須特別考量到重複計數或相配對的機率，以提供不同的公式來加以分析。

【範例 4-11】相依樣本 t 考驗（配對 1）

下述相依樣本的範例，為探討新郎與新娘結婚年齡的資料，以下總共有 34 對新人的資料，如圖 4-24 所示。

	A	B	C	D	E	F	G
1	新郎	新娘	新郎-新娘				
2	23	21	2		新郎-新娘		
3	20	25	-5				
4	34	33	1		平均數	0.787879	
5	35	30	5		標準誤	0.744624	
6	44	50	-6		中間值	1	
7	26	26	0		眾數	1	
8	27	30	-3		標準差	4.27754	
9	29	31	-2		變異數	18.29735	
10	25	24	1		峰度	0.324844	
11	32	33	-1		偏態	-0.540675	
12	22	23	-1		範圍	19	
13	31	25	6		最小值	-10	
14	20	19	1		最大值	9	
15	28	27	1		總和	26	
16	30	24	6		個數	33	
17	39	49	-10				
18	31	24	7				
19	31	27	4				
20	26	27	-1				
21	26	24	2				
22	27	28	-1				
23	22	21	1				
24	25	20	5				
25	28	29	-1				
26	27	23	4				
27	29	26	3				
28	27	23	4				
29	24	21	3				
30	23	31	-8				
31	23	19	4				
32	25	25	0				
33	39	43	-4				
34	29	20	9				

圖 4-24　相依樣本資料範例（新郎與新娘年齡資料）

【範例 4-12】相依樣本 t 考驗（配對 2）

　　某位研究者進行英文相互教學的研究，在實驗組方面進行實驗前的前測及實驗後的後測，所得數據如表 4-5，請問該英文相互教學對於學生在認字的能力是否有所幫助？

表 4-5　英文相互教學法認字前後測成績一覽表

編號	前測	後測	編號	前測	後測
A01	137.00	152.00	A16	138.00	146.00
A02	75.00	85.00	A17	89.00	97.00
A03	56.00	93.00	A18	148.00	150.00
A04	18.00	22.00	A19	30.00	44.00
A05	76.00	92.00	A20	139.00	141.00
A06	123.00	139.00	A21	157.00	157.00
A07	23.00	32.00	A22	114.00	118.00
A08	193.00	196.00	A23	6.00	26.00
A09	89.00	113.00	A24	86.00	108.00
A10	2.00	12.00	A25	43.00	95.00
A11	87.00	107.00	A26	12.00	14.00
A12	35.00	41.00	A27	62.00	95.00
A13	154.00	167.00	A28	109.00	122.00
A14	157.00	157.00	A29	92.00	105.00
A15	131.00	146.00	A30	9.00	20.00

分析程序成對樣本 t 檢定（相依樣本），此時的統計假設如下所示。

$H_0 : \mu_D = 0$

$H_1 : \mu_D \neq 0$

(1) 開啓資料檔

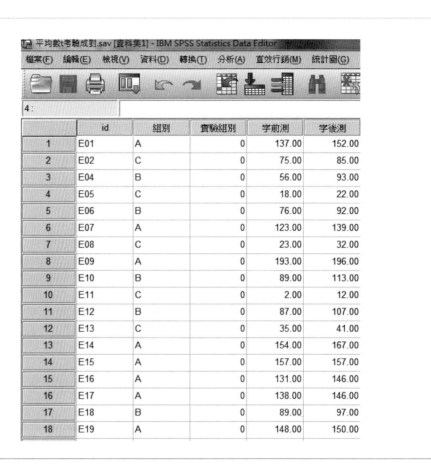

圖 4-25　相依樣本資料範例（英文相互教學）

(2) 點選分析→比較平均數法→成對樣本 T 檢定

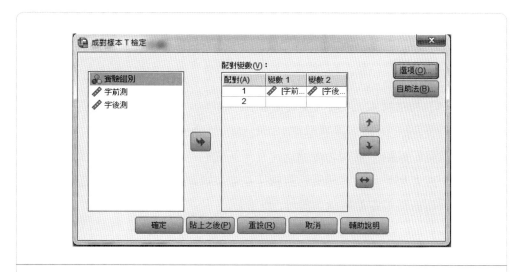

圖 4-26 比較平均數法中成對樣本 T 檢定功能

(3) 選取欲分析的檢定變數

圖 4-27 成對樣本 T 檢定選擇變數對話框

(4) 點選確定檢視結果

<table>
<tr><th colspan="5">成對樣本統計量[a]</th></tr>
<tr><th colspan="2"></th><th>平均數</th><th>個數</th><th>標準差</th><th>平均數的標準誤</th></tr>
<tr><td rowspan="2">成對 1</td><td>字前測</td><td>86.3333</td><td>30</td><td>54.33252</td><td>9.91972</td></tr>
<tr><td>字後測</td><td>99.7333</td><td>30</td><td>52.09139</td><td>9.51054</td></tr>
</table>

a. 實驗組別 = 實驗組

<table>
<tr><th colspan="5">成對樣本相關[a]</th></tr>
<tr><th colspan="2"></th><th>個數</th><th>相關</th><th>顯著性</th></tr>
<tr><td>成對 1</td><td>字前測和字後測</td><td>30</td><td>.977</td><td>.000</td></tr>
</table>

a. 實驗組別 = 實驗組

<table>
<tr><th colspan="2" rowspan="3"></th><th colspan="5">成對樣本檢定[a]</th><th rowspan="3">t</th><th rowspan="3">自由度</th><th rowspan="3">顯著性
（雙尾）</th></tr>
<tr><th colspan="5">成對變數差異</th></tr>
<tr><th>平均數</th><th>標準差</th><th>平均數的標準誤</th><th colspan="2">差異的 95% 信賴區間</th></tr>
<tr><td></td><td></td><td></td><td></td><td></td><td>下界</td><td>上界</td><td></td><td></td><td></td></tr>
<tr><td>成對 1</td><td>字前測 －字後測</td><td>-13.40000</td><td>11.62518</td><td>2.12246</td><td>-17.74091</td><td>-9.05909</td><td>-6.313</td><td>29</td><td>.000</td></tr>
</table>

a. 實驗組別 = 實驗組

考驗結果，實驗組字前測與後測的差異達顯著性的顯著水準 ($t = 6.313$, $df = 29$, $p < 0.001$)，亦即 13.400 與 0 是不同的，前測分數 (86.33) 與後測分數 (99.73) 是不同的。

【範例 4-13】相依樣本 t 考驗（重複量數）

某位研究記錄 10 隻老鼠通過迷宮所花費的時間，而這 10 隻老鼠在實驗中給予藥物，並且記錄給予藥物之後通過迷宮所花費的時間為何？另在記錄表中記錄其差異。研究者想要了解這個藥物對於這些老鼠通過迷宮所產生的影響為何？以下的範例為相依樣本中重複量數設計的範例。

表 4-6　實驗中 10 隻老鼠跑迷宮所花費時間記錄表

編號	給予藥物前	給予藥物後	差異
1	10	13	3
2	8	10	2
3	11	10	−1
4	13	15	2
5	14	15	1
6	10	15	5
7	8	10	2
8	14	12	−2
9	11	15	4
10	16	18	2

　　重複量數設計 (repeated measure design) 是指不同的平均數來自於同一個樣本的同一群人（例如某班學生的期中考與期末考成績）重複測量的結果。以上述資料為例，進行重複量數的考驗步驟如下。

1. 統計假設如下所示

$H_0 : \mu_D = 0$

$H_1 : \mu_D \neq 0$

2. 計算差異的平均數

$$M_D = \frac{\Sigma D}{n}$$

上述的例子中其差異的平均數為 18/10 = 1.8。

3. 計算差異的標準差

$$S_D = \sqrt{\frac{\Sigma D^2 - \frac{(\Sigma D)^2}{n}}{n-1}}$$

由上述的例子中其標準差爲 2.10。

4. 計算統計量數

$$t = \frac{M_D - \mu_D}{\dfrac{S_D}{\sqrt{n}}}$$

標準誤 $= \dfrac{2.10}{\sqrt{10}} = 0.66$，所以統計考驗值的 t 爲 $1.8/0.66 = 2.713$。

5. 計算決斷值

查表或經相關軟體計算 95% 信賴水準下，自由度爲 9 的決斷值爲 2.26(TINV(0.05, 9) = 2.26)，因爲 t 值大於決斷值，所以統計結論爲拒絕虛無假設，承認對立假設，亦即其平均數有所差異。或者計算顯著性的 p 值爲 TDIST(2.713, 9, 2) = 0.024，由點估計亦得到相同的結果，計算結果如圖 4-28 所示。

	A	B	C	D	E	F
1	Before	After	D	D2		
2	10	13	3	9		
3	8	10	2	4		
4	11	10	-1	1		
5	13	15	2	4		
6	14	15	1	1		
7	10	15	5	25		
8	8	10	2	4		
9	14	12	-2	4		
10	11	15	4	16		
11	16	18	2	4		
12						
13		SUM	18	72		
14		MEAN	1.8			
15		SD	2.097618			
16		SE	0.663325			
17		t	2.713602			
18		決斷值	2.262157			
19		p	0.023856			
20						

圖 4-28　相依樣本重複量數計算過程資料

相同範例資料利用 SPSS 計算的結果如下所示。

(1) 輸入資料如下所示

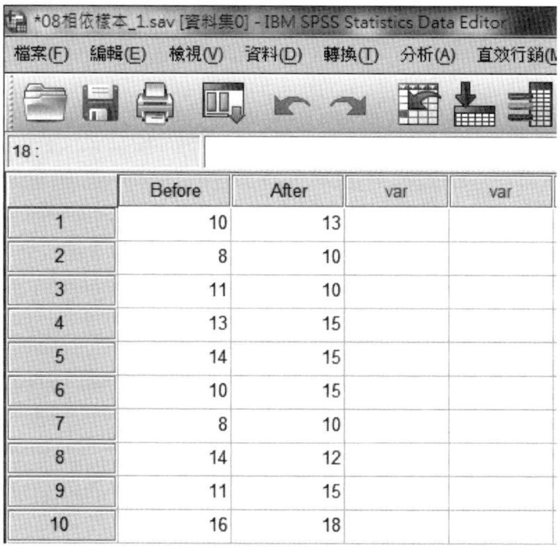

圖 4-29　相依樣本資料範例（老鼠跑迷宮）

(2) 點選分析→比較平均數法→成對樣本 T 檢定

圖 4-30　比較平均數法中成對樣本 T 檢定功能

(3) 將重複量數的資料點選至配對變數，如圖 4-31 所示。

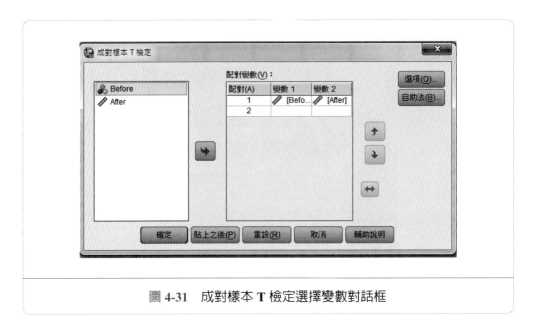

圖 4-31　成對樣本 T 檢定選擇變數對話框

(4) 點選確定之後檢視分析結果。

成對樣本統計量		平均數	個數	標準差	平均數的標準誤
成對1	Before	11.50	10	2.677	.847
	After	13.30	10	2.751	.870

成對樣本相關		個數	相關	顯著性
成對1	Before和After	10	.702	.024

成對樣本檢定		成對變數差異					t	自由度	顯著性（雙尾）
		平均數	標準差	平均數的標準誤	差異的95%信賴區間 下界	差異的95%信賴區間 上界			
成對1	Before-After	−1.800	2.098	.663	−3.301	−.299	−2.714	9	.024

分析結果，重複測量結果差異的平均數為 −1.8，差異的標準差為 2.098，平均數的標準誤為 .663，t 值為 −2.714，自由度為 9，雙尾顯著性 p 值為 0.024(TDIST(−2.714,9,2) = 0.024)，因為 CR = 2.26(TINV(0.05,9) = 2.26)，所以差異 95% 的信賴區間中下界為 −1.8 − 2.26 × 0.663 = −3.301，上界為 −1.8 + 2.26 × 0.663 = −0.299，計算結果與上述利用方程式計算的結果一致，詳細計算過程如下所述。

$$S_{\bar{X}} = \frac{S}{\sqrt{N}} = \frac{2.098}{\sqrt{10}} = 0.663$$

$$t = \frac{M_D - \mu_D}{S_{\bar{X}}} = \frac{-1.8}{0.663} = -2.714$$

另外一種相依樣本設計的方式為配對的方式，在配對設計的方式中，個體的選擇會依照目標的特性，再選擇與個體相同特性的另一個配對，然後再進行實驗，這樣的設計即為相依樣本中配對的設計。

【範例 4-14】相依樣本（配對 3）

某位教育心理學家想要比較二種不同教學策略對於學生學習代數上是否有所差異？研究者在實驗處理之前根據學生在代數的標準化測驗上的分數加以配對分成二組，第一組利用教學策略一進行教學，而第二組利用教學策略二進行教學。實驗結束後，這二組的樣本皆再進行相同的代數測驗。表 4-7 即為實驗結果的資料。第一行的標準化測驗是為配對的學生，例如第 1 配對組為 775 與 777，而實驗處理後原來標準化測驗分數 775 的人得到 80 分，而利用第二種教學策略的學生 777 人得到 82 分，而其差異為 2 分，其餘 9 個配對組以相同的方式來進行。

表 4-7　二種不同教學策略學生學習成績一覽表

配對組	標準化分數		代數分數		差異
	G1	G2	教學方法 1	教學方法 2	D
1	775	777	80	82	2
2	850	860	85	83	−2
3	771	775	77	80	3

表 4-7 （續）

配對組	標準化分數		代數分數		差異
	G1	G2	教學方法 1	教學方法 2	D
4	910	905	92	89	−3
5	830	820	88	85	−3
6	925	915	90	92	2
7	690	698	70	65	−5
8	759	744	75	77	2
9	880	885	85	81	−4
10	960	950	94	92	−2

　　配對樣本設計 (matched sample design) 是指不同的平均數來自具有配對關係的不同樣本（例如夫妻兩人的薪資多寡），樣本抽取的機率是為非獨立、相依的情況。計算步驟如同上一個重複量數的過程，因此將再利用配對性的資料計算如下。

1. 統計假設如下所示

$H_0 : \mu_D = 0$

$H_1 : \mu_D \neq 0$

2. 計算差異的平均數

$$M_D = \frac{\sum D}{n}$$

上述的例子中其差異的平均數為 10/10 = 1.0。

3. 計算差異的標準差

$$S_D = \sqrt{\frac{\sum D^2 - \frac{(\sum D)^2}{n}}{n-1}}$$

由上述的例子中其標準差為 2.94。

4. 計算統計量數

$$t = \frac{M_D - \mu_D}{\frac{S_D}{\sqrt{n}}}$$

標準誤 $= \frac{2.94}{\sqrt{10}} = 0.93$，所以統計考驗值的 t 為 $1.0/0.93 = 1.074$。

5. 計算決斷值

查表或經相關軟體計算 95% 信賴水準下，自由度為 9 的決斷值為 2.26(TINV(0.05, 9) = 2.26)，因為 t 值小於決斷值，所以統計結論為承認虛無假設，拒絕對立假設，亦即其平均數並無差異。或者計算顯著性的 p 值為 TDIST(1.074, 9, 2) = 0.311，由點估計亦得到相同的結果，計算結果如圖 4-32 所示。

	A	B	C	D	E	F
1	教學方法1	教學方法2	D	D2		
2	80	82	-2	4		
3	85	83	2	4		
4	77	80	-3	9		
5	92	89	3	9		
6	88	85	3	9		
7	90	92	-2	4		
8	70	65	5	25		
9	75	77	-2	4		
10	85	81	4	16		
11	94	92	2	4		
12						
13		SUM	10	88		
14		MEAN	1			
15		SD	2.94392			
16		SE	0.930949			
17		t	1.074172			
18		決斷值	2.262157			
19		p	0.310699			
20						

圖 4-32　**EXCEL** 計算決斷值結果顯示

利用 SPSS 計算的結果如下所示。

(1) 輸入資料如下所示

圖 4-33　相依樣本資料範例（不同教學策略）

(2) 點選分析→比較平均數法→成對樣本 T 檢定

圖 4-34　比較平均數法中成對樣本 T 檢定功能

(3) 將重複量數的資料點選至配對變數，如圖 4-35 所示。

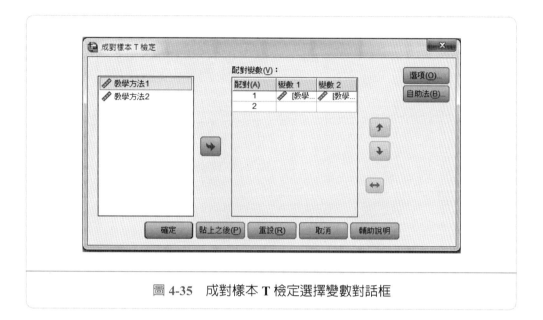

圖 4-35　成對樣本 T 檢定選擇變數對話框

(4) 點選確定之後，檢視分析結果。

成對樣本統計量		平均數	個數	標準差	平均數的標準誤
成對 1	教學方法 1	83.60	10	7.877	2.491
	教學方法 2	82.60	10	7.989	2.526

成對樣本相關		個數	相關	顯著性
成對 1	教學方法 1 和 教學方法 2	10	.931	.000

成對樣本檢定									
		成對變數差異					t	自由度	顯著性（雙尾）
		平均數	標準差	平均數的標準誤	差異的95%信賴區間				
					下界	上界			
成對 1	教學方法 1 － 教學方法 2	1.000	2.944	.931	−1.106	3.106	1.074	9	.311

分析結果，重複測量結果差異的平均數為 1.00，差異的標準差為 2.944，平均數的標準誤為 0.931，t 值為 1.074，自由度為 9，雙尾顯著性 p 值為 0.311，因為 $CR = 2.26(\text{TINV}(0.05,9) = 2.26)$，所以差異 95% 的信賴區間中的下界為 $1.00 - 2.66 \times 0.931 = -1.106$，上界為 $1.00 + 2.66 \times 0.931 = 3.106$，計算結果與上述利用方程式計算的結果一致。

平均數的變異分析

本章主要目的在於了解變異數分析的基本概念、統計原理及基本假設，進一步探討效果量的計算及事後多重比較的方法，以下將首先說明變異數分析的基本概念。

壹、變異數分析的基本概念

變異數分析 (ANOVA) 與前一章所探討的 t 考驗都是屬於平均數差異考驗的方法，變異數分析是一套應用於探討平均數差異的統計方法。當研究者所欲分析的資料是不同群組的平均數，想要探討類別變項對於連續變項的影響時，平均數的差異即成為主要分析重點。超過兩個以上群組的平均數的考驗，其原理是運用 F 考驗來檢驗平均數間的變異數是否顯著的高於隨機變異數，因此又稱為變異數分析。假使研究者只有探討 2 個水準（群組）的平均數差異，所採用的方法為 t 考驗或者是 Z 考驗，其中的 Z 考驗適用情形為當母數已知時，若是母數資料未知則需要利用 t 考驗，因為一般的研究者通常無法得知母數，因此當只探討 2 個類別的平均數差異時，t 考驗是較常被使用的。

現在以一個實際的例子來說明變異數分析的適用情形，基本上變異數是在探討不同類別平均數上的差異情形，其自變項應該是間斷變項，而依變項是連續變項。

【範例 5-1】變異數分析範例

以下的例子是以 2009 年所蒐集到高高屏三個縣市，四及六年級基本科學素養的問卷資料，研究者想要了解屏東縣、高雄縣、高雄市三個縣市其學生所自覺的自然科成就分數是否有所差異？因此進行變異數分析，SPSS 分析摘要表如下所示。

表 5-1 不同縣市自然科成就分數變異數分析摘要表

	平方和	自由度	平均平方和	F	顯著性
組間	437.326	2	218.663	1.553	.212
組內	131818.354	936	140.832		
總和	132255.680	938			

由表 5-1 中的 $p = 0.212$ 的結果中可以得知，p 值大於 0.05 未達顯著水準，所以要接受虛無假設，拒絕對立假設，也就是說屏東縣、高雄縣與高雄市等三個縣市的國小四及六年級自然科自覺分數之平均數並沒有差異。反之若 p 值小於 0.05，就是落入拒絕區，應該拒絕虛無假設，承認對立假設，此時即代表不同類別的平均數是有所差異的。

貳、變異數分析的統計原理

變異數分析基本原理主要是在於平均數的變異分析，若分析的組數超過 2 個平均數的考驗，其原理仍是以平均數間的變異數（組間變異）除以隨機變異得到的比值（F 值 $= MS_b / MS_w$），來取代平均數差異與隨機差異的比值（t 或 Z 值），而能夠同時檢驗 3 個平均數的差異情形。當 F 值越大，表示研究者關心的組平均數的分散情形較誤差變異來得大，若大於研究者設定的臨界值（$p = 0.05, 0.01, 0.001$)，研究者即可獲得拒絕虛無假設、接受對立假設的結論，以下將說明變異數分析中統計原理的相關概念。

一、固定效果模式與隨機效果模式

設定自變項時，一般來說分為固定與隨機效果等 2 種模式，如下說明。

（一）固定效果模式

固定效果模式 (fixed effect model) 是指當一個研究的自變項的水準個數（k 組），包括了該變項所有可能的水準數（K 組），也就是樣本的水準數等於母群的水準數 $(K = k)$。例如比較大學 4 個年級學生的曠課次數，此時自變項為年級，具有 4 個水準，而母群亦為 4 個年級。又例如自變項為性別，具有男女 2 個水準，而母群中所有的人類亦為男女 2 個水準，此時即為固定效果模式。

（二）隨機效果模式

隨機效果模式 (random effect model) 是指研究的自變項，只包含特定的一些水準，而並非包括所有可能的類別，即樣本的水準數小於母群的水準數 $(K > k)$。例如教育學者比較不同地區的學校教學方法的成效有所不同，因此隨機選取幾個地區的一些學校共 4 所（自變項），該研究所關心的 4

個水準，可以說是隨機自教學方法的母群中，隨機取用得來的。又例如研究「產品」對網路消費額的影響，不論研究者將產品水準分類爲幾種，事實上均無法涵蓋所有的產品，該研究所列出的水準，可以說是自產品的母群中，隨機取用得來的。隨機模式所得到的結論，在推論上需考量如何自所選取的水準去推論自變項的所有水準，當然這是學理上嚴格的考量，實務上有時視爲相同。

二、變異量拆解

變異數的拆解中可以將全體離均差平方和 (SS) 分解成組內 (within) 與組間 (between) 的離均差平方和，可以表示成 $SS_{total} = SS_b + SS_w$，其中的 SS_{total} 代表的是依變項觀察值的變異，全體樣本在依變項得分的變異情形，即總離均差平方和。SS_b「導因於獨變項影響的變異」（組間離均差平方和，sum of squares between groups）。SS_w「導因於獨變項以外的變異」（隨機變異）（組內離均差平方和，sum of squares within groups）。各離均差平方和平均化後，得到均方和 (MS)，即爲變異數的概念。

$$SS_{tatal} = \Sigma \Sigma \ (Y_{ij} - \overline{Y}_G)^2$$

$$SS_b = \sum_{j=1}^{p} n_j \ (\overline{Y}_j - \overline{Y}_G)^2$$

$$SS_w = \sum_{i=1}^{n} \sum_{j=1}^{p} \ (Y_{ij} - \overline{Y}_j)^2$$

$$MS_{total} = \frac{SS_{total}}{df_{total}} = \frac{\Sigma \Sigma (Y_{ij} - \overline{Y}_G)^2}{N-1} = s_{total}^2 = \hat{\sigma}_{total}^2$$

$$MS_b = \frac{SS_b}{df_b} = \frac{\Sigma n_j (\overline{Y}_j - \overline{Y}_G)^2}{p-1} = s_b^2 = \hat{\sigma}_b^2$$

$$MS_w = \frac{SS_w}{df_w} = \frac{\Sigma \Sigma (Y_{ij} - \overline{Y}_j)^2}{n(p-1)} = s_w^2 = \hat{\sigma}_w^2$$

三、F 比值

組間均方 (MS_b) 與組內均方 (MS_w) 兩個變異數的比值稱爲 F 統計量，表示如下。

$$F = \frac{\hat{\sigma}_b^2}{\hat{\sigma}_w^2} = \frac{MS_b}{MS_w} = \frac{\dfrac{SS_b}{df_b}}{\dfrac{SS_w}{df_w}}$$

F 統計量的機率分配為 F 分配，F 值越大（如圖 5-1），表示研究者關心的組平均數的分散情形較誤差變異來得大，若大於臨界值，研究者即可獲得拒絕 H_0 的結論。

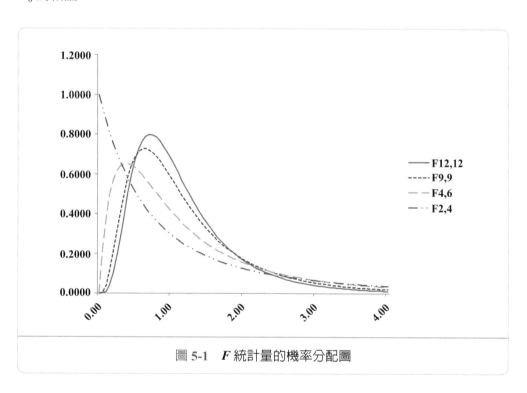

圖 5-1　F 統計量的機率分配圖

四、變異數分析摘要表

變異數分析的結果可以整理成摘要表形式，如表 5-2 所示。

表 5-2　變異數分析摘要表

變異來源	SS	df	MS	F	η^2
組間(Between)	SS_b	$p-1$	MS_b	$\dfrac{MS_b}{MS_w}$	$\dfrac{SS_b}{SS_t}$

表 5-2 （續）

變異來源	SS	df	MS	F	η^2
組內（誤差） (Within)	SS_w	$p(n-1)$	MS_w		
全體	SS_t	$N-1$			

上述摘要表中的 N：總人數，n：組別人數，p：組別。所以組內的自由度亦可以表示成 $p(n-1) = pn - p = N - p$。另外組內均方為組內離均差平方和除以組內的自由度，組間均方的算法亦同，方程式如下所示。

$$SS_t = SS_b + SS_w$$

$$N - 1 = (p - 1) + p(n - 1) = p - 1 + pn - p = pn - 1 = N - 1$$

$$MS_b = \frac{SS_b}{df_b}$$

$$MS_w = \frac{SS_w}{df_w}$$

$$\eta^2 = \frac{SS_b}{SS_t}$$

參、相依樣本的變異數分析

獨立樣本設計中是表示不同平均數來自於獨立沒有關聯的不同樣本，根據機率原理，當不同的平均數來自於不同的獨立樣本，兩個樣本的抽樣機率亦相互獨立。而相依樣本的變異數分析 (correlated sample design) 是指在進行變異數分析檢驗時，自變項不同水準的受試者並非獨立無關的個體，而是具有關聯的樣本，此即為相依樣本設計。

一、相依樣本設計

相依樣本設計又可分為 2 種，分別為重複量數與配對樣本設計。

（一）重複量數設計

重複量數設計 (repeated measure design) 是指不同的平均數來自於同一個樣

本的同一群人（例如某班學生的期中考與期末考成績）重複測量的結果。

（二）配對樣本設計

配對樣本設計 (matched sample design) 是指不同的平均數來自具有配對關係的不同樣本（例如夫妻兩人的薪資多寡），樣本抽取的機率是為非獨立、相依的情況，因此必須特別考量到重複計數或相配對的機率，以提供不同的公式來加以分析。

二、單因子相依樣本設計的資料形式

單因子相依樣本設計可分為自變項分組平均數、區組平均數以及細格效果等 3 種資料形式（如表 5-3）。

（一）自變項分組平均數

表示實驗或分組效果（p 個自變項各水準下的分組平均數）。

（二）區組平均數（橫列上區組平均數）

反應該區組的平均水準，也就是區組同質性所造成在依變項上的水準高低。

（三）細格效果

每一個細格只有一個觀察值，因此沒有細格內變異，沒有交互效果，細格間的變異視為隨機誤差。

表 5-3 單因子相依樣本設計的資料形式

	自變項A				Block Mean (Between Subjects)
	a_1	a_2	...	a_p	
Block1	Y_{11}	Y_{12}	...	Y_{1p}	$\overline{Y_{1.}}$
Block2	Y_{21}	Y_{22}	...	Y_{2p}	$\overline{Y_{2.}}$
...	...	...	...	...	...
Blockn	Y_{n1}	Y_{n2}	...	Y_{np}	$\overline{Y_{3.}}$
Mean of A	$\overline{Y_{.1}}$	$\overline{Y_{.2}}$	...	$\overline{Y_{.p}}$	$\overline{Y_G}$

三、相依樣本變異數分析摘要表

表 5-4 爲相依樣本變異數分析摘要表的格式，與獨立樣本變異數分析的格式稍有不同，請在撰寫時加以留意。

表 5-4　單因子相依樣本變異數分析摘要表

變異來源	SS	df	MS	F
組間 (A)	SS_A	$p - 1$	MS_A	$\dfrac{MS_A}{MS_r}$
組內	SS_w	$p(n - 1)$		
區組間 (block)	SS_{block}	$n - 1$	MS_{block}	
殘差（誤差）	SS_r	$(n - 1)(p - 1)$	MS_r	
全體	SS_t	$N - 1$		

$$MS_A = \frac{SS_A}{df_A} = \frac{\sum n(\overline{Y}_{.j} - \overline{Y}_G)^2}{p - 1} = s_A^2 = \hat{\sigma}_A^2$$

$$MS_{block} = \frac{SS_{block}}{df_{block}} = \frac{\sum p(\overline{Y}_{i.} - \overline{Y}_G)^2}{n - 1} = s_{block}^2 = \hat{\sigma}_{block}^2$$

$$MS_r = \frac{SS_r}{df_r} = \frac{\sum\sum(Y_{ij} - \overline{Y}_{.j} - \overline{Y}_{i.} - \overline{Y}_G)^2}{(n - 1)(p - 1)} = s_r^2 = \hat{\sigma}_\varepsilon^2$$

$$F_A = \frac{\hat{\sigma}_A^2}{\hat{\sigma}_\varepsilon^2} = \frac{MS_A}{MS_r} = \frac{\dfrac{SS_A}{df_A}}{\dfrac{SS_r}{df_r}}$$

肆、變異數分析的基本假設

變異數分析與 Z、t 考驗都是屬於平均數的假設考驗，而 Z 與 t 適用於類別變項 2 個水準，至於變異數分析是屬於 3 個以上水準平均數差異的假設考驗，關於變異數分析考驗的基本假設與 Z 及 t 的基本假設大同小異，主要分爲常態性假設、變異數同質性假設、可加性以及球面性假設，說明如下。

一、常態性假設

變異數分析需處理超過 3 個以上的平均數，須假設樣本是抽取自常態化母群體，當樣本數愈大，常態化的假設愈不易違反。平均數考驗的常態性假設，最簡單的方式即檢查所需要考驗的變項描述統計中的偏態與峰度係數的值，若是偏態係數的絕對值小於 3，峰度係數的絕對值小於 10，即可初步判定為符合常態性的假設 (Kline, 2011)，進一步可以運用 SPSS 統計軟體的常態分配檢定以及繪製 Q-Q 圖都可以說明資料是否符合平均數考驗中的常態性假設。

二、變異數同質性假設

多個樣本平均數的比較，必須建立在樣本的其他參數保持恆定的基礎上，如果樣本的變異數不同質，將造成推論上的偏誤，也就是樣本變異數同質性假設 (homogeneity of variance)。

三、可加性假設

變異數分析牽涉到變異量的拆解，因此，各種變異來源的變異量須相互獨立，且可以進行累積與加減，稱為可加性 (additivity) 假設。在進行加總時，係使用離均差平方和，而非變異數本身。

四、球面性假設

球面性假設 (sphericity) 適用於相依樣本的變異數分析，係指不同水準的同一組樣本，在依變項上的得分，兩兩配對相減所得的差的變異數必須相等（同質）。也就是說，不同的受試者在不同水準間配對或重複測量，其變動情形應具有一致性。

伍、效果量的計算

效果量 (size of effect) 係數是用以衡量自變項考驗的強度，當平均數間差異愈大，表示自變項的強度愈強。效果量的計算是代表實務顯著性 (practical significance)，而效果量即是反應自變項效果在真實世界的強度意義，也稱為臨床顯著性 (clinical significance)。以下將說明常用的效果量其定義及操作，並且說

明其效果量的判斷。

一、ω^2

ω^2 (omega square) 量數，類似於迴歸分析的 R^2，其定義式如下所示。

$$\omega^2 = \frac{\sigma_\alpha^2}{\sigma_\alpha^2 + \sigma_\varepsilon^2}$$

ω^2 量數為組間變異與總變異的比值，表示依變項變異量能被獨變項解釋的百分比，亦即獨變項與依變項的關聯強度，樣本估計式如下所示。

$$\hat{\omega}^2 = \frac{SS_b - (p-1)MS_w}{SS_{total} + MS_w} = \frac{(p-1)(F-1)}{(p-1)(F-1)+np}$$

ω^2 量數的特性，數值介於 0 到 1 之間，越接近 1 表示關聯越強。ω^2 量數值分布為以 0.05 到 0.06 為眾數的正偏態分配，達到 0.1 以上者，即屬於高強度的獨變項效果，一般期刊上所發表的實證論文，也僅多在 0.06 左右。

Cohen(1988) 建議下列的判斷準則：$0.059 > \omega^2 \geq 0.010$ 低度關聯強度、$0.138 > \omega^2 \geq 0.059$ 中度關聯強度、$\omega^2 \geq 0.138$ 高度關聯強度。

二、η^2

η^2 (eta square) 量數，η^2 是迴歸分析當中的 R^2，除了作為 X 對 Y 解釋強度的指標外，經常也被視為效果量的指標，關聯強度值的意義如同上述之 ω^2 一樣。

$$\hat{\eta}^2 = \frac{SS_b}{SS_{total}}$$

樣本數小時，為母群的偏估計數，需以下式進行調整以得到不偏估計數。

$$\tilde{\eta}^2 = 1 - \frac{N-1}{N-p}(1-\hat{\eta}^2)$$

淨 η^2 (partial η^2) 量數表示扣除了其他效果項的影響後的關聯強度量數。

三、D 量數

效果量 (size of effect) 係數是用來衡量自變項強度的統計量。D 量表是最簡單的效果量，表示平均數之間的差異程度，若 D 量數的平均數間差異愈大，表示自變項效果量的強度愈強。

$$D = \frac{\mu_1 - \mu_2}{\sigma_{\bar{x}}}$$

$0.25 > D > 0.1$ 是代表低度效果量，若是 $0.40 > D > 0.25$ 則是代表中度效果量，若是 $D > 0.40$ 則是代表高度效果量。

四、f 量數

f 量數適用於當平均數數目大於 2 時，公式如下所示。

$$f = \sqrt{\frac{\sum\limits_{j=1}^{p} \frac{(\mu_j - \mu)^2}{p}}{\sigma_\varepsilon^2}} = \sqrt{\frac{\sum\limits_{j=1}^{p} \frac{\alpha_j^2}{p}}{\sigma_\varepsilon^2}}$$

$$\hat{f} = \sqrt{\frac{\sum\limits_{j=1}^{p} \frac{(\overline{Y}_j - \overline{Y}_G)^2}{p}}{\hat{\sigma}_\varepsilon^2}} = \sqrt{\frac{\sum\limits_{j=1}^{p} \frac{\hat{a}_j^2}{p}}{\hat{\sigma}_\varepsilon^2}} = \sqrt{\frac{(p-1)(MS_b - MS_w)}{np} \cdot \frac{1}{MS_w}}$$

陸、整體考驗與多重比較

以下將介紹整體考驗以及多重比較，其中整體考驗 (overall test) 是指當變異數分析 F 考驗值達顯著水準，即推翻了平均數相等的虛無假設，亦即表示至少有兩組平均數之間有顯著差異存在。多個平均數整體效果 (overall effect) 達顯著水準，當整體考驗顯著後必須檢驗哪幾個平均數之間顯著有所不同，即進行多重比較 (multiple comparison) 來檢驗。

多重比較是指在進行 F 考驗之前進行，稱爲事前比較 (priori comparisons)，在獲得顯著的 F 值之後所進行的多重比較，稱爲事後比較 (posteriori comparisons)。

一、多重比較問題

（一）第一類型錯誤膨脹問題

當比較次數越多，犯下決策錯誤的可能性就更高，多重比較的統計原理多以族系錯誤率 (FWE) 的控制爲主，期能使整體的錯誤率維持在一定的水準之下。

（二）變異數同質假設問題

多個平均數的比較必須在變異數同質假設維繫的情況下，才有相同的標準誤，如果各組變異數不同質時，多重比較的顯著性考驗還必須對變異數不同質進行調整處理。

二、事前比較

事前比較的時機是在進行研究之前，研究者即基於理論的推理或個人特定的需求，事先另行建立研究假設，以便能夠進行特定的兩兩樣本平均數的考驗。

事前比較所處理的是個別比較的假設考驗，在顯著水準的處理上，屬於比較面顯著水準，而不需考慮實驗面的顯著水準，可直接應用 t 考驗，針對特定的水準，進行平均數差異考驗。

三、事後比較

ANOVA 分析時，會得到一個 F 考驗，而 F 考驗只能代表模式是否顯著，並不能告訴你特定的組與組之間是否有差異。有很多種方法可以比較組間的平均值是否有差異，這些方式就稱作多重比較 (multiple comparisons)，其中最常用的即是事後比較的方法。

（一）杜凱法

杜凱 (Tukey) 多重比較法是將每一個試驗組與每一個試驗組逐一比較。如果試驗組與控制組的樣本數目不相等，Tukey 法是最佳選擇。Tukey 法首先對於成對數據群具有最大不同平均值的兩組數據進行檢定。以一個 q 統計量用以判別組間的不同是否顯著。q 統計量來自最大的平均值減最小的

平均值，再除以所有群組其平均值之標準差。所有群組平均值的標準差之
總和除以樣本數目稱為群組之均方 (MSW)。q 值再與特定的 q 表查對其臨
界值加以比較。如果計算之 q 值大於 q 表中的臨界值，即是代表有統計顯
著性差異。在平均值具有最大差異的兩組數據完成比較之後，再進行第二
對數據之比較。此比較作業持續進行，一直到 q 值不高於臨界 q 值。Tukey
法的優點是成對比較，計算方式簡單，對不相同樣本數目之處理也可進行比較，
其缺點是檢定力不如其他方法，而且無法進行複雜化的比較。

Turkey 又稱為 Turkey-HSD 法，HSD 法原理為在常態性、同質性假設成立
下，各組人數相等的一種以族系誤差率的控制為原則的多重比較程序，稱為誠實
顯著差異 (Honestly Significant Difference)。所謂誠實，就是在凸顯 LSD 法並沒
有考慮到實驗與族系面誤差的問題，代價是降低了統計考驗的檢定力。以 HSD
法所得到的顯著性，會比沒有考慮型一錯誤膨脹問題的檢定方法來的高（例如，
如果比較次數為三次，HSD 的 p 值會是 LSD 法的三倍）。

Kramer 則將 Tukey 的方法加以延伸至各組樣本數不相等的情況下，由於原
理相同，故合稱為 Tukey-Kramer 法。

$$Q = \frac{\overline{Y}_j - \overline{Y}_k}{\sqrt{\frac{MS_{within}}{2}\left(\frac{1}{n_j} + \frac{1}{n_k}\right)}}$$

（二）LSD

變異數同質時（當各組樣本數相同時），則可進行 HSD 與 LSD 的事後比較
方法。Tukey's HSD 法是將所有的配對比較視為一體，使整個研究的第一類型錯
誤維持衡定，第一類型錯誤是一種實驗誤差 (experiment-wise error)。

LSD 法又稱為 Fisher 擔保 t 檢定 (Fisher's protected t-test)，表示這個 t 檢定
是以 F 考驗達到顯著之後所進行的後續考驗，同時也在 F 考驗的誤差估計下所
進行。

$$t = \frac{\overline{Y}_j - \overline{Y}_k}{\sqrt{s_p^2 \left(\frac{1}{n_j} + \frac{1}{n_k} \right)}} = \frac{\overline{Y}_j - \overline{Y}_k}{\sqrt{MS_{within} \left(\frac{1}{n_j} + \frac{1}{n_k} \right)}}$$

（三）紐曼－柯爾法

紐曼－柯爾法 (Newman-Keuls Methed, N-K) 的原理及計算公式與 Tukey's HSD 法相同，唯一不同的是臨界值的使用，N-K 法考慮相比較的兩個平均數在排列次序中相差的層級數 r (the number of steps between ordered mean)，作為自由度的依據，而非 HSD 的平均數個數 k。由於此法也是利用 t 檢定原理，因此在 SPSS 中稱為 S-N-K 法 (Student-Newman-Keuls 法)，HSD 法對於平均數配對差異檢驗較 N-K 法嚴謹，但是 HSD 法的統計檢定力則較 N-K 法為弱。

N-K 法對於每一個比較都有各自的 α 值，因此可以執行更多的比對，其檢定力比 Tukey 法更強大。在第一次比對中與 Tukey 法相同，然後再使用每一組數據之平均值與全部數據平均值比對，其 q 臨界值隨著連續之比對而降低，而 Tukey 的 q 臨界值都是維持一定。因而 Tukey 法對 α 值並不擴增，N-K 法對 α 值則逐漸增加，第一類型錯誤的機率也逐漸增加。如果兩組數據之間相對較小的差異值也是十分重要，N-K 法是十分適用，但是使用此方法時，其各組樣本數目必須相同才可以使用。

（四）雪費法

雪費法 (Scheffe's method) 的原理是一種以 F 考驗為基礎，適用於各組 n 不相等的多重比較技術，此一方法對分配常態性與變異一致性兩項假定之違反頗不敏感，且所犯第一類型錯誤 (type I error) 的機率較小，可以說是各種方法中最嚴格、檢定力最低的一種多重比較方法。

雪費法可用於比較所有可能的對比，包括簡單與複雜，如果一個理論已發展完成，雪費法十分適合，可用於比對所有試驗群與各組合的不同。換言之，試驗的調查數據與一個理論評估是否有顯著不同，雪費法最適合驗證其是否有顯著差異，如果一個理論尚未得到證實，雪費法也適合用以判斷是否有顯著差異。

（五）龐費洛尼法

龐費洛尼法 (Bouferroni) 對 α 值並不產生擴增，也可以進行複雜性的分析。但是 Bonferroni 法不適用於探索性的研究分析。研究者必須預先進行各種可能的判別。研究者對於研究主題的基本原理必須具備。因此 Bonferroni 主要用以確定證實原理。因為此方法有此限制，α 值的擴充不顯著。此方法最大的優點是降低了 α 值風險，適合用於探索性的研究。但是並不適用來檢定所有的試驗組群。

（六）杜納法

杜納法 (Dunnett method) 主要用以進行控制組之試驗設計。對於處理組與控制組的細小差異可以使用此方法加以發現。研究人員以兩組或兩組以上的試驗組與對照組進行比對。以每一個試驗組之平均值與控制組之平均值相比較。其他的檢定方法以每組平均值比較所有數據之平均值。因此 Dunnett 法比較容易有顯著差異。不同試驗組中，平均值與控制組平均差別愈大者，顯著性愈高。此 Dunnett 法的特點是以控制組數據與各試驗組數據互相比對，以檢定其差異性。

綜上所述，若等組、比較所有成對平均數之間的差異可以利用 LSD、HSD、N-K 法或者是 Turkey-Kramer 法；但若是等組或不等組、比較所有成對及非成對平均數之間的差異則建議採用雪費法，亦即最通用且嚴格的方法即為雪費法。

柒、違反變異數同質假定時的多重比較

變異數分析中，等組或不等組、比較所有成對平均數之間的差異時，若違反變異數同質性檢定的多重比較方法可以採用 Dunnett's T3 法、Games-Howell 法等方法來進行事後比較。

一、Dunnett's T3 法

調整臨界值來達成族系與實驗面的錯誤機率，使型一機率控制在一定的水準下。

$$q_j = \frac{s_j^2}{n_j}$$

$$\hat{v}_{jk} = \frac{(q_j + q_k)^2}{\dfrac{q_j^2}{n_j - 1} + \dfrac{q_k^2}{n_k - 1}}$$

表示有 n_j 個人的第 j 組變異數，表示各平均數變異誤估計數。

二、Games-Howell 法

Games-Howell 事後比較的原理為計算出調整自由度 $\hat{v}_{jk}$ 後，直接與查自於 Studentized range distribution 的 qcv 臨界值相比，來決定顯著性，當各組人數大於 50 時，Games-Howell 法所求出的機率估計會較 T3 法正確，類似於 Dunnett 另外提出的 C 法。

$$\frac{|\overline{Y}_j - \overline{Y}_k|}{\sqrt{\dfrac{1}{2}(q_j + q_k)}} \geq q_{cv}$$

三、杜納法

杜納法 (Dunnett method) 類似於 Scheff 法，適用於實驗研究中。當實驗具有 k 個平均數，$k - 1$ 個為實驗控制，一個對照組，每一個實驗組需與對照組比較，因此需進行 $k - 1$ 次配對比較，第一類型錯誤的設定，是以整體實驗的成敗為考量，為一種 experiment-wise error。

杜納法基於 t 分配的機率原理，檢定 $k - 1$ 個實驗組的平均數與單一控制組的平均數之間的差異顯著性，屬於非正交比較 (non-orthogonal comparison)。

綜合上述，單因子變異數分析及多重比較的相關方法可由圖 5-2 表示。

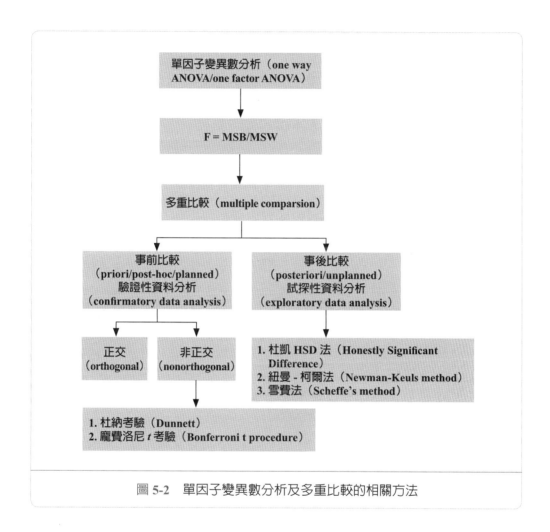

圖 5-2　單因子變異數分析及多重比較的相關方法

捌、變異數分析的範例解析

以下將進行獨立樣本單因子變異數分析以及相依樣本單因子變異數分析等，單因子變異數分析的分析示範。

一、獨立樣本單因子變異數分析（一）

【範例 5-2】獨立樣本單因子變異數分析 (1)

某位閱讀心理學家進行閱讀教學的實驗研究，將研究對象分為高分組、中分組以及低分組，並進行實驗教學後的測驗，結果如資料表「單因子變異數分

析 .sav」。此時的統計假設可寫作 $H_0 : \mu_1 = \mu_2 = \mu_3$，$H_1 : \mu_1 \neq \mu_2 \neq \mu_3$。操作程序有 2 種，分別如下所述。

(1) 開啓資料檔

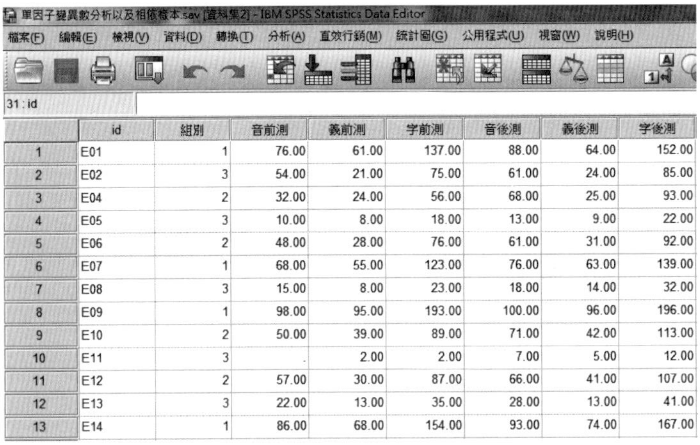

	id	組別	音前測	義前測	字前測	音後測	義後測	字後測
1	E01	1	76.00	61.00	137.00	88.00	64.00	152.00
2	E02	3	54.00	21.00	75.00	61.00	24.00	85.00
3	E04	2	32.00	24.00	56.00	68.00	25.00	93.00
4	E05	3	10.00	8.00	18.00	13.00	9.00	22.00
5	E06	2	48.00	28.00	76.00	61.00	31.00	92.00
6	E07	1	68.00	55.00	123.00	76.00	63.00	139.00
7	E08	3	15.00	8.00	23.00	18.00	14.00	32.00
8	E09	1	98.00	95.00	193.00	100.00	96.00	196.00
9	E10	2	50.00	39.00	89.00	71.00	42.00	113.00
10	E11	3	.	2.00	2.00	7.00	5.00	12.00
11	E12	2	57.00	30.00	87.00	66.00	41.00	107.00
12	E13	3	22.00	13.00	35.00	28.00	13.00	41.00
13	E14	1	86.00	68.00	154.00	93.00	74.00	167.00

圖 5-3　獨立樣本單因子變異數分析資料檔

上述資料是研究者所蒐集之資料，共分為字、音以及義的前測與後測資料。

(2) 點選分析→比較平均數法→單因子變異數分析

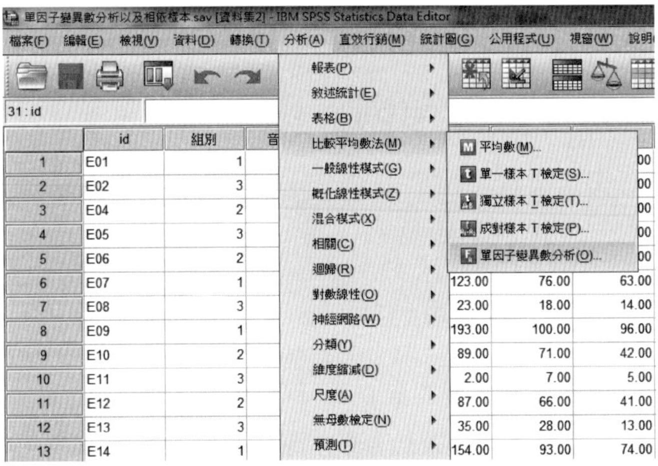

圖 5-4　比較平均數法中單因子變異數分析功能

(3) 點選依變項與因子（自變項）移至右側清單內

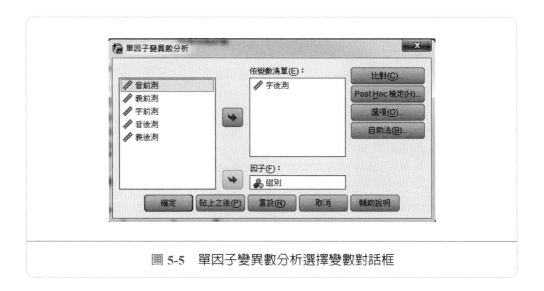

圖 5-5　單因子變異數分析選擇變數對話框

　　本次分析的資料為以不同組別（高、中、低分組）的字後測分數上是否有所差異，因此以組別為自變項（因子），而以字後測分數為依變項。

(4) 點選選項中的描述統計量、同質性檢定、Post Hoc 檢定（事後比較）

圖 5-6　單因子變異數分析中選項對話框

圖 5-7 單因子變異數分析中事後比較對話框

　　進行單因子變異數分析，應該就變異數分析結果，若達顯著差異，代表不同組別的平均數有所差異，之後為了判斷到底是哪些組別之間的差異產生而達到顯著水準，所以才進行事後比較。但本例為了節省步驟，所以先假定不同組別之間的平均數是有所不同，所以直接進行事後比較。在事後比較方法的選擇方面，上述的章節已有描述。而本範例因為各組人數不同，所以建議選擇 Scheffe 法，若是各組人數相同則可以選擇 LSD 或者是 Turkey 等方法來進行事後比較。另外需要注意的是，若是進行變異數分析未通過變異數同質性檢定時，可以選擇未假設相同的變異數中的事後比較方法，例如 Tamhane's T2 檢定、Dunnett's T3 檢定、Games-Howell 檢定以及 Dunnett's C 檢定。

(5) 分析結果

					平均數的 95% 信賴區間			
	個數	平均數	標準差	標準誤	下界	上界	最小值	最大值
1	10	155.1000	16.60288	5.25029	143.2230	166.9770	139.00	196.00

描述性統計量

字後測

（續）

描述性統計量								
字後測								
	個數	平均數	標準差	標準誤	平均數的 95% 信賴區間		最小值	最大值
					下界	上界		
2	10	105.0000	10.60398	3.35327	97.4144	112.5856	92.00	122.00
3	10	39.1000	28.87309	9.13047	18.4454	59.7546	12.00	95.00
總和	30	99.7333	52.09139	9.51054	80.2821	119.1846	12.00	196.00

變異數同質性檢定			
字後測			
Levene 統計量	分子自由度	分母自由度	顯著性
3.041	2	27	.064

單因子變異數分析					
字後測					
	平方和	自由度	平均平方和	F	顯著性
組間	67696.067	2	33848.033	83.113	.000
組內	10995.800	27	407.252		
總和	78691.867	29			

由上述的分析結果中可以得知高分組的平均數為 155.10，中分組的平均數為 105.00，低分組的平均數為 39.10。進行變異數分析的基本假設檢定，因此進行變異數同質性檢定，結果 Levene 的統計量為 $3.041(df1 = 2, df2 = 27)$，$p = 0.064 > 0.050$，所以承認虛無假設，推翻對立假設，亦即這 3 組的變異數為同質，因此可以繼續進行單因子變異數分析。

由上表的單因子變異數分析結果中可以得知，$F = 83.11$，$p < 0.001$，效果量

$$\eta^2 = \frac{SS_b}{SS_{total}} = \frac{67696.067}{78691.867} = 0.86$$，達統計上的顯著水準，並且具有相當高的效果量

（關聯性），亦即研究考驗需推翻虛無假設，承認對立假設。亦即不同組別之間

的平均數是不同的，所以需要繼續進行事後比較，了解是哪些組別的平均數差異
造成了差異，所以需要繼續進行事後比較，本分析範例是採用 LSD 以及 Scheffe
的方法來進行事後比較。

多重比較							
依變數：字後測							
	(I) 組別	(J) 組別	平均差異 (I-J)	標準誤	顯著性	95% 信賴區間	
						下界	上界
Scheffe 法	1	2	50.10000*	9.02499	.000	26.7250	73.4750
		3	116.00000*	9.02499	.000	92.6250	139.3750
	2	1	−50.10000*	9.02499	.000	−73.4750	−26.7250
		3	65.90000*	9.02499	.000	42.5250	89.2750
	3	1	−116.00000*	9.02499	.000	−139.3750	−92.6250
		2	−65.90000*	9.02499	.000	−89.2750	−42.5250
LSD	1	2	50.10000*	9.02499	.000	31.5823	68.6177
		3	116.00000*	9.02499	.000	97.4823	134.5177
	2	1	−50.10000*	9.02499	.000	−68.6177	−31.5823
		3	65.90000*	9.02499	.000	47.3823	84.4177
	3	1	−116.00000*	9.02499	.000	−134.5177	−97.4823
		2	−65.90000*	9.02499	.000	−84.4177	−47.3823

*. 平均差異在 0.05 水準是顯著的。

由上述事後比較的結果，因爲各組的人數均爲 10，所以利用 LSD 或者
Scheffe 應該得到一致的結論，由上表的結果得知，各組之相較結果均達到統計
上的顯著水準 ($p < 0.001$)，因此可以知道高分組優於中分組，高分組優於低分
組，中分組優於低分組，亦即高分組 > 中分組 > 低分組。

單因子變異數分析亦可以利用一般線性模式的方式來進行分析，步驟如下。

(1) 點選分析→一般線性模式→單變量

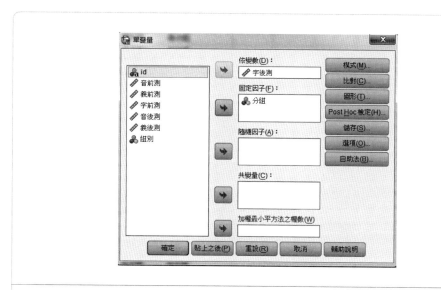

圖 5-8　一般線性模式中單變量功能

(2) 選取自變項（分組）進入固定因子，並選擇依變項（字後測）。

圖 5-9　一般線性模式單變量選擇變數對話框

(3) 點選事後比較，選擇事後比較的項目（分組），並選擇事後比較的方法。

圖 5-10　單變量觀察值平均數的事後比較對話框

(4) 點選選項，選擇顯示平均數（分組），勾選比較主效果，並顯示相關的
　　 訊息。

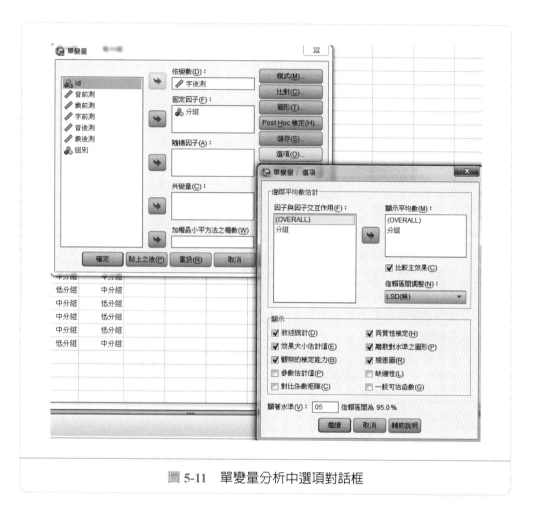

圖 5-11　單變量分析中選項對話框

(5) 點選繼續後再按確定，即可產生類似於上述單因子變異數分析的結果。

表 5-5 單因子變異數分析摘要表

Source	SS	df	MS	F	p	η^2	事後比較
組間	67696.07	2	33848.03	83.113	<.001	0.860	1 > 2 > 3
組內	10995.80	27	407.25				
總和	78691.87	29					

由上述單因子變異數分析摘要中的結果可以得知，考驗結果達顯著水準 (F = 83.113, p < 0.001)，亦即推翻虛無假設，承認對立假設，即不同組別的平均數有所不同，進行事後比較得知實驗組 (1) 優於實驗組 (2)，實驗組 (2) 優於控制組 (3)。計算其效果量 (ω^2、η^2) 為 0.846、0.860，得到高度的效度值。至於 ω^2 以及 η^2 的效果量的計算結果如下所示。

$$\omega^2 = \frac{SS - (p-1)MS}{SS_{total} + MS_w}$$

$$= \frac{67696.067 - (3-1) \times 407.252}{78691.867 + 407.252}$$

$$= \frac{66881.56}{79099.12}$$

$$= 0.846$$

$$= \frac{(p-1)(F-1)}{(p-1)(F-1) + np}$$

$$= \frac{(3-1)(83.113-1)}{(3-1)(83.113-1) + 30}$$

$$= \frac{164.226}{194.226}$$

$$= 0.846$$

$$\eta^2 = \frac{SS_b}{SS_{total}} = \frac{67696.067}{78691.867} = 0.860$$

二、獨立樣本單因子變異數分析（二）

【範例 5-3】獨立樣本單因子變異數分析 (2)

　　某位數位閱讀專家進行數位閱讀理解的實驗研究，將研究對象分為高分組、中分組以及低分組，並進行實驗教學後的測驗，其描述性統計資料如下所示。此時的統計假設可寫作 $H_0 : \mu_1 = \mu_2 = \mu_3$，$H_1 : \mu_1 \neq \mu_2 \neq \mu_3$。

表 5-6　數位閱讀理解測驗描述性統計資料一覽表

分組	人數	平均數	標準差	變異數
低分組	5	49.60	15.13	228.80
中分組	4	84.50	4.51	20.33
高分組	6	88.50	13.75	189.09

由表 5-6 資料可以得知，總共有 3 組 ($p = 3$)，人數計有 N = 5 + 4 + 6 = 15，整體的平均數 (M) 爲 (5*49.60 + 4*84.50 + 6*88.50)/15 = 74.47。

$$SST = \sum n \times (x - \bar{x})^2$$
$$= 5 \times (49.60 - 74.47)^2 + 4 \times (84.50 - 74.47)^2 + 6 \times (88.50 - 74.47)^2$$
$$= 43091.6 + 402.67 + 1181.61 = 4676.03$$

$$MST = \frac{SST}{p-1} = \frac{4676.03}{3-1} = 2338.02$$

$$SSE = \sum (n - 1) \times S^2$$
$$= (5 - 1) \times 228.80 + (4 - 1) \times 20.33 + (6 - 1) \times 189.09$$
$$= 915.18 + 60.66 + 945.45 = 1921.63$$

$$MSE = \frac{SSE}{N - p} = \frac{1921.63}{15 - 3} = \frac{1921.63}{12} = 160.14$$

$$F = \frac{MST}{MSE} = \frac{2338.02}{160.14} = 14.60$$

經查表之後，$p < 0.001$，所以應該拒絕虛無假設，承認對立假設，亦即三組之間的平均數有顯著性的差異存在。

三、相依樣本單因子變異數分析

【範例 5-4】相依樣本單因子變異數分析

某位研究者想要探討廣告公司員工是否因爲工作時間增長而會有注意力降低的現象。13 位廣告公司員工參與了這項研究，研究期間每位員工工作時間維持固定，每隔 2.5 小時測量他們要花多久的時間察覺電腦螢幕上訊息的變化。測量的時段分爲 9:00、11:00、13:00、17:00 四個時段，依變項則爲他們花費在察覺實驗者所設計的電腦螢幕訊號的反應時間（毫秒）。請問，是否工作時間與注意力的改變有關？

(1) 開啓資料檔

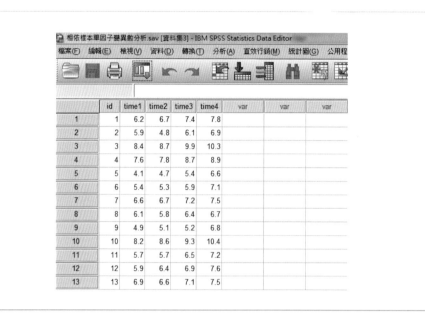

圖 5-12　相依樣本單因子變異數分析資料檔

(2) 點選分析→一般線性模式→重複量數

圖 5-13　一般線性模式重複量數功能

(3) 定義因子清單，輸入受試者內因子名稱及水準數，並可輸入標籤，完成後按定義。

圖 5-14　重複量數分析中定義因子對話框

(4) 點選重複量數的對話框，依序點選各重複的水準至受試者內變數。

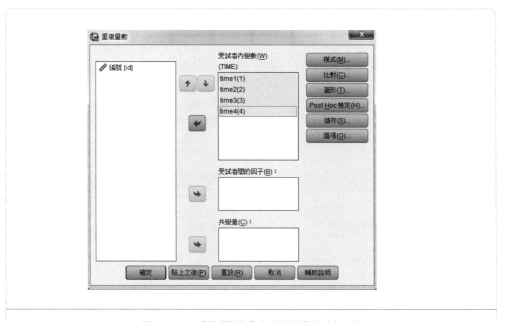

圖 5-15　重複量數分析選擇變數對話框

(5) 選擇所需的附加功能，例如選項中的敘述統計與事後比較。

圖 5-16　重複量數分析中選項對話框

(6) 點選確定後，執行並檢視結果。

4 個水準分別為 time1, time2, time3, time4。

受試者內因子	
測量：MEASURE_1	
TIME	依變數
1	time1
2	time2
3	time3
4	time4

敘述統計中顯示各個時段的平均數以及標準離差值。

敘述統計			
	平均數	標準離差	個數
上班初期	6.300	1.2416	13
午飯前	6.377	1.3386	13
午飯後	7.077	1.4481	13
下班前	7.792	1.2829	13

多變量檢定[a]								
效果		數值	F	假設自由度	誤差自由度	顯著性	淨相關Eta平方	Noncent.參數	觀察的檢定能力[c]
TIME	Pillai's 軌跡	.934	47.471[b]	3.000	10.000	.000	.934	142.414	1.000
	Wilks' Lambda 變數選擇法	.066	47.471[b]	3.000	10.000	.000	.934	142.414	1.000
	多變量顯著性檢定	14.241	47.471[b]	3.000	10.000	.000	.934	142.414	1.000
	Roy 的最大平方根	14.241	47.471[b]	3.000	10.000	.000	.934	142.414	1.000

a. Design：截距

　　受試者內設計：TIME

b. 精確的統計量

c. 使用 alpha = .0083 計算

Mauchly 球形檢定[a]							
測量：MEASURE_1							
受試者內效應項	Mauchly's W	近似卡方分配	df	顯著性	Epsilon[b]		
					Greenhouse-Geisser	Huynh-Feldt	下限
TIME	.668	4.324	5	.505	.795	1.000	.333
檢定正交化變數轉換之依變數的誤差共變量矩陣的虛無假設，是識別矩陣的一部分。							

a. Design：截距

　　受試者內設計：TIME

b. 可用來調整顯著性平均檢定的自由度。改過的檢定會顯示在 "Within-Subjects Effects" 表檢定中。

由上述球形檢定的結果 $p = 0.505 > 0.05$，表示未違反球面假設，因此符合相依樣本變異數分析的基本假設，可以繼續進行相依樣本變異數分析。

受試者內效應項的檢定									
測量：MEASURE_1									
來源		型 III 平方和	df	平均平方和	F	顯著性	淨相關 Eta平方	Noncent. 參數	觀察的檢定能力[a]
TIME	假設為球形	18.985	3	6.328	61.122	.000	.836	183.367	1.000
	Greenhouse-Geisser	18.985	2.386	7.956	61.122	.000	.836	145.849	1.000
	Huynh-Feldt	18.985	3.000	6.328	61.122	.000	.836	183.367	1.000
	下限	18.985	1.000	18.985	61.122	.000	.836	61.122	1.000
誤差 (TIME)	假設為球形	3.727	36	.104					
	Greenhouse-Geisser	3.727	28.634	.130					
	Huynh-Feldt	3.727	36.000	.104					
	下限	3.727	12.000	.311					

a. 使用 alpha = .0083 計算

受試者內對比的檢定									
測量：MEASURE_1									
來源	TIME	型 III 平方和	df	平均平方和	F	顯著性	淨相關 Eta平方	Noncent. 參數	觀察的檢定能力[a]
TIME	線性	17.420	1	17.420	108.925	.000	.901	108.925	1.000
	二次方	1.325	1	1.325	14.960	.002	.555	14.960	.745
	三次方	.240	1	.240	3.864	.073	.244	3.864	.172
誤差 (TIME)	線性	1.919	12	.160					
	二次方	1.063	12	.089					
	三次方	.745	12	.062					

a. 使用 alpha = .0083 計算

受試者間效應項的檢定								
測量：MEASURE_1 轉換的變數：均數								
來源	型 III 平方和	df	平均 平方和	F	顯著性	淨相關 Eta 平方	Noncent. 參數	觀察的 檢定能力ᵃ
截距	2466.069	1	2466.069	364.497	.000	.968	364.497	1.000
誤差	81.188	12	6.766					

a. 使用 alpha = .0083 計算

估計值				
測量：MEASURE_1				
TIME	平均數	標準誤差	99.17% 信賴區間	
			下界	上界
1	6.300	.344	5.214	7.386
2	6.377	.371	5.206	7.548
3	7.077	.402	5.810	8.344
4	7.792	.356	6.670	8.915

成對比較						
測量：MEASURE_1						
(I) TIME	(J) TIME	平均差異 (I-J)	標準誤差	顯著性ᵇ	差異的 99.17% 信賴區間ᵇ	
					下界	上界
1	2	-.077	.127	.557	-.478	.324
	3	-.777*	.126	.000	-1.173	-.381
	4	-1.492*	.163	.000	-2.008	-.977
2	1	.077	.127	.557	-.324	.478
	3	-.700*	.086	.000	-.972	-.428
	4	-1.415*	.121	.000	-1.797	-1.034
3	1	.777*	.126	.000	.381	1.173
	2	.700*	.086	.000	.428	.972
	4	-.715*	.122	.000	-1.100	-.331

（續）

成對比較						
測量：MEASURE_1						
(I) TIME	(J) TIME	平均差異 (I-J)	標準誤差	顯著性[b]	差異的 99.17% 信賴區間[b]	
					下界	上界
4	1	1.492[*]	.163	.000	.977	2.008
	2	1.415[*]	.121	.000	1.034	1.797
	3	.715[*]	.122	.000	.331	1.100
根據估計的邊緣平均數而定						

[*]. 平均差異在 .0083 水準是顯著的。

b. 調整多重比較：最低顯著差異（等於未調整值）。

多變量檢定								
	數值	F	假設自由度	誤差自由度	顯著性	淨相關 Eta 平方	Noncent. 參數	觀察的檢定能力[b]
Pillai's 軌跡	.934	47.471[a]	3.000	10.000	.000	.934	142.414	1.000
Wilks' Lambda 變數選擇法	.066	47.471[a]	3.000	10.000	.000	.934	142.414	1.000
多變量顯著性檢定	14.241	47.471[a]	3.000	10.000	.000	.934	142.414	1.000
Roy 的最大平方根	14.241	47.471[a]	3.000	10.000	.000	.934	142.414	1.000
各 F 檢定 TIME 的多變量效果。這些檢定根據所估計邊緣平均數的線性獨立成對比較而定。								

a. 精確的統計量

b. 使用 alpha = .0083 計算

(7) 結果說明

　　由上述報表的結果可以得知，此一相依樣本的球面檢定並未違反，Mauchly's W 係數為 $0.668(\chi^2 = 4.324, p = 0.505 > 0.05)$，因此不需要進行修正。4 個組的平均數差異達顯著水準，組間效果 $F(3,36) = 61.122$，$p < 0.001$，表示不同的測量時段下，員工的注意力的確有所不同。從事後比較可以看出，4 個水準平均數的兩兩比較，除了 9:00(time1) 與 11:00(time2) 相比不顯著之外，其他均達顯

著水準，平均數呈現逐步增高，顯示時間愈晚，反應時間增加，注意力變差。以第 4 次測量 (17:00 $M = 7.792$) 的注意力最差。趨勢分析的結果則指出平均數的變化趨勢呈現 2 次方程式，變異數分析摘要表如表 5-7 所示。

表 5-7　相依樣本單因子變異數分析摘要表

變異來源	SS	df	MS	F	p	事後比較
組間 A	18.985	3	6.328	61.122	<.001	$t3, t4 > t1$
組內						$t3, t4 > t2$
受試者間 S	81.188	12	6.766			$t4 > t3$
殘差 (A*S)	3.727	36	.104			
全體	103.900	51				

共變數分析

共變數 (Analysis of Covariance, ANCOVA) 分析是一種統計分析的程序，它的功能在比較一些量化的依變項在不同群組中是否有所不同，並且在比較的當時也控制了自變項。所以共變數分析是同時考量到質性（不同群組）與量化（自變項與依變項）變項的一種統計的分析策略。在實驗設計中，考量實際的實驗情境，無法排除某些會影響實驗結果的無關變項（或稱干擾變項），為了排除這些不在實驗處理中所操弄的變項，可以藉由「統計控制」方法，以彌補「實驗控制」的不足。

上述無關變項或干擾變項並不是研究者所要探討的變項，但這些變項會影響實驗結果，此變項稱為「共變項」(covariate)；而實驗處理後所要探究的研究變項稱為依變項或效標變項 (dependent variable)；研究者實驗操弄的變項為自變項或固定因子 (fixed factor)。如果依變項與共變項的性質相同時，例如共變項與依變項都同時為數學成就，此時要排除共變項的影響，然後比較依變項是否會因為自變項之不同而有所差異，可以有 2 種方法來進行平均數差異的檢定。第一種方法是將依變項減去共變項，例如將依變項的後測分數減去共變項的前測分數，此時的差值稱為實得分數，然後用實得分數取代成新的依變項，再進行平均數檢定的 t 或者是變異數分析。另一種方法則是先用共變項當做預測變項，以依變項當效標變項，進行迴歸分析，然後再將迴歸分析的殘差當做依變項，使用原來的自變項來進行 t 或者是變異數分析。而第二種方法實際上就是共變數分析，所以共變數分析其實就是結合迴歸分析及變異數分析的一種統計方法（陳正昌、張慶勳，2007）。

在上面的情境中，所用的統計控制方法便稱為「共變數分析」，共變數分析中會影響實驗結果，但非研究者操控的自變項，稱為「共變量」。在共變數分析中，自變項屬間斷變項，而依變項及共變項屬連續變項。共變數分析與變異數分析很類似，其自變項為類別或次序變項，依變項為連續變項，但多了連續變項的共變項。變異數分析是藉由實驗控制方法來降低實驗誤差，共變數分析則是藉由「統計」控制方法，來排除共變項的干擾效果。以下將先介紹共變數分析的原理，接下來再進行共變數分析的範例說明。

壹、共變數分析的原理

共變數分析是將一個典型的變異數分析中的各個量數，加入一個或多個連續性的共變項（即控制變項），以控制變項與依變項間的共變為基礎，進行「調整」(correction)，得到排除控制變項影響的單純 (pure) 統計量的變異數分析的檢定方法，可以由下列的方程式加以表示。

$$Y_{ij} = \mu + \alpha_i + \beta_w(X_{ij} - \overline{X}) - \varepsilon_{i(j)}$$

一、共變數分析的基本原理

共變數分析的目的在於將一個典型的變異數分析中的各個量數，加入一個或多個連續性的共變項（即控制變項），以控制變項與依變項間的共變為基礎，進行「調整」(correction)，得到排除控制變項影響的單純 (pure) 統計量。

共變數分析中的單純統計量是指自變項與依變項的關係，因為先行去除控制變項與依變項的共變，因而不再存有該控制變項的影響，單純的反映研究所關心的自變與依變關係。

共變數分析中的共變項也必須為連續變項，研究中對於自變項或依變項具有干擾效應的變項，實驗研究中的前測 (pretest) 多可作為控制變項（共變項）。

二、混淆因子的控制

變項關係的檢驗，除了具體明確的界定與陳述其關聯或因果特質之外，常取決於研究者是否能夠控制其他無關的干擾變項，減少分析過程的混淆因素。

研究的控制主要分為程序、實驗及統計控制。

（一）程序控制 (procedural control)

抽樣過程盡可能的隨機化、使研究程序標準化等等。

（二）實驗控制 (experimental control)

在研究過程中，即針對有可能造成干擾的變項加以測量，再利用實驗設計的操弄與統計的方法，將該因素的效果以「自變項」的角色納入分析。

（三）統計控制 (statistical control)

以數學原理處理當控制變項與其他自變項對於依變項的影響。

三、共變數分析的變異數拆解

共變數分析的主要原理係將全體樣本在依變項的得分的變異情形，先以迴歸原理排除共變項的影響，其餘的純淨效果即可區分為「導因於自變項影響的變異」與「導因於誤差的變異」兩個部分。

共變數分析是以迴歸的原理，將控制變項以預測變項處理，計算依變項被該預測變項解釋的比率。當依變項的變異量被控制變項可以解釋的部分被計算出來後，剩餘的依變項的變異即排除了控制變項的影響，而完全歸因於自變項效果（實驗處理）。

總離均差平方和 = 控制項共變積和 + 迴歸殘差變異量

= 控制項共變積和 +（組間離均差平方和 + 組內離均差平方和）

$$SS_{total} = SS_{cov\,ariance} + (SS_{between} + SS_{within})$$

四、迴歸同質假設

迴歸同質假設 (assumption of homogeneity of regression) 是變異數分析時的基本假設，而共變數中的迴歸同質性假設，是假設共變項與依變項的關聯性在各組內必須要相同。

$$H_0 : \beta_1 = \beta_2 = \cdots = \beta_i$$

五、共變數分析的檢驗方法

實際操作中，共變數分析需使用型 I 平方和來檢驗共變項的效果，而迴歸同質性檢驗係檢驗共變項與自變項的交互作用是否顯著。在 SPSS 中，可以自行調整模型，增加共變項與自變項的交互作用項，即可獲得檢驗數值。

六、共變數分析的基本假設

共變數分析的基本假設與變異數分析基本假設相同，主要為常態分配、變數獨立及變異數同質性，此外還有 3 個重要的假定：

1. 依變項與共變數之間是直線相關，以符合線性迴歸的假設。
2. 所測量的共變項不應有誤差，如果選用的是多題項之量表，應有高的內部一致性度或再測信度。有可靠性量表的信度，其 alpha 值最好在 0.8 以上。
3. 「組內迴歸係數同質性」，各實驗處理組中依據共變項(X)、預測變項(Y) 所得的各條迴歸線之迴歸係數（斜率）要相等，亦即各條迴歸線要互相平行。如果「組內迴歸係數同質性」考驗結果，各組斜率不相等，不宜直接進行共變數分析，組內迴歸線的斜率就是組內迴歸係數。

七、共變數分析的優點

共變數分析的使用時機在於考量到共變量於分析的模型中，而共變數分析在這樣的分析模型中具有的優點在於：(1) 增加群組差異分析的統計考驗力 (POWER)；(2) 具有精準的估計量。而上述 (1) 與 (2) 的優勢是存在的，在於共變數與依變數有關，與類別變項（群組）是無關時。共變數分析可以減少模型的平方誤 (mean squared error, MSE)，因此可以增加 F 值減少標準誤。此外，共變數分析的優勢尚具有 (3) 提供群組的調整平均數，在控制自變項或者是調整共變量的差異。

八、共變數分析範例

共變數分析結合了迴歸分析與變異數分析方法，實驗處理包括依變項的測量外，也包括 1 個以上共變項的測量。共變數分析的主要步驟有三。

（一）組內迴歸係數同質性檢定

迴歸係數不相同，表示至少有 2 條或 2 條以上的組內迴歸線並不是平行的，如果不平行的情況不太嚴重的話，仍然可以使用共變數分析。若情況嚴重時，研究者直接使用共變數分析，將會導致錯誤的結論。因此，若違反迴歸係數同質性檢定的假設時（達顯著），可以將共變項轉成質的變數，然後當做另一個自變

項，進行二因子變異數分析，亦即將原來的共變項與自變項等 2 個自變項探討對依變項的平均數是否有所差異。

（二）共變數分析

如果 k 條迴歸線平行，可以將這些迴歸線合併找出一條具代表性的迴歸線，此代表性迴歸線即為「組內迴歸線」。此迴歸線可以調整依變數的原始分數，共變數分析即在看排除共變項的解釋量後，各組平均數是否仍有顯著差異。

（三）進行事後比較

共變數的第 3 個步驟即為計算調整後的平均數，並進行事後比較。亦即共變數分析之 F 值如達顯著，則進行事後比較分析，事後比較以「調整後的平均數」為比較標準，找出哪一個對調整平均數間有顯著差異。調整後的平均數的計算方法為，該組原始依變項的平均數－共同之迴歸係數 x（該組共變項之平均數－全體共變項之平均數）。

以下的範例是一個準實驗研究的結果，學生被隨機分派至實驗組與控制組，各組所呈現的是經由隨機的情況下，智商的差異如表 6-1 所示。

表 6-1　共變數分析調整資料一覽表

組別	智商的平均數 （共變數）	觀察成就分數 （前測，依變項）	調整的成就分析 （後測，估計的依變項的平均數）
實驗組	106.00	85.00	82.00
控制組	98.00	75.00	78.00

由表 6-1 的資料可以發現，因為實驗組在於智商的平均分數明顯高於控制組，而共變數分析則是可以基於智商平均數差異的基礎上，分析不同群組在依變項的差異分析。估計的內容包括調整平均數、預測的平均數或者是估計邊緣的平均數。以上述的範例中，觀察成就分數的平均數差異由二組的差異值 10，藉由智商平均數的差異 8，調整成就分數的平均數差異為 4。由上述的範例中可以得知，若是逕行利用變異數分析來比較觀察分數是否有所差異，是有所偏差的，因此需要利用共變數分析來處理較為適切。

以下將利用範例資料來說明共變數分析的原理原則。首先是將資料以迴歸分析來進行分析、比較變異數與共變數的分析結果等說明如下。

（一）迴歸方程式

表 6-2 資料爲 3 組（合作學習、自我學習及演講教學）教學策略下，學生的學習成就分數。除了學習成就分數，之後尚有每位學生的學習動機分數，以下將依此資料進行迴歸分析、運用 SPSS 進行迴歸分析、說明共變數分析的原理原則。

表 6-2 成就分數、教學策略與動機分數資料一覽表

成就分數	教學策略	動機分數
70	合作學習	3
74	合作學習	4
77	合作學習	5
80	合作學習	6
83	合作學習	8
85	合作學習	8
75	自我學習	2
78	自我學習	2
81	自我學習	4
86	自我學習	6
88	自我學習	6
89	自我學習	7
85	演講教學	3
87	演講教學	3
90	演講教學	5
96	演講教學	7
95	演講教學	8
98	演講教學	8

P.S. 動機分數，最小值 = 1，最大值 = 10

上述的資料中，其迴歸方程式可以如下所示。

Y（成就分數）$= b0 + b1*$ 合作學習 $+ b2*$ 演講教學 $+ b3*$ 動機 $+ e$

其中的合作學習、演講教學是一個虛擬變項 (dummy variables)，並且是以自我學習爲參照的實驗處理。

（二）SPSS 分析結果

利用 SPSS 分析的結果，其操作程序可以點選分析→一般線性模式→單變量的選項後，分析的結果如下。

敘述統計			
依變數：成就分數			
教學型態	平均數	標準離差	個數
合作	78.1667	5.63619	6
演講	91.8333	5.26941	6
自我	82.8333	5.70672	6
總數	84.2778	7.82008	18

上述的結果中是敘述統計的結果，依變項是為成就分數，下表為受試者間效應項的檢定結果。

受試者間效應項的檢定					
依變數：成就分數					
來源	型 III 平方和	df	平均平方和	F	顯著性
校正後的模式	1015.687ᵃ	3	338.562	198.124	.000
截距	11512.556	1	11512.556	6737.051	.000
動機分數	436.576	1	436.576	255.481	.000
教學型態	562.171	2	281.085	164.489	.000
誤差	23.924	14	1.709		
總數	128889.000	18			
校正後的總數	1039.611	17			

a. R 平方 = .977（調過後的 R 平方 = .972）

下表則是為參數估計值，而參數估計值中動機分數的迴歸係數為 2.460，其中教學型態 1 為合作學習、教學型態 2 為演講教學，另外教學型態 3 則是為自我學習策略，亦即合作學習為 10、演講教學為 01、自我學習策略為 00，本範例的虛擬變項是以自我學習為參照組來加以編碼而成。

參數估計值						
依變數：成就分數						
參數	B 之估計值	標準誤差	t	顯著性	95% 信賴區間	
					下界	上界
截距	71.765	.874	82.088	.000	69.890	73.640
動機分數	2.460	.154	15.984	.000	2.130	2.790
[教學型態 = 1]	−7.536	.776	−9.714	.000	−9.200	−5.872
[教學型態 = 2]	6.130	.776	7.902	.000	4.467	7.794
[教學型態 = 3]	0^a	.	.	.	.	.

a. 由於這個參數重複，所以把它設成零。

下述資料為共變量動機分數的敘述性統計資料，由下表資料中可以得知動機分數的平均數為 5.28，標準差為 2.137。

敘述統計					
	個數	最小值	最大值	平均數	標準差
動機分數	18	2	8	5.28	2.137
有效的 N（完全排除）	18				

由上述 2 個表格的資料中可以發現，自我學習的調整平均數可計算如下所示。

Y(成就分數)' = 71.765 − 7.536* 合作 + 6.130* 演講 + 2.460* 動機 (= 5.2778)

Y(成就分數)' = 71.765 − 7.536* 合作 (= 0) + 6.130* 演講 (= 0) + 2.460* 動機 (= 5.2778)

Y(成就分數)' = 71.765 − 7.536*(0) + 6.130*(0) + 2.460*(5.2778)

Y(成就分數)' = 71.765 + 12.9834

Y(成就分數)' = 84.748

合作學習的調整平均數可計算如下所示。

Y(成就分數)' = 71.765 − 7.536* 合作 + 6.130* 演講 + 2.460* 動機 (= 5.2778)

Y(成就分數)' = 71.765 − 7.536* 合作 (= 1) + 6.130* 演講 (= 0) + 2.460* 動機

$(= 5.2778)$

Y(成就分數)' $= 71.765 − 7.536*(1) + 6.130*(0) + 2.460*(5.2778)$

Y(成就分數)' $= 71.765 − 7.536 + 12.9834$

Y(成就分數)' $= 77.212$

演講教學的調整平均數可計算如下所示。

Y(成就分數)' $= 71.765 − 7.536*$ 合作 $+ 6.130*$ 演講 $+ 2.460*$ 動機 $(= 5.2778)$

Y(成就分數)' $= 71.765 − 7.536*$ 合作 $(= 0) + 6.130*$ 演講 $(= 1) + 2.460*$ 動機

$(= 5.2778)$

Y(成就分數)' $= 71.765 − 7.536*(0) + 6.130*(1) + 2.460*(5.2778)$

Y(成就分數)' $= 71.765 + 6.130 + 12.9834$

Y(成就分數)' $= 90.878$

下表為 SPSS 所估計邊緣平均數結果,可以發現如上述的計算結果,亦即合作學習以動機分數為調整的基礎下,其調整平均數為 77.210,而演講教學的調整平均數為 90.877,另外自我學習的教學策略其調整平均數則為 84.746。

估計值				
依變數:成就分數				
教學型態	平均數	標準誤差	95% 信賴區間	
			下界	上界
合作	77.210ᵃ	.537	76.058	78.362
演講	90.877ᵃ	.537	89.725	92.029
自我	84.746ᵃ	.547	83.573	85.919

a. 使用下列值估計出現在模式的共變量:動機分數 = 5.2778

圖 6-1 則是以動機分數為共變量,3 組(合作、自我及演講)教學策略下的學生其成就分數折線圖。

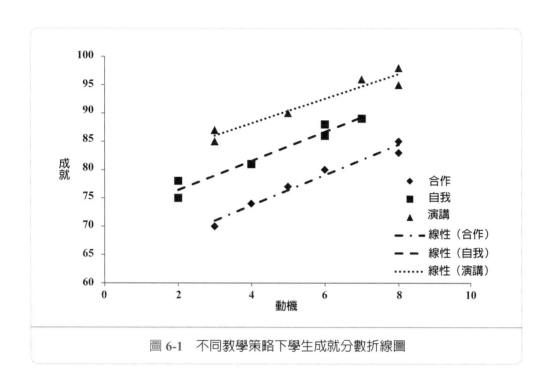

圖 6-1　不同教學策略下學生成就分數折線圖

（三）比較 ANOVA 與 ANCOVA 的分析結果

接下來將進行 ANOVA 與 ANCOVA 分析結果的比較，ANCOVA 會比 ANOVA 有較大的統計考驗力，因為 ANCOVA 會較 ANOVA 有較小的 MSE、較大的 F 值及較小的 CI。以下是利用 SPSS 的分析結果，其中 ANOVA 是以成就分數為依變項、教學型態為固定因子，至於 ANCOVA 則再加上以動機分數為共變項。分析時請在 SPSS 的選項中選擇，分析→一般線性模式→單變量中的功能加以完成。

1. 變異數分析摘要表 (ANOVA)

SPSS ANOVA 的分析結果：

受試者間效應項的檢定				
依變數：成就分數				
來源	型 III 平方和	df	平均平方和	F	顯著性
校正後的模式	579.111ᵃ	2	289.556	9.432	.002
截距	127849.389	1	127849.389	4164.475	.000

（續）

受試者間效應項的檢定
依變數：成就分數

來源	型 III 平方和	df	平均平方和	F	顯著性
教學型態	579.111	2	289.556	9.432	.002
誤差	460.500	15	30.700		
總數	128889.000	18			
校正後的總數	1039.611	17			

a. R 平方 = .557（調過後的 R 平方 = .498）

SPSS ANCOVA 的分析結果：

受試者間效應項的檢定
依變數：成就分數

來源	型 III 平方和	df	平均平方和	F	顯著性
校正後的模式	1015.687ª	3	338.562	198.124	.000
截距	11512.556	1	11512.556	6737.051	.000
動機分數	436.576	1	436.576	255.481	.000
教學型態	562.171	2	281.085	164.489	.000
誤差	23.924	14	1.709		
總數	128889.000	18			
校正後的總數	1039.611	17			

a. R 平方 = .977（調過後的 R 平方 = .972）

　　由上述二個分析的結果比較可發現：(1) 在 F 值方面 ANOVA 的 F = 9.43，而 ANCOVA 的分析結果 F = 164.49，ANCOVA 的 F 值明顯地高於 ANOVA 的 F 值，而較大的 F 值表示 ANCOVA 可以在群組的差異中有較好的統計考驗力。(2) 另外在 MSE(error variance) 方面，ANOVA 的 MSE = 30.70，而 ANCOVA 的 MSE = 1.71，明顯 ANCOVA 的 MSE 小於 ANOVA 的 MSE，表示 ANCOVA 較 ANOVA 更為精準，所以 ANCOVA 具有較大的 F 值及較小的 MSE。

2. 成對比較

SPSS ANOVA 的分析結果：

成對比較						
依變數：成就分數						
(I) 教學型態	(J) 教學型態	平均差異 (I-J)	標準誤差	顯著性[b]	差異的 95% 信賴區間[b]	
					下界	上界
合作	演講	−13.667[*]	3.199	.002	−22.284	−5.050
	自我	−4.667	3.199	.496	−13.284	3.950
演講	合作	13.667[*]	3.199	.002	5.050	22.284
	自我	9.000[*]	3.199	.039	.383	17.617
自我	合作	4.667	3.199	.496	−3.950	13.284
	演講	−9.000[*]	3.199	.039	−17.617	−.383
根據估計的邊緣平均數而定						

*. 平均差異在 .05 水準是顯著的。

b. 調整多重比較：Bonferroni。

SPSS ANCOVA 的分析結果：

成對比較						
依變數：成就分數						
(I) 教學型態	(J) 教學型態	平均差異 (I-J)	標準誤差	顯著性[b]	差異的 95% 信賴區間[b]	
					下界	上界
合作	演講	−13.667[*]	.755	.000	−15.718	−11.616
	自我	−7.536[*]	.776	.000	−9.645	−5.428
演講	合作	13.667[*]	.755	.000	11.616	15.718
	自我	6.130[*]	.776	.000	4.022	8.239
自我	合作	7.536[*]	.776	.000	5.428	9.645
	演講	−6.130[*]	.776	.000	−8.239	−4.022
根據估計的邊緣平均數而定						

*. 平均差異在 .05 水準是顯著的。

b. 調整多重比較：Bonferroni。

　　由上述 2 種分析的結果在成對比較方面，可以發現：(1) 在平均數差異的標準誤方面，ANOVA 的標準誤為 3.199，而 ANCOVA 的標準誤為 0.755 或者是 0.766，ANCOVA 與 ANOVA 相較有較小的標準誤，較小的標準誤而會有較小的 CI（信賴區間），因此 ANCOVA 在偵測差異存在方面有較佳的統計考驗力。(2) 另外在信賴區間方面 (confidence intervals, CI)，ANOVA95%CI (Bonferroni Adjusted) = 演講 vs. 合作是 5.05 到 22.28 (width = 17.23)，而 ANCOVA95%CI (Bonferroni Adjusted) = 演講 vs. 合作是 11.62 到 15.72(width = 4.10)，ANCOVA 的信賴區間較小，所以較小的信賴區間時估計更為準確，而且在差異方面的考驗力較佳。(3) 在調整平均數差異的估計方面，ANOVA 自我 vs. 合作的平均數差異為 4.667，而 ANCOVA 則是 7.536，平均數差異值的差異反映出動機加入調節之後，自我學習與合作學習的差異更為明顯。

（四）共變數分析結果的 APA 格式

　　以下所要呈現的是將上述共變數的分析結果，以 APA 的撰寫格式整理而成，如表 6-3 所示。

表 6-3 不同教學型態與動機學習成就的共變數分析結果摘要表

教學模式	成就分數			
	觀察平均數	調整平均數	標準差	個數
合作	78.17	77.21	5.64	6
演講	91.83	90.88	5.27	6
自我	82.83	84.75	5.71	6
來源	SS	df	MS	F
動機	436.58	1	436.58	255.48*
教學模式	562.17	2	281.09	164.49*
誤差	23.92	14	1.71	

P.S. $R^2 = 0.98$，調整後的 $R^2 = 0.97$，以動機為調節變項後的調整平均數 = 5.28，迴歸同質性檢定未達顯著 ($F = 1.03, p > 0.05$)，符合共變數分析的基本假設，動機的迴歸係數值 = 2.46*。*$p < 0.05$

表 6-4　控制動機下，不同教學型態的多重比較與平均數差異資料一覽表

比對	平均差異	標準誤差(S.E.)	差異 95% 的信賴區間
合作 vs. 演講	−13.67*	0.78	−15.72, −11.62
合作 vs. 自我	−7.54*	0.78	−9.65, −5.43
演講 vs. 自我	6.13*	0.78	4.01, 8.24

P.S. 調整平均數是以動機 = 5.28 為基礎加以調整

（五）ANCOVA 中的統計調整

　　表 6-5 資料為 2 組資料（1：實驗組，0：控制組），其閱讀分數的前後測資料，2 組人數皆為 11 人。以下將分為：(1) 2 組的前後測分數皆相同；(2) 第 1 組的後測分數增加 5 分；(3) 第 1 組的前測分數增加 5 分；(4) 第 1 組前後測分數皆增加 5 分，以此 4 種情形加以說明 ANCOVA 中的統計調整其原理原則。

表 6-5　不同組別中，前測與後測資料皆相等資料一覽表

前測	後測	組別
2	1	1
2	3	1
4	3	1
4	5	1
6	5	1
6	7	1
8	7	1
8	9	1
10	9	1
10	11	1
2	1	1
2	3	0
4	3	0
4	5	0
6	5	0

表 6-5 （續）

前測	後測	組別
6	7	0
8	7	0
8	9	0
10	9	0
10	11	0

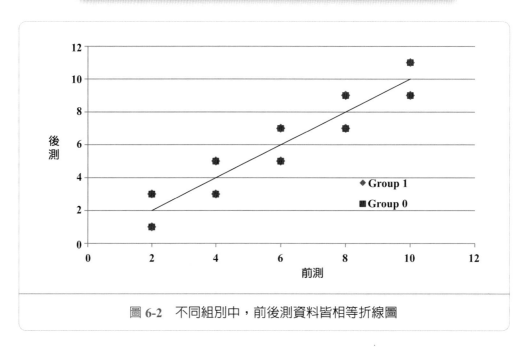

圖 6-2　不同組別中，前後測資料皆相等折線圖

　　圖 6-2 中呈現的二個組別是沒有平均數的差異存在，而且具有相同的迴歸線以及截距項。

表 6-6 不同組別中，前測與後測資料皆相等平均數資料一覽表

組別	前測	後測	後測調整平均數
1	6.00	6.00	6.00
0	6.00	6.00	6.00
Grand Mean	6.00	6.00	

上述的共變數是為前測分數，而且其平均數為 6。

係數[a]					
模式	未標準化係數		標準化係數	t	顯著性
	B 之估計值	標準誤差	Beta 分配		
1 （常數）	.000	.618		.000	1.000
組別	.000	.485	.000	.000	1.000
前測	1.000	.086	.943	11.662	.000

a. 依變數：後測

表 6-7　不同組別中，第 1 組後測分數增加 5 點，其餘相同資料一覽表

前測	後測	組別
2	6	1
2	8	1
4	8	1
4	10	1
6	10	1
6	12	1
8	12	1
8	14	1
10	14	1
10	16	1
2	1	0
2	3	0
4	3	0
4	5	0
6	5	0
6	7	0
8	7	0
8	9	0
10	9	0
10	11	0

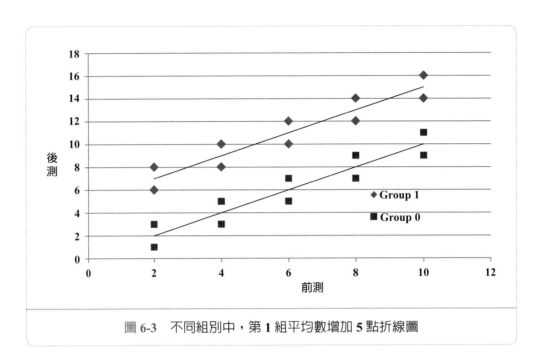

圖 6-3　不同組別中，第 1 組平均數增加 5 點折線圖

表 6-8　不同組別中，第 1 組平均數增加 5 點平均數資料一覽表

組別	前測	後測	後測調整平均數
1	6.00	11.00	11.00
0	6.00	6.00	6.00
Grand Mean	6.00	8.50	

分析結果如下所示。

係數ª						
模式		未標準化係數		標準化係數	t	顯著性
		B 之估計值	標準誤差	Beta 分配		
1	（常數）	.000	.618		.000	1.000
	組別	5.000	.485	.640	10.308	.000
	前測	1.000	.086	.724	11.662	.000

a. 依變數：後測

表 6-9 不同組別中，第 1 組後測相同但前測增加 5 點，其餘相同資料一覽表

前測	後測	組別
7	1	1
7	3	1
9	3	1
9	5	1
11	5	1
11	7	1
13	7	1
13	9	1
15	9	1
15	11	1
2	1	0
2	3	0
4	3	0
4	5	0
6	5	0
6	7	0
8	7	0
8	9	0
10	9	0
10	11	0

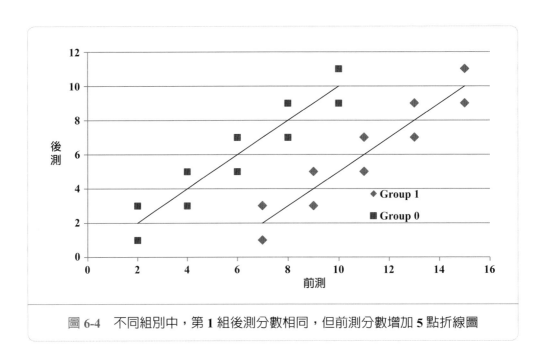

圖 6-4　不同組別中，第 1 組後測分數相同，但前測分數增加 5 點折線圖

表 6-10　不同組別中，第 1 組後測相同，但前測增加 5 點平均數資料一覽表

組別	前測	後測	後測調整平均數
1	11.00	6.00	3.50
0	6.00	6.00	8.50
Grand Mean	8.50	6.00	

分析結果如下所示。

係數a						
模式		未標準化係數		標準化係數	t	顯著性
		B 之估計值	標準誤差	Beta 分配		
1	（常數）	.000	.618		.000	1.000
	組別	−5.000	.647	−.833	−7.723	.000
	前測	1.000	.086	1.258	11.662	.000

a. 依變數：後測

表 6-11　不同組別中，第 1 組前後測分數都增加 5 點，其餘相同資料表

前測	後測	組別
7	6	1
7	8	1
9	8	1
9	10	1
11	10	1
11	12	1
13	12	1
13	14	1
15	14	1
15	16	1
2	1	0
2	3	0
4	3	0
4	5	0
6	5	0
6	7	0
8	7	0
8	9	0
10	9	0
10	11	0

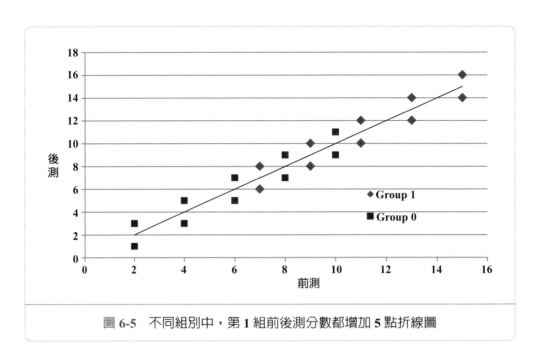

圖 6-5 不同組別中,第 1 組前後測分數都增加 5 點折線圖

係數[a]					
模式	未標準化係數		標準化係數	t	顯著性
	B 之估計值	標準誤差	Beta 分配		
1 (常數)	.000	.618		.000	1.000
組別	.000	.647	.000	.000	1.000
前測	1.000	.086	.967	11.662	.000

a. 依變數:後測

(六)迴歸的同質性

共變數分析中需要符合迴歸同質性檢定的假設,圖 6-6 即爲迴歸是否同質的說明圖。

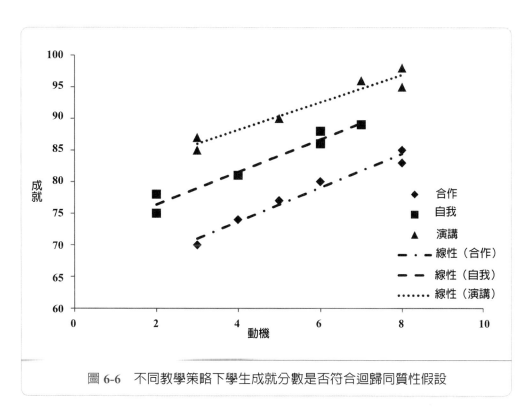

圖 6-6　不同教學策略下學生成就分數是否符合迴歸同質性假設

　　由圖 6-6 可以發現所謂的迴歸同質性即是在 2 個組別中，在一定的範圍中平均數的差異都相等即爲迴歸同質性。

表 6-12　成就分數、教學策略與動機分數資料一覽表

成就分數	教學策略	動機分數
73	合作學習	3
69	合作學習	4
68	合作學習	5
70	合作學習	6
62	合作學習	8
64	合作學習	8
75	自我學習	2
78	自我學習	2
79	自我學習	4

表 6-12 （續）

成就分數	教學策略	動機分數
77	自我學習	6
80	自我學習	6
79	自我學習	7
85	演講教學	3
87	演講教學	3
90	演講教學	5
96	演講教學	7
95	演講教學	8
98	演講教學	8

P.S. 動機分數，最小值 = 1，最大值 = 10

將合作學習、自我學習以及演講教學等 3 個組別繪製折線圖如圖 6-7 所示。

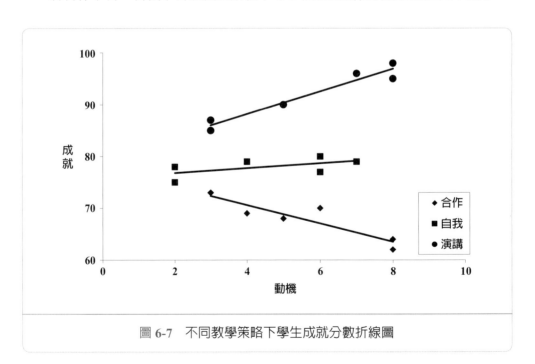

圖 6-7　不同教學策略下學生成就分數折線圖

表 6-13　成就分數、教學策略與動機分數受試者效應項檢定資料一覽表

受試者間效應項的檢定					
依變數：成就分數					
來源	型 III 平方和	df	平均平方和	F	顯著性
校正後的模式	1779.423ᵃ	3	593.141	37.562	.000
截距	13342.200	1	13342.200	844.914	.000
動機分數	15.090	1	15.090	.956	.345
教學型態	1757.588	2	878.794	55.651	.000
誤差	221.077	14	15.791		
總數	114813.000	18			
校正後的總數	2000.500	17			

a. R 平方 = .889（調過後的 R 平方 = .866）

表 6-14　成就分數、教學策略與動機分數估計值結果一覽表

估計值				
依變數：成就分數				
教學型態	平均數	標準誤差	95% 信賴區間	
			下界	上界
合作	67.489ᵃ	1.632	63.988	70.990
演講	91.656ᵃ	1.632	88.154	95.157
自我	78.356ᵃ	1.663	74.790	81.922

a. 使用下列值估計出現在模式的共變量：動機分數 = 5.28

表 6-15　成就分數、教學策略與動機分數成對比較資料一覽表

成對比較						
依變數：成就分數						
(I) 教學型態	(J) 教學型態	平均差異 (I-J)	標準誤差	顯著性ᵇ	差異的 95% 信賴區間ᵇ	
					下界	上界
合作	演講	−24.167*	2.294	.000	−30.402	−17.931
	自我	−10.867*	2.358	.001	−17.276	−4.458
演講	合作	24.167*	2.294	.000	17.931	30.402
	自我	13.300*	2.358	.000	6.891	19.709

表 6-15 （續）

				顯著性[b]	差異的 95% 信賴區間[b]	
成對比較						
依變數：成就分數						
(I) 教學型態	(J) 教學型態	平均差異 (I-J)	標準誤差	顯著性[b]	下界	上界
自我	合作	10.867[*]	2.358	.001	4.458	17.276
	演講	−13.300[*]	2.358	.000	−19.709	−6.891
根據估計的邊緣平均數而定						

*. 平均差異在 .05 水準是顯著的。

b. 調整多重比較：Bonferroni。

表 6-16　成就分數、教學策略與動機分數平均差異資料一覽表

比對	平均差異
演講 vs. 合作	24.17
演講 vs. 自我	13.30
自我 vs. 合作	10.87

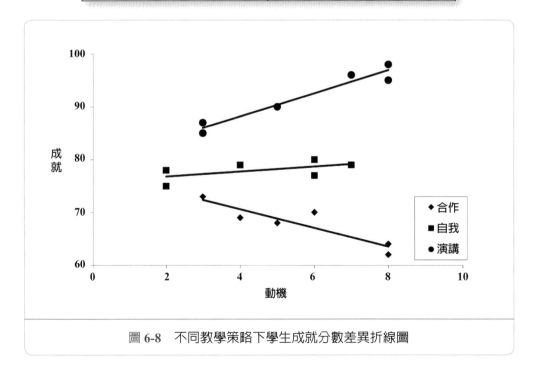

圖 6-8　不同教學策略下學生成就分數差異折線圖

　　由圖 6-8 可以發現在動機下的成就分數，合作學習與自我學習的平均數差異並不相等（由虛線中即可以發現），因為當動機分數是 5.28 時，自我學習與合作學習的平均數差異為 10.87。而當動機分數是 3 時，則差異較小。當動機分數是 7 時，則差異變大，亦即表示自變項與依變項之間具有交互作用的存在。

（七）迴歸同質性檢定

　　SPSS 中利用分析→一般線性模式→單變量中的模型選擇自定，並且建立交互作用項如圖 6-9 所示。

圖 6-9　單變量分析中模式對話框

　　即會出現交互作用項的檢定結果，如下表。

受試者間效應項的檢定					
依變數：成就分數					
來源	型 Ⅲ 平方和	df	平均平方和	F	顯著性
校正後的模式	1966.235ᵃ	5	393.247	137.721	.000
截距	13435.528	1	13435.528	4705.339	.000
教學型態	5.401	2	2.700	.946	.416
動機分數	6.221	1	6.221	2.179	.166
教學型態 * 動機分數	186.812	2	93.406	32.712	.000
誤差	34.265	12	2.855		
總數	114813.000	18			
校正後的總數	2000.500	17			

a. R 平方 = .983（調過後的 R 平方 = .976）

由上表可以知道此資料的交互作用達到顯著，亦即不符合共變數分析的迴歸線同質的基本假設，因此遇到此種情形可以採取以下幾種策略來加以解釋其平均數的差異性。

1. 由圖形做一般性的解釋

由圖 6-8 可以發現合作學習、自我學習以及演講三者之間具有明顯的交互作用存在。

2. 選擇共變量的值並進行比較

當動機平均數 (Mean) = 5.28，標準差 (SD) = 2.14 中，以 (1) 低度動機 = 5.28 − 2.14 = 3.14；(2) 中度動機 = mean = 5.28；(3) 高度動機 = 5.28 + 2.14 = 7.42 等三種不同的情形加以討論比較。

(1) 中度動機 = 5.28

```
UNIANOVA 成就分數 BY 教學型態 WITH 動機分數
  /METHOD = SSTYPE(3)
  /INTERCEPT = INCLUDE
  /EMMEANS = TABLES（教學型態）WITH（動機分數 = MEAN）COMPARE ADJ (BON-
          FERRONI)
  /PRINT = DESCRIPTIVE
  /CRITERIA = ALPHA(.05)
  /DESIGN = 教學型態 動機分數 動機分數 * 教學型態 .
```

以下為當中度動機 = 5.28 時，分析程式的結果。

估計值				
依變數：成就分數				
教學型態	平均數	標準誤差	95% 信賴區間	
			下界	上界
合作	68.353[a]	.704	66.819	69.888
演講	90.984[a]	.701	89.457	92.512
自我	78.364[a]	.741	76.749	79.979

a. 使用下列值估計出現在模式的共變量：動機分數 = 5.28。

成對比較						
依變數：成就分數						
(I) 教學型態	(J) 教學型態	平均差異 (I-J)	標準誤差	顯著性[b]	差異的 95% 信賴區間[b]	
					下界	上界
合作	演講	−22.631*	.994	.000	−25.394	−19.869
	自我	−10.011*	1.023	.000	−12.853	−7.169
演講	合作	22.631*	.994	.000	19.869	25.394
	自我	12.620*	1.020	.000	9.784	15.456
自我	合作	10.011*	1.023	.000	7.169	12.853
	演講	−12.620*	1.020	.000	−15.456	−9.784
根據估計的邊緣平均數而定						

*. 平均差異在 .05 水準是顯著的。

b. 調整多重比較：Bonferroni。

比對	平均差異
演講 vs. 合作	90.984 − 68.353 = 22.631
演講 vs. 自我	90.984 − 78.364 = 12.620
自我 vs. 合作	78.364 − 68.353 = 10.011

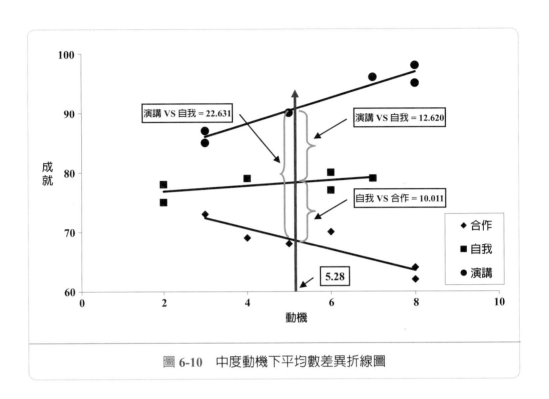

圖 6-10　中度動機下平均數差異折線圖

(2) 低度動機 = 3.14

```
UNIANOVA 成就分數 BY 教學型態 WITH 動機分數
  /METHOD = SSTYPE(3)
  /INTERCEPT = INCLUDE
  /EMMEANS = TABLES（教學型態）WITH（動機分數 = 3.14）COMPARE ADJ (BONFER-
        RONI)
  /PRINT = DESCRIPTIVE
  /CRITERIA = ALPHA(.05)
  /DESIGN = 教學型態 動機分數 動機分數 * 教學型態 .
```

以下為當低度動機 = 3.14 時，分析程式的結果。

估計值				
依變數：成就分數				
教學型態	平均數	標準誤差	95% 信賴區間	
			下界	上界
合作	72.128[a]	1.153	69.615	74.641
演講	86.318[a]	1.069	83.989	88.647
自我	77.363[a]	.837	75.540	79.187

a. 使用下列值估計出現在模式的共變量：動機分數 = 3.14。

成對比較						
依變數：成就分數						
(I) 教學型態	(J) 教學型態	平均差異 (I-J)	標準誤差	顯著性[b]	差異的 95% 信賴區間[b]	
					下界	上界
合作	演講	−14.190*	1.573	.000	−18.561	−9.819
	自我	−5.236*	1.425	.010	−9.197	−1.274
演講	合作	14.190*	1.573	.000	9.819	18.561
	自我	8.954*	1.358	.000	5.181	12.728
自我	合作	5.236*	1.425	.010	1.274	9.197
	演講	−8.954*	1.358	.000	−12.728	−5.181
根據估計的邊緣平均數而定						

*. 平均差異在 .05 水準是顯著的。

b. 調整多重比較：Bonferroni。

比對	平均差異
演講 vs. 合作	86.318 − 72.128 = 14.190
演講 vs. 自我	86.318 − 77.363 = 8.954
自我 vs. 合作	77.363 − 72.128 = 5.236

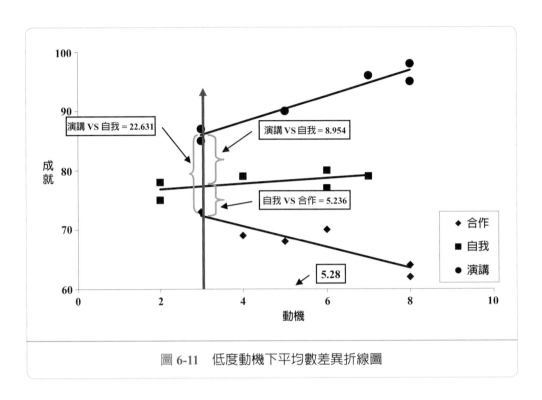

圖 6-11　低度動機下平均數差異折線圖

(3) 高度動機 = 7.42

```
UNIANOVA 成就分數 BY 教學型態 WITH 動機分數
 /METHOD = SSTYPE(3)
 /INTERCEPT = INCLUDE
 /EMMEANS = TABLES（教學型態）WITH（動機分數 = 7.42）COMPARE ADJ (BONFER-
            RONI)
 /PRINT = DESCRIPTIVE
 /CRITERIA = ALPHA(.05)
 /DESIGN = 教學型態 動機分數 動機分數 * 教學型態 .
```

以下為當高度動機 = 7.42 時，分析程式的結果。

估計值				
依變數：成就分數				
教學型態	平均數	標準誤差	95% 信賴區間	
			下界	上界
合作	64.571[a]	.942	62.518	66.623
演講	95.661[a]	.893	93.716	97.606
自我	79.367[a]	1.230	76.688	82.046

a. 使用下列值估計出現在模式的共變量：動機分數 = 7.42。

成對比較						
依變數：成就分數						
(I) 教學型態	(J) 教學型態	平均差異 (I-J)	標準誤差	顯著性[b]	差異的 95% 信賴區間[b]	
					下界	上界
合作	演講	−31.090*	1.298	.000	−34.697	−27.482
	自我	−14.796*	1.549	.000	−19.101	−10.491
演講	合作	31.090*	1.298	.000	27.482	34.697
	自我	16.294*	1.520	.000	12.070	20.517
自我	合作	14.796*	1.549	.000	10.491	19.101
	演講	−16.294*	1.520	.000	−20.517	−12.070
根據估計的邊緣平均數而定						

*. 平均差異在 .05 水準是顯著的。

b. 調整多重比較：Bonferroni。

根據以上的分析結果，所摘要的多重比較分析的結果。

比較	調整平均數差異	差異的標準誤	差異調整的95%信賴區間
動機 = M + SD = 7.42			
演講 vs. 合作	31.09	1.298	27.482,34.697
演講 vs. 自我	16.29	1.520	12.070,20.517
自我 vs. 合作	14.80	1.549	10.491,19.101
動機 = M = 5.28			

（續）

比較	調整平均數差異	差異的標準誤	差異調整的95%信賴區間
演講 vs. 合作	22.63	0.994	19.869,25.394
演講 vs. 自我	12.62	1.020	9.487,15.456
自我 vs. 合作	10.01	1.023	7.169,12.853
動機 = M − SD = 3.14			
演講 vs. 合作	14.19	1.573	9.819,18.561
演講 vs. 自我	8.95	1.358	5.181,12.728
自我 vs. 合作	5.24	1.425	1.274,9.197

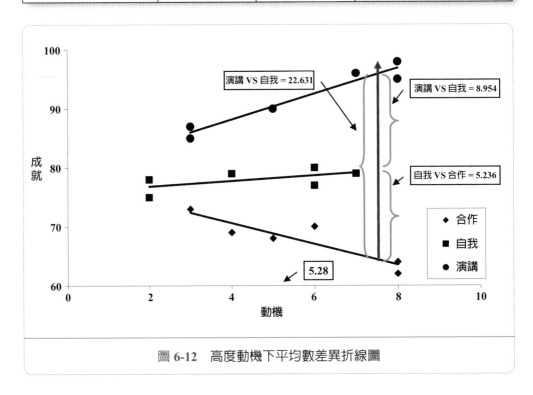

圖 6-12　高度動機下平均數差異折線圖

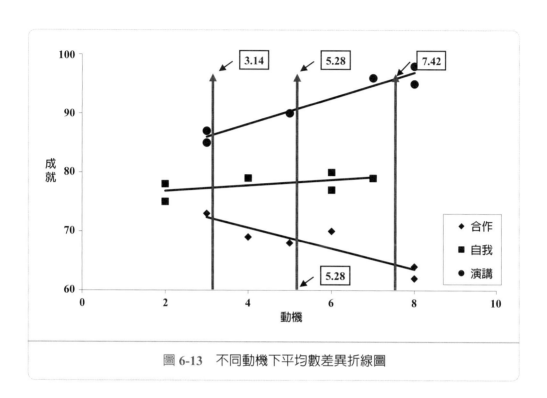

圖 6-13　不同動機下平均數差異折線圖

3. Johnson-Neyman 的取向

利用 Johnson 與 Neyman(1936) 的方法來處理當迴歸不同質時，後續的共變數分析的問題。Johnson 與 Neyman(1936) 的方法是兩兩變項之間互相比較，因此以上述例子說明，共有合作、自我與演講等 3 個自變項，兩兩比較則共有 3 組，分別是合作與自我、合作與演講以及自我與演講等 3 個比較的組合，首先以合作與自我之比較為例說明。

(1) 合作與自我

第 1 個步驟首先判斷迴歸係數是否同質，若迴歸係數同質採用共變數分析，而若不同質時則採用 Johnson 與 Neyman 的方法，下述為迴歸係數同質性檢定的結果。

Source	SS	df	MS	F	P
Between	32.659	1	32.659	45.038	< .001
Within	5.439	8	0.680		
Total	38.097	9			

由上述迴歸係數同質性檢定的結果可以得知，達顯著水準，因此迴歸係數不同質，所以要利用Johnson與Neyman的方法來進行共變數分析。分析結果如下。

Source	SSw(X j)	SSw(Y j)	CPwj	df	SSw"(Y j)	df	bwj	awj
實驗組	81.33	16.00	−33.00	5	2.61	4	−0.406	105.455
控制組	21.33	23.50	21.00	5	2.83	4	0.984	−1.078
全體	102.67	39.50	−12.00	10	5.44	8		

其中兩條迴歸線的交叉點 $X0 = 76.64$，$A = 1.72$，$B = −144.12$，$C = 11139.12$，$Xd1 = 107.36$，$Xd2 = 60.38$，所以在 107.36 以上實驗組明顯高於控制組，而在 60.38 以下則是低於控制組，以下為繪圖的示意結果。

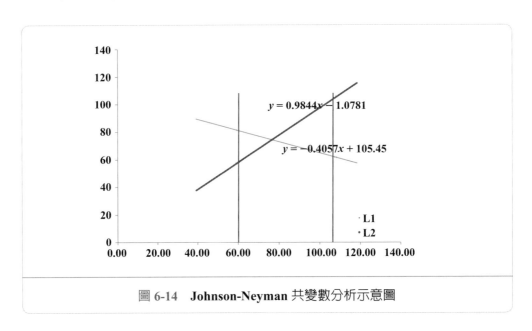

圖 6-14 **Johnson-Neyman** 共變數分析示意圖

至於原始平均數與調整後的平均數為：實驗組依變項的原始平均數為78.00，控制組依變項的原始平均數為4.50，而實驗組依變項調整後的平均數為81.062，而控制組依變項調整後的平均數則為0.88。

(2) 合作與演講

第 1 個步驟首先判斷迴歸係數是否同質，若迴歸係數同質採用共變數分析，而若不同質時則採用 Johnson 與 Neyman 的方法，下述為迴歸係數同質性檢定的結果。

Source	SS	df	MS	F	P
Between	68.122	1	68.122	7.495	0.007
Within	72.710	8	9.089		
Total	140.832	9			

由上述迴歸係數同質性檢定的結果可以得知，達顯著水準 ($p = 0.007$)，因此迴歸係數不同質，所以要利用 Johnson 與 Neyman 的方法來進行共變數分析。分析結果如下。

Source	SSw(X j)	SSw(Y j)	CPwj	df	SSw"(Y j)	df	bwj	awj
實驗組	81.33	138.83	−74.33	5	70.90	4	−0.914	153.676
控制組	21.33	27.33	23.33	5	1.81	4	1.094	−0.531
全體	102.67	166.17	−51.00	10	72.71	8		

其中兩條迴歸線的交叉點 $X0 = 76.81$，$A = 1.17$，$B = -256.55$，$C = 20970.23$，$Xd1 = 392.54$，$Xd2 = 45.62$，所以在 392.54 以上實驗組明顯高於控制組，而在 45.62 以下則是低於控制組，以下為繪圖的示意結果。

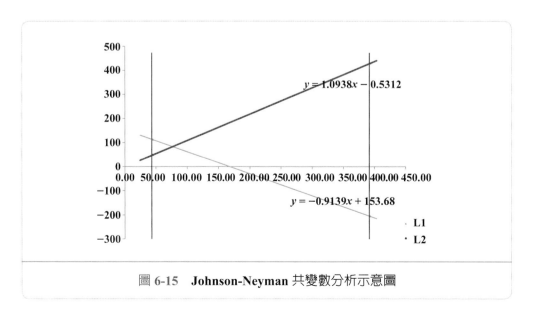

圖 6-15　**Johnson-Neyman 共變數分析示意圖**

至於原始平均數與調整後的平均數為：實驗組依變項的原始平均數為

91.83，控制組依變項的原始平均數爲 5.67，而實驗組依變項調整後的平均數爲 107.23，而控制組依變項調整後的平均數則爲 −9.73。

(3) 自我與演講

第 1 個步驟首先判斷迴歸係數是否同質，若迴歸係數同質採用共變數分析，而若不同質時則採用 Johnson 與 Neyman 的方法，下述爲迴歸係數同質性檢定的結果。

Source	SS	df	MS	F	P
Between	3.223	1	3.223	0.271	0.639
Within	95.083	8	11.885		
Total	98.307	9			

由上述迴歸係數同質性檢定的結果可以得知，達顯著水準 ($p = 0.639$)，因此迴歸係數同質，所以不需要利用 Johnson 與 Neyman 的方法來進行共變數分析。分析結果如下。

Source	SS	df	MS	F	P
Between	0.918	1	0.918	0.084	1.278
Within	98.307	9	10.923		
Total	99.224	10			

至於原始平均數與調整後的平均數爲：實驗組依變項的原始平均數爲 91.83，控制組依變項的原始平均數爲 5.67，而實驗組依變項調整後的平均數爲 43.07，而控制組依變項調整後的平均數則爲 54.43。

4. 二因子變異數分析的取向

另外一種方法是當迴歸不同質時，可以利用二因子變異數分析的方法來進行共變數分析。

貳、共變數分析的範例解析

以下將以數個範例來加以說明共變數分析的各種情形。

一、獨立樣本單因子共變數分析

【範例 6-1】獨立樣本單因子共變數分析 (1)

某位教師想要了解分享式教學法對於學生的環境行爲是否有所影響，他將學生分爲實驗組與控制組，實驗組 25 位，控制組 24 位，同時在介入教學前有做一個前測的測驗，介入教學後同時做了一個後測。因此以環境行爲分量表的前測分數爲共變量，後測分數爲依變項，組別爲自變項，進行獨立樣本單因子共變數分析，來了解分享式閱讀實驗處理後學童環境行爲的差異情形。

（一）開啓資料

讀取第 6 章共變數分析 (1).sav 的資料檔案。

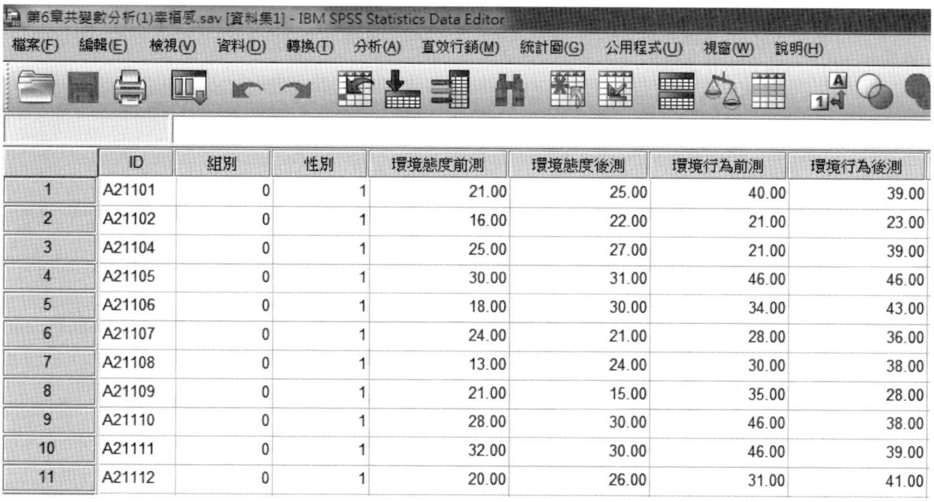

	ID	組別	性別	環境態度前測	環境態度後測	環境行為前測	環境行為後測
1	A21101	0	1	21.00	25.00	40.00	39.00
2	A21102	0	1	16.00	22.00	21.00	23.00
3	A21104	0	1	25.00	27.00	21.00	39.00
4	A21105	0	1	30.00	31.00	46.00	46.00
5	A21106	0	1	18.00	30.00	34.00	43.00
6	A21107	0	1	24.00	21.00	28.00	36.00
7	A21108	0	1	13.00	24.00	30.00	38.00
8	A21109	0	1	21.00	15.00	35.00	28.00
9	A21110	0	1	28.00	30.00	46.00	38.00
10	A21111	0	1	32.00	30.00	46.00	39.00
11	A21112	0	1	20.00	26.00	31.00	41.00

圖 6-16　獨立樣本單因子共變數資料檔

（二）迴歸斜率同質性檢定

1. 執行「分析」→「一般線性模式」→「單變量」。

2. 將左邊的「環境行爲後測」選入右邊依變數，將「組別」選入固定因子，「環境行爲前測」選入共變量中。

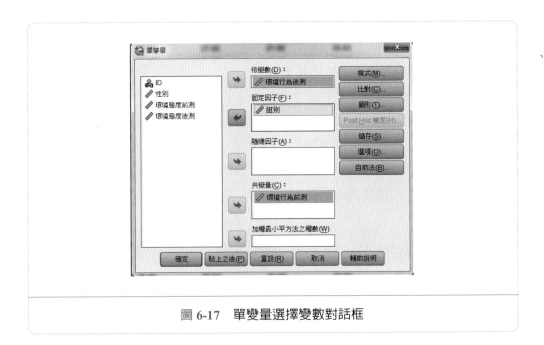

圖 6-17　單變量選擇變數對話框

3. 按「模式」後出現「單變量：模式」的次對話方塊。

在指定模式中選取「自定」，在模式下選入「組別、環境行為前測、環境行為前測 * 組別」並按繼續。

圖 6-18　單變量中模式對話框 (1)

在圖 6-18「單變量：模式」次對話視窗，（因子與共變量）的清單變數中，SPSS 在列出因子和共變量時，會用 (F) 代表固定因子，用 (C) 代表共變量，如組別 (F) 變數，表示變項組別為固定因子變項，也就是自變項；而環境行為前測 (C) 變數，表示變項環境行為前測為共變量。

建立效果項的選單中，包括交互作用、主要效果項、完全二因子、完全三因子、完全四因子。交互作用項為預設值，會建立所有選取變項的最高階交互作用項。

（三）迴歸斜率同質性檢定──報表說明

下表為組內迴歸係數同質性的檢定，組內迴歸係數同質性考驗結果（組別 * 環境行為前測列之資料），F 值 = 0.572，p = 0.453 > 0.05，未達顯著水準，接受虛無假設，表示 2 組迴歸線的斜率相同。所以共變項（環境行為前測分數）與依變項（環境行為後測分數）間的關係不會因各自變項處理水準的不同而有所不同，符合共變數組內迴歸係數同質性假設，可繼續進行共變數分析。

受試者間效應項的檢定					
依變數：環境行為後測					
來源	型 III 平方和	df	平均平方和	F	顯著性
校正後的模式	806.996ª	3	268.999	13.079	.000
截距	953.931	1	953.931	46.383	.000
組別	34.827	1	34.827	1.693	.200
環境行為前測	355.074	1	355.074	17.265	.000
組別 * 環境行為前測	11.765	1	11.765	.572	.453
誤差	925.493	45	20.567		
總數	83692.000	49			
校正後的總數	1732.490	48			

a. R 平方 = .466（調過後的 R 平方 = .430）

（四）共變數分析

1. 執行「分析」→「一般線性模式」→「單變量」，先按（重設）鈕，將之前的操作程序清除。

2. 將左邊的「環境行為後測」選入右邊依變數，將「組別」選入固定因子，「環境行為前測」選入共變量中。

3. 按「模式」鈕，出現（單變量：模式）次對話視窗，在指定模式中，選取左邊「完全因子設計」。

圖 6-19　單變量中模式對話框 (2)

4. 按「選項」鈕，出現「單變量：選項」對話視窗。

5. 將左邊的因子與因子交互作用下的 (OVERALL) 以及組別等選入右邊顯示平均數中，另外再勾選比較主效果。

6. 勾選「敘述統計」、「同質性檢定」、「效果大小估計值」、「參數估計值」等顯示的項目。

圖 6-20　單變量中選項對話框

7. 在「單變量」對話視窗中，按「比對」鈕，出現（單變量：對比）次對話視窗。

8. 在下方「變更比對」中選取「重複」的選項，並按變更。

圖 6-21　單變量中對比對話框

（五）共變數分析──報表說明

下表為自變項 2 個處理水準（實驗組與控制組）的受試者樣本在後測成績的原始平均數、標準差及個數。

此處的平均數為原始後測成績的平均數，未排除共變數（前測成績）的影響，並非是調整後的平均數。

敘述統計			
依變數：環境行為後測			
組別	平均數	標準離差	個數
控制組	38.0833	7.08284	24
實驗組	43.6000	2.92973	25
總數	40.8980	6.00779	49

下表為共變數分析檢定摘要表，排除環境行為前測（共變項）對環境行為後測（依變項）的影響後，自變項對依變項的影響效果檢定之 F 值 = 10.100，p = 0.003 < 0.05，達到顯著水準，表示受試者的環境行為會因不同的組別而有所差異。因為只有 2 組，所以觀察調整平均即可，若是有 3 個以上的組數，則需進行事後比較，確定哪幾對組別在依變項的平均數差異值達到顯著水準。

受試者間效應項的檢定						
依變數：環境行為後測						
來源	型 III 平方和	df	平均平方和	F	顯著性	淨相關 Eta 平方
校正後的模式	795.231[a]	2	397.616	19.515	.000	.459
截距	981.863	1	981.863	48.189	.000	.512
環境行為前測	422.575	1	422.575	20.740	.000	.311
組別	205.790	1	205.790	10.100	.003	.180
誤差	937.259	46	20.375			
總數	83692.000	49				
校正後的總數	1732.490	48				

a. R 平方 = .459（調過後的 R 平方 = .435）

下表為共變數之參數估計值。一般線性 (GLM) 的分析模式中，依據此參數估計值來換算調整後的平均數。共變數分析程序中，如果符合組內迴歸係數同質性的假定，在排除共變數對依變項的影響下，各組實際後測成績會根據環境行為前測的高低進行調整，此調整後的平均數才是共變數分析時所要進行差異性比較的數值。

參數估計值							
依變數：環境行為後測							
參數	B 之估計值	標準誤差	t	顯著性	95% 信賴區間		淨相關 Eta 平方
					下界	上界	
截距	26.924	3.771	7.139	.000	19.333	34.516	.526
環境行為前測	.423	.093	4.554	.000	.236	.610	.311
[組別 = 0]	−4.201	1.322	−3.178	.003	−6.862	−1.540	.180
[組別 = 1]	0^a	.	.	.	.	.	.

a. 由於這個參數重複，所以把它設成零。

下表為自變項 2 個處理水準調整後之平均數，此處的估計平均數即為調整後的平均數，乃由上面的參數估計值換算而來。

估計值				
依變數：環境行為後測				
組別	平均數	標準誤差	95% 信賴區間	
			下界	上界
控制組	38.755^a	.933	36.876	40.633
實驗組	42.956^a	.914	41.116	44.795

a. 使用下列值估計出現在模式的共變量：環境行為前測 = 37.8776。

下表為事後比較結果，其報表呈現與單因子變異數分析相同。共變數的多重比較是以調整後平均數為組間差異值的比較，由多重事後比較表可以發現：實驗組的表現行為顯著的優於控制組。

成對比較						
依變數：環境行為後測						
(I) 組別	(J) 組別	平均差異 (I-J)	標準誤差	顯著性[b]	差異的 95% 信賴區間[b]	
					下界	上界
控制組	實驗組	−4.201*	1.322	.003	−6.862	−1.540
實驗組	控制組	4.201*	1.322	.003	1.540	6.862
根據估計的邊緣平均數而定						

*. 平均差異在 .05 水準是顯著的。

b. 調整多重比較：最低顯著差異（等於未調整值）。

以下則是單變量的檢定結果。

單變量檢定						
依變數：環境行為後測						
	平方和	df	平均平方和	F	顯著性	淨相關 Eta 平方
對比	205.790	1	205.790	10.100	.003	.180
誤差	937.259	46	20.375			

F 檢定組別的效果。這個檢定是根據所估計邊緣平均數的線性獨立成對比較而定。

獨立樣本單因子共變數分析的結果整理如下所示。

表 6-17　不同組別與環境行為的共變數分析結果摘要表

教學模式	成就分數			
	觀察平均數	調整平均數	標準差	個數
控制組	38.08	38.76	7.08	24
實驗組	43.60	42.96	2.93	25
來源	SS	df	MS	F
前測	422.575	1	422.575	20.740*
組別	205.790	1	205.790	10.100*
誤差	937.259	46	20.375	

P.S. $R^2 = 0.459$，調整後的 $R^2 = 0.435$，以前測為調節變項後的調整平均數 $= 37.88$，迴歸同質性檢定未達顯著 $(F = 0.572, p = 0.453 > 0.05)$，符合共變數分析的基本假設。

*$p < 0.05$

表 **6-18**　環境行為後測控制下，不同組別的多重比較與平均數差異資料一覽表

比對	平均差異	標準誤差 (S.E.)	差異 95% 的信賴區間
實驗組 vs. 控制組	4.201*	1.322	1.540,6.862

P.S. 調整平均數是以前測 = 37.88 為基礎加以調整

分析的結果可說明如下。

排除前測分數對後測分數的影響後，自變項對依變項的影響效果檢定結果 (F = 10.100, p = 0.003) 達到顯著水準，表示經過持續安靜閱讀實驗處理的實驗組，在環境行為和控制組有顯著的差異，而實驗組後測調整後平均數 (M = 42.96) 高於控制組 (M = 38.76)，因此研究結果顯示持續安靜閱讀下的國小二年級學生環境行為顯著優於傳統式閱讀教學。

二、大學新生逃避行為實驗共變數分析

【範例 6-2】獨立樣本單因子共變數分析 (2)

下列資料為針對大學新生，考驗行為演練 (Behavioral Rehearsal, BH)、行為演練與認知重建 (Cognitive Restructuring, CR) (BH + CR) 在降低焦慮和促進社會技能上，所進行蒐集的資料。33 位受試者隨機分派至 3 組，每組有 11 位受試者，而這 3 組分別是 BH、BHCR 以及 CONTROL。其中的控制組 (CONTROL) 並未進行任何的實驗處理。

測量的變項為逃避行為，而所有的組別在未介入處理之前都先有逃避行為的前測，實驗處理結束之後再同時進行逃避行為的後測。

進行共變數分析之前，需要先考驗是否符合迴歸同質性檢定的假設。考驗結果，迴歸同質性的考驗結果並未達到顯著 (F = 0.668, p = 0.521 > 0.05)，因此符合共變數分析的迴歸同質性檢定的假設，繼續進行共變數分析。

受試者間效應項的檢定					
依變數：逃避後測					
來源	型 III 平方和	df	平均平方和	F	顯著性
校正後的模式	9182.548ª	5	1836.510	16.115	.000
截距	1590.068	1	1590.068	13.952	.001

（續）

受試者間效應項的檢定					
依變數：逃避後測					
來源	型 III 平方和	df	平均平方和	F	顯著性
組別	345.196	2	172.598	1.514	.238
逃避前測	5298.802	1	5298.802	46.494	.000
組別 * 逃避前測	152.306	2	76.153	.668	.521
誤差	3077.088	27	113.966		
總數	474588.000	33			
校正後的總數	12259.636	32			

a. R 平方 = .749（調過後的 R 平方 = .703）

共變數分析結果如下（操作步驟請參考前一個範例）。

下表為敘述統計的報表結果。

敘述統計			
依變數：逃避後測			
組別	平均數	標準離差	個數
BH	116.91	17.231	11
BHCR	132.27	16.168	11
CONTROL	105.91	16.790	11
總數	118.36	19.573	33

下表為受試者間效應項的檢定結果。

受試者間效應項的檢定								
依變數：逃避後測								
來源	型 III 平方和	df	平均平方和	F	顯著性	淨相關 Eta 平方	Noncent. 參數	觀察的檢定能力[b]
校正後的模式	9030.243[a]	3	3010.081	27.031	.000	.737	81.092	1.000
截距	1719.396	1	1719.396	15.440	.000	.347	15.440	.967

（續）

受試者間效應項的檢定								
依變數：逃避後測								
來源	型 III 平方和	df	平均平方和	F	顯著性	淨相關 Eta 平方	Noncent. 參數	觀察的檢定能力[b]
逃避前測	5172.606	1	5172.606	46.450	.000	.616	46.450	1.000
組別	1915.446	2	957.723	8.600	.001	.372	17.201	.950
誤差	3229.394	29	111.358					
總數	474588.000	33						
校正後的總數	12259.636	32						

a. R 平方 = .737（調過後的 R 平方 = .709）

b. 使用 alpha = .05 計算

下表為邊緣平均數的估計結果。

估計值				
依變數：逃避後測				
組別	平均數	標準誤差	95% 信賴區間	
			下界	上界
BH	119.349[a]	3.202	112.801	125.898
BHCR	127.392[a]	3.261	120.722	134.062
CONTROL	108.349[a]	3.202	101.801	114.898

a. 使用下列值估計出現在模式的共變量：逃避前測 = 106.67。

下表為成對比較結果。

成對比較						
依變數：逃避後測						
(I) 組別	(J) 組別	平均差異 (I-J)	標準誤差	顯著性[b]	差異的 95% 信賴區間[b]	
					下界	上界
BH	BHCR	-8.042	4.626	.093	-17.504	1.419
	CONTROL	11.000*	4.500	.021	1.797	20.203
BHCR	BH	8.042	4.626	.093	-1.419	17.504
	CONTROL	19.042*	4.626	.000	9.581	28.504
CONTROL	BH	-11.000*	4.500	.021	-20.203	-1.797
	BHCR	-19.042*	4.626	.000	-28.504	-9.581
根據估計的邊緣平均數而定						

*. 平均差異在 .05 水準是顯著的。

b. 調整多重比較：最低顯著差異（等於未調整值）。

可將上述的統計分析報表整理成共變數分析結果摘要表。

表 6-19　不同教學型態與動機學習成就的共變數分析結果摘要表

教學模式	成就分數			
	觀察平均數	調整平均數	標準差	個數
BH	116.91	119.35	17.23	11
BH + CR	132.27	127.39	16.17	11
Control	105.91	108.35	16.79	11
來源	SS	df	MS	F
逃避前測	5172.61	1	5172.61	46.45*
組別	1915.45	2	957.72	8.60*
誤差	3229.39	29	111.36	

P.S. $R^2 = 0.74$，調整後的 $R^2 = 0.71$，以逃避前測為調節變項後的調整平均數 = 106.67，迴歸同質性檢定未達顯著 $(F = 0.67, p > 0.05)$，符合共變數分析的基本假設。

*$p < 0.05$

表 6-20 為控制逃避前測下不同組別的多重比較與平均數差異資料一覽表。

表 6-20 控制逃避前測下不同組別的多重比較與平均數差異資料一覽表

比對	平均差異	標準誤差 (S.E.)	差異 95% 的信賴區間
BH vs. BH + CR	−8.04	4.63	−19.80, 3.71
BH vs. Control	11.00	4.50	−0.43, 22.43
BH + CR vs. Control	19.04*	4.63	7.29, 30.80

P.S. 調整平均數是以逃避前測 = 106.67 為基礎加以調整

BH = Behavioral Rehearsal

CR = Cognitive Restructuring

　　排除前測分數對後測分數的影響後，自變項對依變項的影響效果檢定結果 ($F = 8.60$, $p < 0.05$) 達到顯著水準，表示經過不同的實驗處理後的實驗組別，在逃避行為和控制組有顯著的差異，而實驗組 (BH + CR) 後測調整後平均數 ($M = 127.39$) 高於控制組 ($M = 108.35$)，因此研究結果顯示實驗介入 (BH + CR) 的處理對於大學新生在逃避行為的表現有所助益。

三、數學成就教學實驗共變數分析

【範例 6-3】獨立樣本單因子共變數分析 (3)

　　研究者想要了解同儕交互指導 (Reciprocal peer tutoring, RPT) 的策略對於學生數學素養能力的影響，研究設計是將受試者隨機分派至 RPT、Tutor Only、Test Only 以及控制組等 4 組。實驗介入前先實施數學素養能力的前測，實驗介入 4 週結束後再實施數學素養能力的後測。

　　進行共變數分析之前，先檢驗迴歸斜率之同質性假設是否符合。

迴歸斜率同質性檢定

分析→一般線性模式→單變量

受試者間效應項的檢定					
依變數：math_posttest					
來源	型 III 平方和	df	平均平方和	F	顯著性
校正後的模式	1942.590a	7	277.513	14.602	.000
截距	2963.563	1	2963.563	155.931	.000
study_condition	341.008	3	113.669	5.981	.003

（續）

受試者間效應項的檢定					
依變數：math_posttest					
來源	型 III 平方和	df	平均平方和	F	顯著性
math_pretest	612.298	1	612.298	32.217	.000
study_condition * math_pretest	222.032	3	74.011	3.894	.020
誤差	494.146	26	19.006		
總數	247577.000	34			
校正後的總數	2436.735	33			

a. R 平方 = .797（調過後的 R 平方 = .743）

因為迴歸同質性檢定達顯著 $(F = 3.894, p = 0.020 < 0.05)$，所以需選擇多重比較的方式來進行後續的共變數分析。首先進行共變數（數學前測分數）的描述統計，計算其平均數及標準差，利用描述性統計資料可以計算出其數學前測分數的平均及標準差資料如下所示。

統計量		
math_pretest		
個數	有效的	34
	遺漏值	0
平均數		47.0588
標準差		8.0451

因此計算出 3 個數學前測分數為如下所示。(1) $M = 47.0588$，(2) $M + SD = 47.0588 + 8.0451 = 55.10$，(3) $M - SD = 47.0588 - 8.0451 = 39.01$。以下將利用上述三個數學前測分數來進行共變數分析，利用上述所撰寫的語法修改成 3 個判斷值如下。

```
UNIANOVA math_posttest BY study_condition WITH math_pretest
  /METHOD = SSTYPE(3)
  /INTERCEPT = INCLUDE
```

```
   /EMMEANS = TABLES(study_condition) WITH(math_pretest = MEAN) COMPARE
ADJ(BONFERRONI)
   /EMMEANS = TABLES(study_condition) WITH(math_pretest = 39.01) COMPARE
ADJ(BONFERRONI)
   /EMMEANS = TABLES(study_condition) WITH(math_pretest = 55.10) COMPARE
ADJ(BONFERRONI)
   /PRINT = DESCRIPTIVE PARAMETER
   /CRITERIA = ALPHA(.05)
   /DESIGN = math_pretest study_condition math_pretest*study_condition.
```

當數學前測分數 = 47.06 時，以下為程式分析的結果。下表估計值為 4 組共變數分析後的調整平均數。

以下將呈現當數學前測分數 = 平均數、39.01 以及 55.10 等 3 個情況下調整平均數估計的情形。

(1) 數學前測分數 = 平均數 (47.06)

估計值				
依變數：math_posttest				
study_condition	平均數	標準誤差	95% 信賴區間	
			下界	上界
Control	78.906[a]	1.381	76.068	81.744
RPT	92.865[a]	1.565	89.647	96.083
Test_Only	82.677[a]	1.456	79.685	85.669
Tutor_Only	88.447[a]	1.687	84.979	91.915

a. 使用下列值估計出現在模式的共變量：math_pretest = 47.06。

下表為成對比較的分析結果。

成對比較						
依變數：math_posttest						
(I) study_condition	(J) study_condition	平均差異 (I-J)	標準 誤差	顯著性[b]	差異的 95% 信賴區間[b]	
					下界	上界
Control	RPT	−13.959[*]	2.087	.000	−19.919	−7.999
	Test_Only	−3.771	2.006	.428	−9.500	1.957
	Tutor_Only	−9.541[*]	2.180	.001	−15.766	−3.317
RPT	Control	13.959[*]	2.087	.000	7.999	19.919
	Test_Only	10.188[*]	2.138	.000	4.084	16.292
	Tutor_Only	4.418	2.301	.396	−2.154	10.990
Test_Only	Control	3.771	2.006	.428	−1.957	9.500
	RPT	−10.188[*]	2.138	.000	−16.292	−4.084
	Tutor_Only	−5.770	2.228	.093	−12.133	.592
Tutor_Only	Control	9.541[*]	2.180	.001	3.317	15.766
	RPT	−4.418	2.301	.396	−10.990	2.154
	Test_Only	5.770	2.228	.093	−.592	12.133
根據估計的邊緣平均數而定						

*. 平均差異在 .05 水準是顯著的。

b. 調整多重比較：Bonferroni。

(2) 數學前測分數 = 39.01

估計值				
依變數：math_posttest				
study_condition	平均數	標準誤差	95% 信賴區間	
			下界	上界
Control	73.536[a]	1.992	69.441	77.631
RPT	92.803[a]	2.483	87.699	97.907
Test_Only	75.404[a]	1.925	71.446	79.361
Tutor_Only	82.936[a]	2.293	78.222	87.649

a. 使用下列值估計出現在模式的共變量：math_pretest = 39.01。

成對比較						
依變數：math_posttest						
(I) study_condition	(J) study_condition	平均差異 (I-J)	標準 誤差	顯著性[b]	差異的 95% 信賴區間[b]	
					下界	上界
Control	RPT	−19.267*	3.183	.000	−28.357	−10.177
	Test_Only	−1.868	2.770	1.000	−9.779	6.043
	Tutor_Only	−9.400*	3.038	.028	−18.074	−.726
RPT	Control	19.267*	3.183	.000	10.177	28.357
	Test_Only	17.400*	3.142	.000	8.428	26.372
	Tutor_Only	9.867*	3.380	.043	.216	19.519
Test_Only	Control	1.868	2.770	1.000	−6.043	9.779
	RPT	−17.400*	3.142	.000	−26.372	−8.428
	Tutor_Only	−7.532	2.994	.110	−16.082	1.018
Tutor_Only	Control	9.400*	3.038	.028	.726	18.074
	RPT	−9.867*	3.380	.043	−19.519	−.216
	Test_Only	7.532	2.994	.110	−1.018	16.082
根據估計的邊緣平均數而定						

*. 平均差異在 .05 水準是顯著的。

b. 調整多重比較：Bonferroni。

(3) 數學前測分數 = 55.10

估計值				
依變數：math_posttest				
study_condition	平均數	標準誤差	95% 信賴區間	
			下界	上界
Control	84.270[a]	1.886	80.393	88.148
RPT	92.927[a]	2.081	88.649	97.204
Test_Only	89.944[a]	2.039	85.752	94.135
Tutor_Only	93.953[a]	2.842	88.111	99.796

a. 使用下列值估計出現在模式的共變量：math_pretest = 55.10。

成對比較						
依變數：math_posttest						
(I) study_condition	(J) study_condition	平均差異 (I-J)	標準 誤差	顯著性[b]	差異的 95% 信賴區間[b]	
					下界	上界
Control	RPT	−8.656[*]	2.808	.029	−16.676	−.637
	Test_Only	−5.673	2.778	.308	−13.605	2.258
	Tutor_Only	−9.683	3.411	.052	−19.423	.058
RPT	Control	8.656[*]	2.808	.029	.637	16.676
	Test_Only	2.983	2.913	1.000	−5.336	11.302
	Tutor_Only	−1.026	3.523	1.000	−11.085	9.032
Test_Only	Control	5.673	2.778	.308	−2.258	13.605
	RPT	−2.983	2.913	1.000	−11.302	5.336
	Tutor_Only	−4.009	3.498	1.000	−13.998	5.979
Tutor_Only	Control	9.683	3.411	.052	−.058	19.423
	RPT	1.026	3.523	1.000	−9.032	11.085
	Test_Only	4.009	3.498	1.000	−5.979	13.998
根據估計的邊緣平均數而定						

*. 平均差異在 .05 水準是顯著的。

b. 調整多重比較：Bonferroni。

　　將上述在 3 種不同情形下的調整平均數以及成對比較的分析結果，摘要如下所述。

表 6-21　不同實驗介入與數學素養能力的共變數分析結果摘要表

教學模式	成就分數			
	觀察平均數	調整平均數	標準差	個數
RPT	92.88	Varies	4.09	8
Test Only	82.22	Varies	8.50	9
Tutor Only	87.43	Varies	7.16	7
Control	79.20	Varies	7.39	10

表 6-21 （續）

教學模式	成就分數			
	觀察平均數	調整平均數	標準差	個數
來源	SS	df	MS	F
Study Condition (SC)	341.01	3	113.67	5.98*
Math Pretest (P)	612.30	1	612.30	32.22*
SC X P	222.03	3	74.01	3.89*
誤差	494.15	26	19.01	

P.S. $R^2 = 0.80$，調整後的 $R^2 = 0.74$，以動機為調節變項後的調整平均數 = 5.28，迴歸同質性檢定達顯著 $(F = 1.03, p > 0.05)$，符合共變數分析的基本假設。

*$p < 0.05$

表 6-22　不同實驗介入與數學素養能力的多重比較分析結果一覽表

比較	調整平均數差異	差異的標準誤	差異調整的 95% 信賴區間
數學前測 = M − SD = 39.01			
RPT vs. Control	19.27*	3.18	10.18,28.36
RPT vs. Test Only	17.40*	3.14	8.43,26.37
RPT vs. Tutor Only	9.87*	3.38	0.22,19.52
數學前測 = M = 47.06			
RPT vs. Control	13.96*	2.09	8.00,19.92
RPT vs. Test Only	10.19*	2.14	4.08,16.29
RPT vs. Tutor Only	4.42	2.30	−2.15,10.99
數學前測 = M + SD = 55.10			
RPT vs. Control	8.66*	2.81	0.64,16.68
RPT vs. Test Only	2.98	2.91	−5.34,11.30
RPT vs. Tutor Only	−1.03	3.52	−11.09,9.03

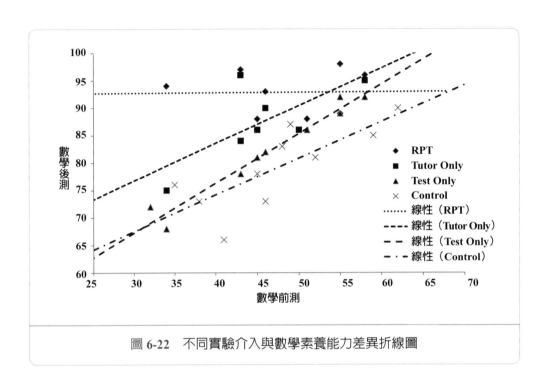

圖 6-22　不同實驗介入與數學素養能力差異折線圖

四、閱讀流暢性教學實驗共變數分析

【範例 6-4】獨立樣本單因子共變數分析 (4)

　　某位教師想要了解在持續安靜閱讀的教學法中不同性別學生的閱讀流暢性是否有所差異，其中男生有 8 位，女生有 12 位，合計 20 位。同時在使用教學法前有做一個閱讀流暢性的測驗，在使用教學法後，做了一個後測的測驗，其資料如表 6-23 所述。

表 6-23　閱讀流暢性測驗前後測資料一覽表

女生		男生	
前測	後測	前測	後測
61.02	72.56	48.65	51.43
66.79	61.57	47.69	54.19
32.81	20.44	9.00	11.68
74.84	93.26	52.58	41.10

表 **6-23** （續）

女生		男生	
前測	後測	前測	後測
24.05	15.68	66.37	45.60
33.77	42.69	48.80	55.47
7.62	12.00	51.90	38.48
11.57	15.00	45.21	34.59
40.56	43.00	42.63	47.42
30.66	23.57		
54.65	62.63		
33.45	36.92		
65.31	87.80		
61.90	83.41		
34.27	34.48		

　　進行共變數分析之前，先檢驗迴歸斜率之同質性假設是否符合。若迴歸係數同質採用共變數分析，而若不同質時則採用 Johnson 與 Neyman 的方法，下述為迴歸係數同質性檢定的結果。

Source	SS	df	MS	F	P
Between	571.375	1	571.375	6.579	0.008
Within	1737.028	20	86.851		
Total	2308.402	21			

　　由上述迴歸係數同質性檢定的結果可以得知，達顯著水準 ($p = 0.008$)，因此迴歸係數不同質，所以要利用 Johnson 與 Neyman 的方法來進行共變數分析。分析結果如下。

Source	SSw(X j)	SSw(Y j)	CPwj	df	SSw"(Y j)	df	bwj	awj
實驗組	5999.33	11017.48	7713.08	14	1101.12	13	1.286	−7.277
控制組	1891.59	1448.28	1239.63	8	635.90	7	0.655	12.157
全體	7890.92	12465.77	8952.71	22	1737.03	20		

其中 2 條迴歸線的交叉點 $X0 = 30.83$，$A = 0.13$，$B = -0.43$，$C = -222.12$，$Xd1 = 43.93$，$Xd2 = -37.59$，所以在 43.93 以上實驗組明顯高於控制組，而在 −37.59 以下則是低於控制組，以下為繪圖的示意結果。

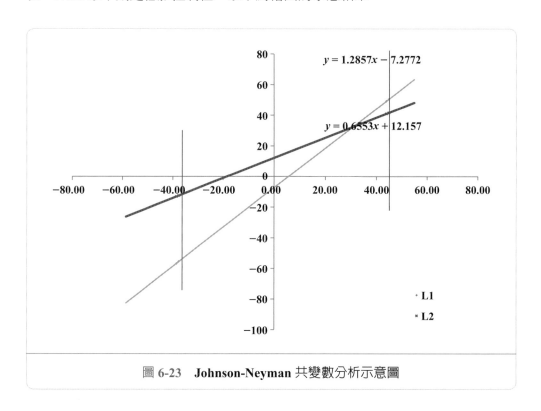

圖 6-23　**Johnson-Neyman** 共變數分析示意圖

至於原始平均數與調整後的平均數為：實驗組依變項的原始平均數為 47.00，控制組依變項的原始平均數為 42.22，而實驗組依變項調整後的平均數為 48.55，而控制組依變項調整後的平均數則為 39.63。

共變數分析結果，APA 撰寫結果格式如下所示。

流暢性的檢定結果中得到 $(F = 6.579，p = 0.018 < 0.05)$ 達顯著水準，因此接

受對立假設，拒絕虛無假設，代表不符合共變數組內迴歸係數同質性假設，需要改採詹森—內曼法 (Johnson-Neyman)，統計結果如表 6-24 所示。

表 6-24 不同性別學生在「常見字流暢性測驗」流暢性詹森—內曼法摘要表

變異來源	$SS_{w(X)}$	$SS_{w(Y)}$	CP_{wj}	df	$SS_{w(Y)}$	df	bwj	awj
男生	5999.33	11017.48	7713.08	14	1101.12	13	1.286	-7.277
女生	1891.59	1448.28	1239.63	8	635.90	7	0.655	12.157

　　由表 6-24 之資料，代入林清山 (1994) 所提出的詹森—內曼法公式，可獲得 2 條相交的迴歸線，其交叉點為 30.83，亦即流暢性前測分數 30.83 分；而男生與女生有顯著差異的兩個分數區間，為 43.93 與 -37.59，此區間無法宣稱男女生在流暢性後測分數有顯著差異。在流暢性前測分數 43.93 以上者，男生優於女生，而男生前測分數高於 43.93 有 6 人，占 40%；女生前測分數高於 43.93 有 7 人，占 78%，因此男生高分組的流暢性分數顯著高於女生，也就是持續安靜閱讀能顯著提升男生高分組的閱讀流暢性，研究假設部分獲得支持。

相關與迴歸

　　社會及行為科學研究者所蒐集的資料中，以連續變項最為常見。處理單獨一個連續變項時，可用次數分配表或圖示法來表現資料的特性，亦可以使用平均數、標準差等描述性統計量來描繪資料的集中與離散情況。而相關則是繼集中量數、變異量數及相對地位量數等單一描述統計量數後，開始針對 2 個以上的變項加以描述的統計方法。人文社會科學研究所涉及的議題，往往會同時牽涉到 2 個以上連續變數之間關係的探討，此時，這 2 個連續變項共同變化的情形，稱為共變 (covariance)。而共變即是連續變項相關分析的主要基礎，在線性關係假設成立的情況下，迴歸分析是以線性方程式來進行統計決策與應用，又稱為線性迴歸 (linear regression)。在教育研究法中調查、相關以及實驗法為量化主要的研究方法，而相關研究即是其中主要研究方法之一。相關研究法中主要的統計方法為相關、迴歸、複迴歸、淨相關、區辨分析、路徑分析、因素分析及結構方程模式。以下將陸陸續續介紹相關研究中所利用的統計分析方法。

壹、線性關係

　　所謂的線性關係 (linear relationship) 是指 2 個變項的關係呈現直線般的共同變化，而數據的分布可以被一條最具代表性的直線來表達的關聯情形，一般皆會用散布圖（如圖 7-1 所示）來表示線性關係。

　　該直線之方程式為 $Y = bx + a$，b 為斜率（即 $\Delta y/\Delta x$，每單位的 X 變動時，在 Y 軸上所變動的量），當相關係數具有統計上的意義時，該線性方程式就可以拿來進行統計決策應用，因此又稱為迴歸方程式 (regression equation)。

　　常見有 5 種不同的相關情形，主要依序為：(1) 完全正相關 (perfect positive correlation)；(2) 完全負相關 (perfect negative correlation)；(3) 正相關 (positive correlation)；(4) 負相關 (negative correlation)；(5) 零相關 (zero correlation)。

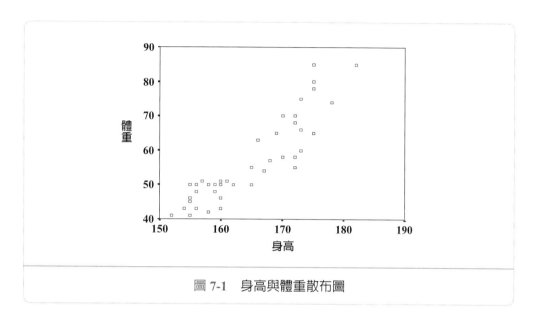

圖 7-1　身高與體重散布圖

表 7-1　五種常見的相關情形

關聯情形		關聯方向	
		正向關係	負向關係
關聯強度	完全關聯	完全正相關	完全負相關
	有關聯	正相關	負相關
	無關聯	零相關	

一、正相關

　　何謂正相關，假使我們發現下列的情形，當高中成績愈好的學生，大學聯考成績也愈好；或者是，高中成績愈差的學生，大學聯考成績也愈差，我們就說這兩個變數之間有正相關。

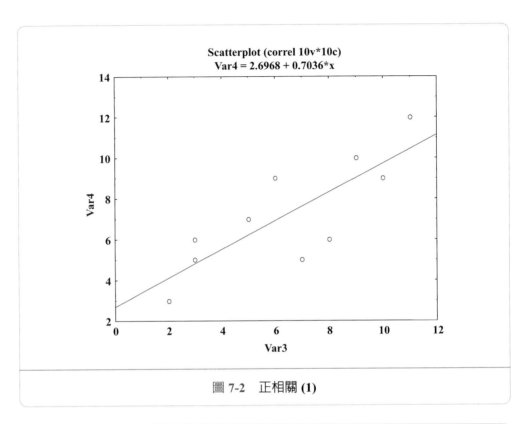

圖 7-2　正相關 (1)

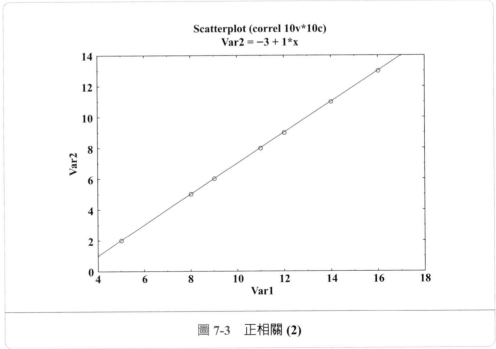

圖 7-3　正相關 (2)

二、負相關

　　假如我們發現下列的情形，即是負相關。當情緒困擾測驗分數愈高的人，其學業成就測驗之分數愈低；或者是，情緒困擾測驗分數愈低的人，其學業成就測驗之分數愈高，則我們就說這兩個變數之間有負相關。

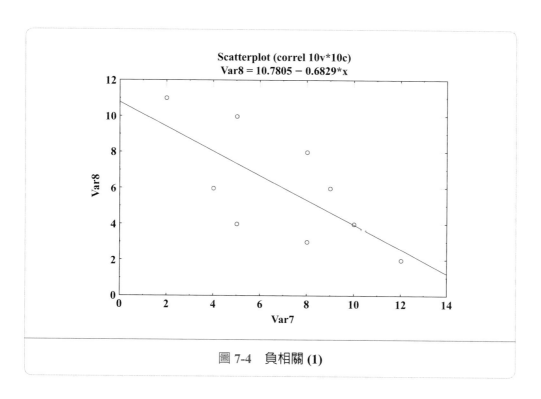

圖 7-4　負相關 (1)

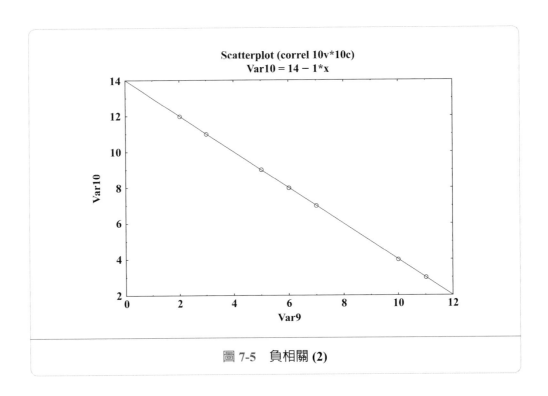

圖 7-5　負相關 **(2)**

三、零相關

　　有時我們常會發現 2 個變數之間根本沒有任何關係存在，例如學生的腰圍長度與他們的智力測驗成績之間找不出有什麼關係，我們就說這 2 個變數之間有零相關。

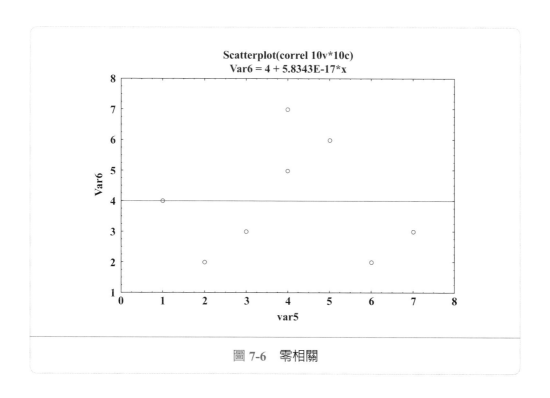

圖 7-6　零相關

貳、積差相關的原理與特性

　　相關的概念可用於描述 2 個連續變項的線性關係，而用來描述相關情形的統計量數，即稱為相關係數 (coefficient of correlation)。

　　由下列的公式中可以得知，相關係數的計算主要是以 2 個變項之關的共變關係為主，因為共變數 (C_{xy}) 與相關係數是息息相關的；另外與積差相關與離均差交乘積和 (SP_{xy}) 也是具有密切的關係。至於變異數與共變數都是變數之間的變異情形，只是共變數所探討的是 2 個變項交叉乘積，而變異數則為自乘平方，以下將詳細說明變異數與共變數、積差相關係數等之間的關係。

$$C_{XY} = \frac{\Sigma(X - \overline{X})(Y - \overline{Y})}{N - 1}$$

$$r = \frac{C_{xy}}{s_x s_y} = \frac{\Sigma(X - \overline{X})(Y - \overline{Y})}{\sqrt{\Sigma(X - \overline{X})^2 (Y - \overline{Y})^2}} = \frac{SP_{xy}}{\sqrt{SS_x \, SS_y}}$$

$$S_x^2 = \frac{\Sigma(X - \overline{X})^2}{N - 1} = \frac{SS_x}{N - 1}$$

一、變異數與共變數

對於某一個具有 N 個觀察值的樣本，母體變異數的不偏估計數是將離均差平方合 (SS) 除以 $N - 1$ 而得，亦即求取以平均數為中心的離散性的單位面積。

$$S_x^2 = \frac{\Sigma(X - \overline{X})^2}{N - 1} = \frac{SS_x}{N - 1}$$

現在若要以一個統計量數來描述 2 個連續變數 X 與 Y 的分析情形，則因為 2 個變項各有其不同的離散情形，故需各取離均差 $X - \overline{X}$ 與 $Y - \overline{Y}$ 來反應兩者的離散性。兩個離均差相乘之後加總，得到積差和 (sum of the cross-product)，除以 $N - 1$ 後所得的離散量數，即為母體的 2 個變項的共同變化不偏估計值，即共變數，共變數公式如下所示。

$$C_{xy} = \frac{\Sigma(X - \overline{X})(Y - \overline{Y})}{N - 1} = \frac{SP_{xy}}{N - 1}$$

二、積差相關係數

共變數就像變異數一樣，是帶有單位的量數，其數值沒有一定的範圍，會隨著單位的變化而變化。積差相關係數 (Pearson's)：去除單位是以 2 個變數的標準差作為分母，將共變數除以 2 個變數的標準差，即得標準化關聯係數。

$$r = \frac{C_{xy}}{S_x S_y} = \frac{\Sigma(X - \overline{X})(Y - \overline{Y})}{\sqrt{\Sigma(X - \overline{X})^2 (Y - \overline{Y})^2}} = \frac{SP_{xy}}{\sqrt{SS_x SS_y}}$$

亦可將 2 個變項轉換為標準 Z 分數來求得係數值。

$$r = \frac{\Sigma Z_x Z_y}{N-1} \ , \ \because Z_x = \frac{X - \overline{X}}{S_x} \ , \ Z_y = \frac{Y - \overline{Y}}{S_y}$$

【範例 7-1】積差相關計算範例

以下為積差相關的計算範例，下面的範例總共蒐集 10 位高中學生的高中成績以及大學指考的分數，請計算這 10 位同學的高中成績與大學指考分數的相關程度為何？

學生	高中成績			大學指考成績				
	X	X^2	Z_x	Y	Y^2	Z_y	$Z_x Z_y$	XY
A01	11	121	1.547	12	144	1.846	2.856	132
A02	10	100	1.210	9	81	0.692	0.838	90
A03	6	36	−0.134	9	81	0.692	−0.093	54
A04	5	25	−0.470	7	49	−0.077	0.036	35
A05	3	9	−1.143	5	25	−0.846	0.968	15
A06	7	49	0.201	5	25	−0.846	−0.171	35
A07	3	9	−1.143	6	36	−0.462	0.528	18
A08	8	64	0.538	6	36	−0.462	−0.248	48
A09	9	81	0.874	10	100	1.077	0.942	90
A10	2	4	−1.480	3	9	−1.615	2.391	6
	64	498		72	586		8.046	

以下則為計算所需應用的相關公式。

$$r_{xy} = \frac{\Sigma Z_x Z_y}{N-1}$$

因為 $\Sigma Z_x Z_y = 7.2416$，所以 $r_{xy} = \frac{\Sigma Z_x Z_y}{N-1} = \frac{7.2416}{10-1} = 0.8046$

$$r_{xy} = \frac{\Sigma(X - \overline{X})(Y - \overline{Y})}{(N-1) S_x S_y}$$

$$= \frac{C_{xy}}{S_x S_y}$$

$$C_{xy} = \frac{\Sigma(X - \overline{X})(Y - \overline{Y})}{N - 1}$$

$$= \frac{\Sigma(X - 6.40)(Y - 7.20)}{10 - 1}$$

$$= \frac{62.20}{9}$$

$$= 6.9111$$

$$S_x = 3.1304$$

$$S_y = 2.7406$$

所以 $r_{xy} = \dfrac{C_{xy}}{S_x S_y} = \dfrac{6.9111}{3.1304 \times 2.7406} = 0.8046$

$$CP = 62.20$$

$$SS_x = 88.40$$

$$SS_y = 67.60$$

$$r_{xy} = \frac{\Sigma XY}{\sqrt{\Sigma x^2}\sqrt{\Sigma y^2}}$$

$$= \frac{\Sigma(X - \overline{X})(Y - \overline{Y})}{\sqrt{\Sigma(X - \overline{X})^2}\sqrt{\Sigma(Y - \overline{Y})^2}}$$

$$= \frac{CP}{\sqrt{SS_x}\sqrt{SS_y}}$$

$$= \frac{62.20}{\sqrt{88.40}\sqrt{67.60}}$$

$$= 0.8046$$

$$\Sigma XY = 523$$

$$\Sigma X = 64$$

$$\Sigma Y = 72$$

$$N = 10$$

$$\Sigma X^2 = 498$$

$$\Sigma Y^2 = 586$$

$$r_{xy} = \frac{\sum XY - \dfrac{\sum X \sum Y}{N}}{\sqrt{\sum X^2 - \dfrac{(\sum X)^2}{N}} \sqrt{\sum Y^2 - \dfrac{(\sum Y)^2}{N}}}$$

$$= \frac{523 - \dfrac{64 \times 72}{10}}{\sqrt{498 - \dfrac{(64)^2}{10}} \sqrt{586 - \dfrac{(72)^2}{10}}}$$

$$= 0.8046$$

三、積差相關係數的特性

相關係數中主要的特性有以下 8 點：

1. 相關係數值介於 ±1 之間，其值不受變項單位與集中性的影響。
2. 相關係數值越接近 ±1 時，變項的關聯情形越明顯。
3. 完全正（負）相關 $r = \pm 1.00$，完全相關幾乎不曾出現在現實社會中的相關變項中。
4. 隨著共變數的大小與正負向，相關係數可以分為正相關、完全正相關、負相關、完全負相關、零相關 5 種情形。
5. 相關的大小需經顯著性檢定來證明是否顯著（是否有統計上的意義）。
6. 相關情形的大小並非與 r 係數大小成正比關係。
7. 相關並不等於因果。
8. 相關係數沒有單位，可以進行跨樣本的比較。

表 7-2 相關係數的強度大小與意義

相關係數範圍（絕對值）	變項的關聯程度
1.00	完全相關
.70 至 .99	高度相關
.40 至 .69	中度相關
.10 至 .39	低度相關
.10 以下	微弱或無相關

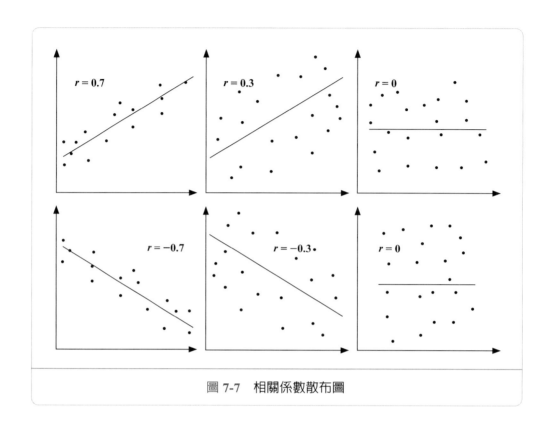

圖 7-7　相關係數散布圖

四、相關的假設考驗

相關係數數值是反應出 2 個連續變項關聯情形的強度大小，不過相關係數是否具有統計上的意義，則必須透過統計考驗來加以判斷。

$$t = \frac{r - \rho_0}{s_r} = \frac{r - \rho_0}{\sqrt{\dfrac{1 - r^2}{N - 2}}}$$

分子與分母兩者相除後，得到 t 分數，配合 t 分配，即可進行統計顯著性檢驗。相關係數的 t 檢定的自由度為 $N - 2$，因為 2 個變項各取一個自由度進行樣本變異數估計。相關係數是否具有統計上的意義，則必須透過統計考驗 (t-test) 來判斷，從樣本得到的 r 是否來自於相關為 0 的母體，即 $H_0 : \rho_0 = 0$，相關係數的 t 檢定的自由度為 $N - 2$，因為 2 個變項各取一個自由度進行樣本變異數估計。

參、變異數、共變數與相關係數

變異數、共變數及相關係數之間具有密切的關係，其中變異數所代表的是一群量數中，資料分散的情形，表示一個團體內各成員在某一個變項方面的個別差異大小；而共變數則是一種關聯性的指標，表示一群人中 2 個變項之間共變的情形。至於變異數分析 (analysis of variance, ANOVA) 及共變數分析 (analysis of covariance, ANCOVA) 二者都是比較 3 組以上平均數的差異，只是共變數分析需要一個調節的共變數來調節組間的平均數。變異數的特點是同一變數本身自乘，而共變數的特點在不同變數之間交乘，變異數還沒除以 N 之前是離均差平方和 (SS)，變異數開平方是標準差 (S/SD)；共變數還沒除以 N 之前是離均差交乘積和 (CP)，共變數除以第 1 個變數的標準差及第 2 個變數的標準差就是積差相關係數。

相關係數是 X 變數和 Y 變數各化為 z 分數後的共變數；共變數是 X 變數和 Y 變數尚未標準分數化之前的相關係數。相關係數乘以 X 的標準差及 Y 的標準差可以得到共變數 $C_{xy} = r_{xy} S_x S_y$。

肆、其他相關的概念

以下將介紹其他相關的概念，包括淨相關、部分相關、等級相關、點二系列相關、Eta 係數等，分別說明如下。

一、淨相關與部分相關

所謂淨相關 (partial correlation) 是在計算 2 個變項的相關係數時，把第 3 變項的影響加以控制的技術，主要公式如下所示。

$$r_{12.3} = \frac{r_{12} - r_{13} r_{23}}{\sqrt{1 - r_{13}^2} \sqrt{1 - r_{23}^2}}$$

簡單地說淨相關是分析 2 個變項間的相關，在去除第 3 個變項，是否仍保持不變。

　　至於部分相關 (part correlation) 亦稱為半淨相關 (semi partial correlation)，主要的意涵是在計算排除效果之時，僅處理第 3 變項與 X_1 與 X_2 當中某個變項的相關之時，所計算出來的相關係數。如果 2 個連續變項之間的關係，可能受到其他變項的干擾之時，或研究者想要把影響這 2 個變項的第 3 個變項效果排除，可以利用控制的方式，將第 3 變項的效果進行統計的控制。

$$r_{1(2.3)} = \frac{r_{12} - r_{13}r_{23}}{\sqrt{1 - r_{23}^2}}$$

　　簡單地說部分相關是將變項 A 中移除變項 B 的影響，形成新的變項 C，再探索 C 與依變項的關係為何。

二、斯皮爾曼等級相關

　　斯皮爾曼 (Spearman) 等級相關是適用於 2 個連續變數的線性關聯情形的描述，等級相關應用於順序變項線性關係之描述。例如當有 N 個學生的美術作品的評分，想要了解 2 位評分者對於這 N 位學生作品評分標準的一致性，可以藉由等級相關來加以證明。此時將學生作品的名次數據是由 1 到 N 加以排列，而這時的順序資料即類似於等距尺度的固定單位，所以可利用等級相關係數仿照積差相關的原理，來計算出 2 個順序變項的關聯性。

$$r_s = 1 - \frac{6 \sum D_i^2}{N(N^2 - 1)}$$

　　上述公式中，N 代表人數，D 為 2 個變項上名次上的差距 $R(X_i) - R(Y_i)$。等級相關係數的計算原理，即是取每一個觀察值在兩個順序變項的配對差異來分析這 2 個變項的相關程度，數值介於 -1 到 1 之間，愈接近 ± 1，表示這 2 個變項的相關性愈高。以上述作品的評比為例，這 2 個變項即是代表二位評分者的評分資料，因此若這 2 個變項的相關愈高，即代表這 2 位評分者評分愈一致，此即評分者信度的內涵。

三、點二系列相關 (point-biserial correlation)

　　當 X 與 Y 2 個變項中，一為連續變項，另一為二分類別變項（如性別），2 個變項的相關係數稱為點二系列相關。適用於二分變數的相關係數計算，主要公式如下所示。

$$r_{pb} = \frac{\overline{X}_p - \overline{X}_q}{s_t} \sqrt{pq}$$

　　r_{pb} 的係數數值介於 1.0 之間，絕對值愈大，表示 2 個變項的關係愈強。當 r_{pb} 係數為正時，表示二分變項數值大者，在連續變項上的得分愈高，當 r_{pb} 係數為負時，表示二分變項數值小者，在連續變項上的得分愈高，當 p 與 q 數值為愈接近 0.5 時，r_{pb} 的數值才有可能接近 1.0。

四、Eta 係數

　　Eta 係數可以適用於一個類別變項與連續變項的相關，Eta 係數的結果可以反映非線性關係的強度。原理是計算類別變項的每一個數值（類別）下，連續變項的離散情形占全體變異量的比例。各類別中，在連續變項上的組內離均差平方和，占總離均差平方和的百分比（以 X 無法解釋 Y 的誤差部分），比例愈小，表示兩變項的關聯愈強。

$$\eta = \sqrt{\frac{\Sigma(Y-\overline{Y})^2 - \Sigma(Y-\overline{Y}_k)^2}{\Sigma(Y-\overline{Y})^2}} = \sqrt{1 - \frac{\Sigma(Y-\overline{Y}_k)^2}{\Sigma(Y-\overline{Y})^2}}$$

　　η 係數數值類似積差相關係數，介於 0 至 1 之間，取平方後稱為 η^2，具有削減誤差百分比 (PRE) 的概念，又稱為相關比 (correlation ratio)。

表 7-3 常見的相關係數一覽表

分析方法	符號	變項1	變項2	目的
積差相關	r	連續變項	連續變項	分析變項間的直線關係
等級相關	ρ	等級變項	等級變項	
肯式相關	τ	等級變項	連續變項	
肯氏和諧係數	W	等級變項	等級變項	分析評分者的一致性
二系列相關	r_{bis}	人為二分變項	連續變項	分析試題鑑別力
點二系列相關	r_{pb}	真正二分變項	連續變項	
四分相關	r_{tes}	人為二分變項	人為二分變項	
φ 相關	ϕ	真正二分變項	真正二分變項	分析試題鑑別力
列聯相關	C	人為二分變項	人為二分變項	
相關比	η	連續變項	連續變項	分析非直線關係

伍、迴歸分析

迴歸分析 (Regression Analysis) 是繼相關分析後，除了想要了解兩個或多個變數間是否相關、相關方向與強度外，更進一步建立數學模型以便觀察特定變數，以此來測研究者感興趣變數的情形。迴歸分析是建立在自變項 X 與依變項 Y 之間關係的模型。簡單線性迴歸使用一個自變項 X，而複迴歸則是使用超過一個自變項以上。迴歸分析的緣起主要是來自於 1855 年，英國學者 Francis Galton 以「Regression toward mediocrity in heredity stature」，分析孩童身高與父母身高之間的關係，發現父母的身高可以預測子女的身高，父母的身高雖然會遺傳給子女，但子女的身高卻有逐漸「迴歸到中均數」的現象。亦即當父母親身高很高，孩子不會比父母高，父母親身高很矮很矮，則孩子的身高一般來說並不會比父母矮。

一、迴歸分析的概念

迴歸分析的原理是將連續變項的線性關係以一最具代表性的直線來表示，建立一個線性方程式 $\hat{Y} = a + bX$，b 為斜率，a 為截距。透過此一方程式，代入特定的 X 值，求得一個 Y 的預測值。此種以單一自變項 X 去預測依變項 Y 的過程，

稱為簡單迴歸 (simple regression)。簡單迴歸的應用上，例如以智力 (X) 去預測學業成就 (Y) 的迴歸分析，可獲得一個迴歸方程式，利用方程式所進行的統計分析，稱為 Y 對 X 的迴歸分析 (Y regress on X)。

$$\hat{Y} = a + bX$$

其中 b 稱為迴歸係數，a 則為截距項。

二、最小平方法與迴歸方程式

觀察值 (X, Y) 中將 X 值代入方程式，結果即為對 Y 變項的預測值，以 $\hat{Y}$ 來加以表示，其間的差異 $Y - \hat{Y}$ 即為殘差 (residual)，殘差所代表的是由迴歸方程式中無法準確預測的誤差。所利用的最小平方法為計算殘差平方和最小化的一種估計迴歸的方法，利用此種最小平方法原理所求得的迴歸方程式，稱為最小平方迴歸線。

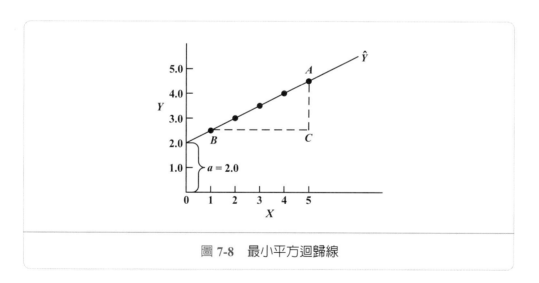

圖 7-8　最小平方迴歸線

例如 $\hat{Y} = 0.5X + 2.0$ 這一式子，便可以決定圖 7-8 的一條斜線應該斜成怎樣。在圖中斜率是指改變率或 $\dfrac{AC}{BC}$，亦即 AC 與 Y 軸平行且 BC 與 X 軸平行時，二者的比率。這比率為 1：2，亦即 0.5。正好是 $\hat{Y} = 0.5X + 2.0$ 這一式子中的 0.5，也

像公式中的 b。故公式中交叉點之距離，亦即當 $X = 0$ 時，Y 應該爲多少？在圖中就是 2.0。它正好是 $\hat{Y} = 0.5X + 2.0$，這一式子中的 2.0，也相當於公式中的 a。故公式中的 a 實際上爲「截距」。可見，決定最適合線的步驟事實上是決定斜率 b 和截距 a 的過程。而使各點至此線之平行於 Y 軸的距離之平方和變爲最小，也就是使 $\sum (Y - \hat{Y})^2$ 最小，亦即是讓 $\sum (Y - bX - a)^2$ 最小。

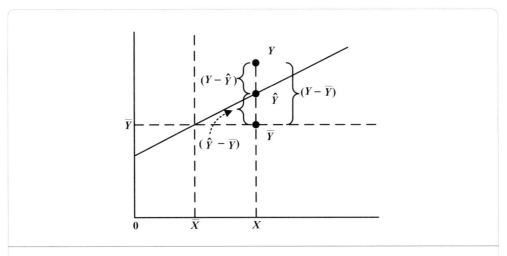

圖 7-9　迴歸分析各種離均差

以下爲最小平方法的證明。

$$\because \hat{Y} = a + bX$$

$$\therefore \sum (Y - \hat{Y})^2 = \sum (Y - a - bX)^2$$

$$\frac{\partial}{\partial a} \sum (Y - \hat{Y})^2 = -2 \sum (Y - a - bX)$$

$$\frac{\partial}{\partial b} \sum (Y - \hat{Y})^2 = -2 \sum X(Y - a - bX)$$

令上述二個偏微分爲 0，則可以得到以下二個方程式：

$$-2 \sum (Y - a - bX)$$

$$= 2Na + 2b \sum X - 2 \sum Y = 0$$

$$\Rightarrow \sum Y = Na + b \sum X$$

$$-2 \sum X(Y - a - bX)$$

$$= 2b \sum X^2 + 2a \sum X - 2 \sum XY = 0$$

$$\Rightarrow \sum XY = a \sum X + b \sum X^2$$

解上述二個聯立方程式即可得到 b 的解為：

$$b = \frac{\sum (X - \overline{X})(Y - \overline{Y})}{\sum (X - \overline{X})^2} = \frac{\sum xy}{\sum x^2}$$

$$\therefore a = \hat{Y} - b\overline{X}$$

三、迴歸係數

（一）迴歸係數的推導

據數學家和統計學家計算的結果，根據 X 變數預測 Y 變數時，b 值或 a 值正好如下列迴歸方程式 $\hat{Y} = b_{y.x} X + a_{y.x}$。

$$b_{y.x} = \frac{C_{xy}}{S_x^2} = \frac{\sum (X_i - \overline{X})(Y_i - \overline{Y})}{\sum (X_i - \overline{X})^2} = \frac{SP_{xy}}{SS_x} = \frac{\sum XY - \dfrac{\sum X \sum Y}{N-1}}{\sum X^2 - \dfrac{\left(\sum X \right)^2}{N-1}}$$

$$a_{y.x} = \overline{Y} - b\overline{X}$$

由於 X 與 Y 變項兩者都有可能作為依變項，所以使用迴歸線去推估 X 與 Y 的預測關係，分別有 X 預測 $Y(X \to Y)$ 及以 Y 預測 $X(Y \to X)$ 等兩種可能，此時的方程式可以分別表示為：

$$\hat{Y} = b_{y.x} X + \alpha_{y.x}$$

$$\hat{X} = b_{x.y} X + \alpha_{x.y}$$

以 X 去預測 Y 的迴歸係數 $b_{y.x}$ 與以 Y 去預測 X 的迴歸係數 $b_{x.y}$，均是以 X 與 Y 的共變數為分子，除以預測變項的變異數而得。

$b_{y.x}$ 的意義是為當 X 每變化一單位時，在 Y 改變的數量值。

$b_{x.y}$ 則表示當 Y 每變化一個單位時，在 X 改變的數量值。

對於任何兩變項只有 1 個相關係數 r，但有 2 個迴歸係數 $b_{y.x}$ 與 $b_{x.y}$，三者間具有 $r^2 = b_{y.x} \times b_{x.y}$ 之關係。

一般 r^2 被稱為決定係數，因此決定了迴歸的預測力。

$$r^2 = \left[\frac{C_{xy}}{s_x s_y}\right]^2 = \frac{C_{xy} C_{xy}}{s_x^2 s_y^2} = b_{y.x} \times b_{x.y}$$

（二）標準化迴歸係數 (standardized regression coefficient)

將 b 值乘以 X 變項的標準差再除以 Y 變項的標準差，即可去除單位的影響，得到一個不具特定單位的標準化迴歸係數。標準化迴歸係數稱為 β(Beta) 係數。β 係數是將 X 與 Y 變項所有數值轉換成 Z 分數後，所計算得到的迴歸方程式的斜率，計算推理過程如下所述。

$$\hat{y} = bx$$

$$\frac{\hat{y}}{S_Y} = b\frac{x}{S_Y}$$

$$\hat{z}_Y = b\frac{x}{S_Y}\frac{S_X}{S_X}$$

$$\hat{z}_Y = b(\frac{x}{S_X})\frac{S_X}{S_Y}$$

$$\hat{z}_Y = (b\frac{S_X}{S_Y})z_X$$

$$\hat{z}_Y = \beta z_X$$

$$\beta_{y.x} = b_{y.x}\frac{s_x}{s_y}$$

β 係數具有與相關係數相似的性質，數值介於 -1 至 $+1$ 之間。絕對值愈大者，表示預測能力愈強，正負向則代表 X 與 Y 變項的關係方向。

四、迴歸誤差與可解釋變異

（一）迴歸誤差

迴歸誤差是代表觀察值與迴歸方程式的 $\hat{Y}$ 之間的差異，觀察值 $Y = bX + a +$

e，迴歸方程式為 $\hat{Y} = a + bX$，而觀察值與迴歸方程式所預測的 $\hat{Y}$ 之間的差異，亦即 $e = Y - \hat{Y}$。

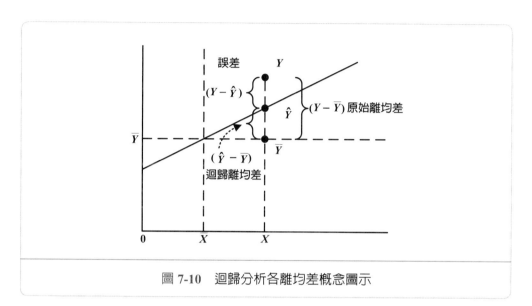

圖 7-10　迴歸分析各離均差概念圖示

（二）迴歸解釋變異量

迴歸解釋變異量 (R^2) 是表示使用 X 去預測 Y 時的預測解釋力（自變項對於依變項的解釋力），亦即 Y 變項被自變項所削減的誤差百分比。

$$e = (Y_i - \overline{Y}) - (\hat{Y}_i - \overline{Y}) = Y_i - \hat{Y}_i$$

即：

$$Y_i - \overline{Y} = (\hat{Y}_i - \overline{Y}) + (Y_i - \hat{Y}_i)$$

將上式改以 SS 型式表示，得到下列關係式：

$$SS_t = \sum (Y_i - \overline{Y})^2 = \sum (\hat{Y} - \overline{Y})^2 + \sum (Y_i - \hat{Y})^2 = SS_{reg} + SS_e$$

兩邊同除以 SS_t 後得到：

$$1 = \frac{SS_{reg}}{SS_t} + \frac{SS_e}{SS_t} = \frac{\sum (\hat{Y}_i - \overline{Y})^2}{\sum (Y_i - \overline{Y})^2} + \frac{\sum (Y_i - \hat{Y}_i)^2}{\sum (Y_i - \overline{Y})^2}$$

令：

$$R^2 = 1 - \frac{SS_e}{SS_t} = \frac{SS_{reg}}{SS_t} = PRE$$

此時 R^2 反映了迴歸模型的解釋力，即 Y 變項被自變項所削減的誤差百分比，又稱為決定係數 (coefficient of determination)。R^2 開方後可得 R，稱為多元相關 (multiple correlation)，為依變項數值 Y 與預測值 Y' 的相關係數。在簡單迴歸時，$R = r$。

（三）調整迴歸解釋變異量

迴歸解釋變異量 R^2 往往無法反映模型的複雜度（或簡效性），所以需要調整解釋的變異量，其中的簡效性 (parsimony) 所產生的問題是，當不斷增加自變項時，R^2 並不會因此而減少（因為 R^2 是自變項數目的非遞減函數）。此時研究者為了提高模型的解釋程度，即不斷地投入自變項，而每增加一個自變項即會損失一個自由度，最後模型中無關的自變項過多，因此失去了迴歸方程式的簡效性。調整後的 R^2(adjusted R^2) 是為了懲罰研究者為了增加迴歸方程式的解釋力，而增加自變項後所損失的簡效性，將自由度的變化加以控制，可以反映出因為自變項數量變動的簡效性而產生損失的影響。

$$adjR^2 = 1 - \frac{\dfrac{SS_e}{df_e}}{\dfrac{SS_t}{df_t}} = 1 - \frac{\dfrac{SS_e}{(N-P-1)}}{\dfrac{SS_t}{(N-1)}}$$

當自變項數量愈多，調整後的 R^2 愈小，不過當樣本數愈大，對於簡效性的作用愈不明顯。

五、迴歸模型的顯著性考驗

R^2 的基本原理是變異數，因此對於 R^2 的檢定可利用 F 考驗來進行，其中的 F 考驗公式與摘要表如下。

$$F_{(P,N-P-1)} = \frac{MS_{reg}}{MS_e} = \frac{\dfrac{SS_{reg}}{df_{reg}}}{\dfrac{SS_e}{df_e}} = \frac{\dfrac{SS_{reg}}{P}}{\dfrac{SS_e}{N-P-1}}$$

表 7-4　迴歸模型的變異數分析摘要表

Source	SS	df	MS	F
迴歸效果	SS_{reg}	P	SS_{reg} / df_{reg}	MS_{reg} / MS_e
誤差	SS_e	$N\text{-}P\text{-}1$	SS_e / df_e	
全體	SS_t	$N\text{-}1$		

六、估計標準誤

預測誤差 e 是一個呈現常態分配的隨機變數，平均數為 0，標準差為 S_e，估計標準誤的計量性質是標準差，因此可用以反應誤差分配的離散情形。標準誤愈大，估計誤差愈大；標準誤愈小，估計誤差愈小。

$$S_e = \sqrt{\frac{\sum (Y - \hat{Y})^2}{N - k - 1}} = \sqrt{\frac{SS_e}{df_e}}$$

估計標準誤是利用誤差變異的平方和除以自由度 $(N - k - 1)$ 的開方，亦即 F 考驗當中的誤差均方 (MSe) 的開方。

七、迴歸係數的統計分析

迴歸模型的參數估計是個別的迴歸係數 b 或 β，可以用以說明預測變項對於依變項的解釋力，而迴歸係數數值的統計意義需經過假設考驗來檢驗，R^2 的顯著性考驗是迴歸分析的整體考驗 (overall test)，其中迴歸係數的考驗可視為事後考驗 (post hoc test)，迴歸係數的考驗即是在考驗迴歸係數是否為 0，虛無假設可以如下表示。

$H_0 : \beta = 0$

利用 t 檢定，自由度 $df = N - p - 1$

$$t = \frac{b}{S_b} = \frac{b}{\sqrt{\dfrac{S_e^2}{SS_x}}}$$

八、迴歸係數的區間估計

迴歸係數的區間估計中，b 係數為未標準化係數，用以反映自變項對於依變項的影響程度。b 係數可以得知自變項的變動在依變項的變動情形。所以利用模型的迴歸係數標準誤，b 係數的區間估計可用來推估母數出現的範圍，因此迴歸係數的區間估計可以如下所示。

$$(1-\alpha) \times \text{CI} = b \pm t_{(\frac{\alpha}{2}, df)} S_{\bar{b}}$$

利用 b 係數的 95% 信心估計區間是否涵蓋 0，來檢驗 b 係數是否顯著不等於 0。

九、迴歸分析的基本假設

迴歸分析中的基本假設主要可以分為固定自變項的假設、線性關係、常態性、誤差獨立和誤差等分散性等假設。

（一）固定自變項假設 (fixed variable)

特定自變數的特定數值應可以被重複獲得，然後得以此一特定的 X_i 代入方程式而得到預測值。

（二）線性關係假設 (linear relationship)

當 X 與 Y 的關係被納入研究之後，迴歸分析必須建立在變項之間具有線性關係的假設成立上。

（三）常態性假設 (normality)

迴歸分析中的所有觀察值 Y 是一個常態分配，即 Y 來自於一個呈常態分配的母群體。因此經由迴歸方程式所分離的誤差項 e，即由特定 X_i 所預測得到的與實際 Y_i 之間的差距，也應呈常態分配。誤差項 e 的平均數為 0。

（四）獨立性假設 (independence)

誤差項除了應呈隨機化的常態分配，不同的 X 所產生的誤差之間應相互獨立，無相關存在，也就是無自我相關 (nonautocorrelation)。

（五）等分散性假設 (homoscedasticity)

特定 X 水準的誤差項，除了應呈隨機化的常態分配，且其變異量應相等，稱為誤差等分散性。

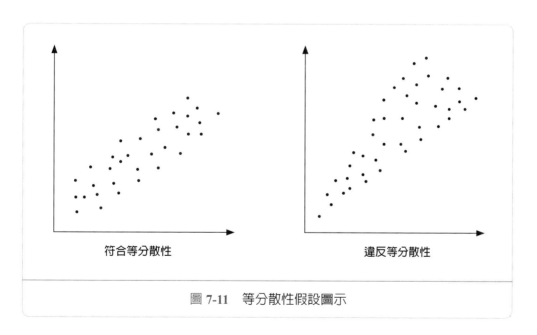

符合等分散性　　　　　　　違反等分散性

圖 7-11　等分散性假設圖示

陸、相關與迴歸的範例解析

【範例 7-2】積差相關、點二系列相關的分析

某個班級有 10 名國小學生，其閱讀興趣與閱讀行為的調查資料如下，請問

閱讀興趣與閱讀行爲是否具有相關？性別與閱讀興趣有關嗎？

表 7-5 閱讀興趣與行為資料一覽表

編號	1	2	3	4	5	6	7	8	9	10
性別	男	男	女	男	男	女	女	男	女	女
興趣	1.20	1.00	2.40	2.20	1.40	3.80	2.40	2.60	3.20	3.20
行為	2.57	2.11	2.52	2.79	2.24	3.21	2.72	2.98	2.93	3.15

(1) 資料輸入或開啓資料檔，在性別部分的編碼，女生輸入1，而男生輸入2。

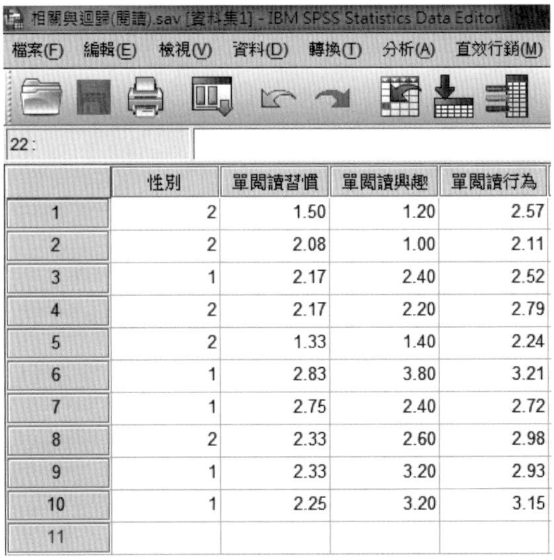

	性別	單閱讀習慣	單閱讀興趣	單閱讀行為
1	2	1.50	1.20	2.57
2	2	2.08	1.00	2.11
3	1	2.17	2.40	2.52
4	2	2.17	2.20	2.79
5	2	1.33	1.40	2.24
6	1	2.83	3.80	3.21
7	1	2.75	2.40	2.72
8	2	2.33	2.60	2.98
9	1	2.33	3.20	2.93
10	1	2.25	3.20	3.15
11				

圖 7-12 相關分析範例資料檔

(2) 點選分析→相關→雙變數

圖 7-13　相關中雙變數功能

(3) 選取欲分析的2個變項。（二分變項與連續變項之相關即為點二系列相關）

圖 7-14　雙變數相關分析選擇變數對話框

(4) 點選相關的選項

圖 7-15 雙變數相關分析選項對話框

(5) 點選確定執行，進行資料分析並檢視結果。

描述性統計量			
	平均數	標準差	個數
性別	1.50	.527	10
單閱讀興趣	2.3400	.92400	10
單閱讀行為	2.7217	.36514	10

相關		性別	單閱讀興趣	單閱讀行為
性別	Pearson 相關	1	−.753[*]	−.531
	顯著性（雙尾）		.012	.114
	叉積平方和	2.500	−3.300	−.919
	共變異數	.278	−.367	−.102
	個數	10	10	10
單閱讀興趣	Pearson 相關	−.753[*]	1	.905[**]
	顯著性（雙尾）	.012		.000
	叉積平方和	−3.300	7.684	2.749
	共變異數	−.367	.854	.305
	個數	10	10	10

（續）

相關		性別	單閱讀興趣	單閱讀行為
單閱讀行為	Pearson 相關	−.531	.905**	1
	顯著性（雙尾）	.114	.000	
	叉積平方和	−.919	2.749	1.200
	共變異數	−.102	.305	.133
	個數	10	10	10

*. 在顯著水準為 0.05 時（雙尾），相關顯著。

**. 在顯著水準為 0.01 時（雙尾），相關顯著。

(6) 結果說明

由上述報表可知，2 個變項的平均數各為 2.34 與 2.72，而性別的平均數沒有解釋上的意義。由於性別為二分變項，與性別有關的相關係數即為點二系列相關。其中性別與閱讀興趣為顯著負相關 $r = -0.753(p = 0.012)$，此即為點二系列相關，由於在性別的編碼之中，女生 1，男生為 2，而點二系列相關結果為負相關，所以代表低分 (1) 與閱讀興趣的相關比高分 (2) 較為關係密切，亦即表示女生閱讀興趣的分數較高，而男生則較低，與閱讀行為 $r = -0.531(p = 0.114)$ 未達顯著水準。點二系列相關若運用於試題分析之中，可用於計算客觀二元計分下試題的鑑別度，因為若點二系列的相關係數達到顯著，代表答對 (1) 與答錯 (0) 中與總分之間的相關是不同的，亦即不是零相關，所以這也正是試題鑑別度是表示可以區辨的功能的主要意涵。如果把性別當作名義變項，求取 Eta 係數，可以利用交叉表當中的統計量的 Eta 係數，得到的係數與點二系列相關相同，例如閱讀興趣與性別的 Eta 係數 = 0.753（點二系列相關係數也為 0.753），若利用公式加以計算則可以如下表示。

Eta 計算公式：

$$Eta = \sqrt{1 - \frac{\sum (Y - \overline{Y_k})^2}{\sum (Y - \overline{Y})^2}}$$

其中女生的平均數為 3.00，男生的平均數為 1.68，全體的平均數為 2.34，亦

即：$\overline{Y_0} = 3.00$，$\overline{Y_1} = 1.68$，$\overline{Y} = 2.34$，所以將數值代入上述的公式中。

$$\text{Eta} = \sqrt{1 - \frac{\sum (Y - \overline{Y_k})^2}{\sum (Y - \overline{Y})^2}}$$

$$= \sqrt{1 - \frac{3.328}{7.684}}$$

$$= \sqrt{1 - .433}$$

$$= \sqrt{.567}$$

$$= .753$$

至於上述的點二系列相關，則可以利用公式計算過程如下所示。女生 5 位，男生 5 位，全部 10 位，全部的標準差爲 0.877，女生平均數 3.00，男生平均數 1.68。此時的點二系列相關則爲 0.753。

$$r_{pb} = \frac{\overline{X_p} - \overline{X_q}}{S_t} \times \sqrt{pq}$$

$$= \frac{3.00 - 1.68}{0.877} \times \sqrt{0.5 \times 0.5}$$

$$= 0.753$$

【範例 7-3】Eta 計算範例

Eta 相關計算範例，資料如上述範例。

(1) 點選敘述統計→交叉表進行 Eta 相關計算

圖 7-16 敘述統計中交叉表功能

(2) 選取分析的變項，連續變項是單閱讀興趣，二分名義變項是性別。

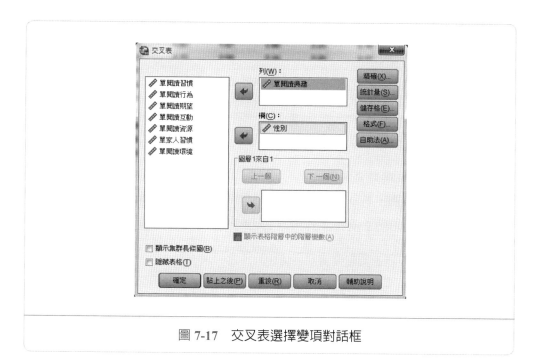

圖 7-17　交叉表選擇變項對話框

(3) 點選統計量，並勾選名義變數對等距變數中的 Eta 值 (E)。

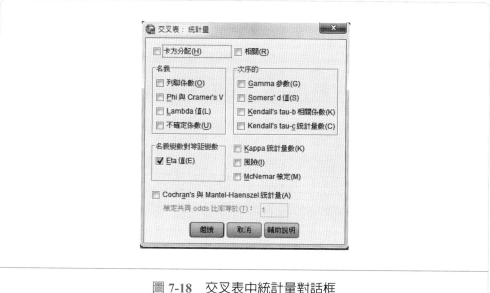

圖 7-18　交叉表中統計量對話框

(4) 顯示分析結果

方向性量數			
			數值
以名義量數和間隔為主	Eta 值	單閱讀興趣依變數	.753
		性別依變數	1.000

由上述的分析結果可以得知，期中考與性別的 Eta 係數值為 0.753。

【範例 7-4】淨相關與部分相關

延續前一個範例，若同時測得 10 名學生的閱讀習慣，請問閱讀興趣與閱讀行為分數的淨相關如何？兩個部分相關又如何？

表 7-6　閱讀興趣、行為與習慣資料一覽表

學生編號	1	2	3	4	5	6	7	8	9	10
興趣	1.20	1.00	2.40	2.20	1.40	3.80	2.40	2.60	3.20	3.20
行為	2.57	2.11	2.52	2.79	2.24	3.21	2.72	2.98	2.93	3.15
習慣	1.50	2.08	2.17	2.17	1.33	2.83	2.75	2.33	2.33	2.25

1. 淨相關

(1) 輸入資料或開啟資料檔

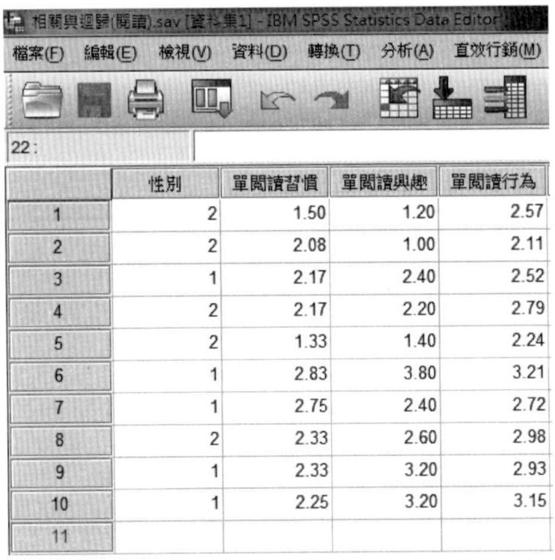

	性別	單閱讀習慣	單閱讀興趣	單閱讀行為
1	2	1.50	1.20	2.57
2	2	2.08	1.00	2.11
3	1	2.17	2.40	2.52
4	2	2.17	2.20	2.79
5	2	1.33	1.40	2.24
6	1	2.83	3.80	3.21
7	1	2.75	2.40	2.72
8	2	2.33	2.60	2.98
9	1	2.33	3.20	2.93
10	1	2.25	3.20	3.15
11				

圖 7-19　相關分析範例資料檔

(2) 選取分析→相關→偏相關

圖 7-20　相關中偏相關功能

(3) 選取欲分析 2 個變項與控制變項

圖 7-21　偏相關分析選擇變數對話框

(4) 點選選項中的統計量

圖 7-22　偏相關中選項對話框

(5) 點選確定後，進行資料分析並檢視結果。

敘述統計			
	平均數	標準差	個數
單閱讀興趣	2.3400	.92400	10
單閱讀行為	2.7217	.36514	10
單閱讀習慣	2.1750	.47050	10

相關					
控制變數			單閱讀興趣	單閱讀行為	單閱讀習慣
-無-ª	單閱讀興趣	相關	1.000	.905	.747
		顯著性（雙尾）	.	.000	.013
		df	0	8	8
	單閱讀行為	相關	.905	1.000	.639
		顯著性（雙尾）	.000	.	.047
		df	8	0	8

（續）

相關			單閱讀興趣	單閱讀行為	單閱讀習慣
控制變數					
	單閱讀習慣	相關	.747	.639	1.000
		顯著性（雙尾）	.013	.047	.
		df	8	8	0
單閱讀習慣	單閱讀興趣	相關	1.000	.837	
		顯著性（雙尾）	.	.005	
		df	0	7	
	單閱讀行為	相關	.837	1.000	
		顯著性（雙尾）	.005	.	
		df	7	0	

a. 細格含有零階（Pearson 相關係數）相關

　　零階所代表的即是積差相關 (Person)，由上面的報表可以得知閱讀興趣與閱讀行為的積差相關仍然是 0.905，閱讀興趣與閱讀習慣的相關為 0.747，閱讀行為與閱讀習慣的相關為 0.639，因為人數是 10，所以自由度為 10 − 2 = 8。由上可以得知閱讀興趣、閱讀行為與閱讀習慣任二者皆呈現正相關的情形。

　　進一步觀察偏相關的情形，閱讀興趣與閱讀行為的偏相關為 0.837。為何要進行偏（淨）相關呢？主要是一般二變數有相關並不表示二者間有因果關係（例如閱讀興趣與行為），假設閱讀興趣與行為二者之間有相關，但並無因果關係，他們的相關都是因為閱讀習慣的影響所致。因此，我們要問去除掉閱讀習慣的影響後，觀察閱讀興趣與行為之間的相關還有多大，這種相關在統計上稱為偏相關係數 (Partial Coefficient of Correlation)，以符號 $r(x, y \mid z)$ 或者 $r_{xy.z}$ 表示之。其中 $x(1)$ 為閱讀興趣，$y(2)$ 為閱讀行為，而 $z(3)$ 則為閱讀習慣。

$r12 = 0.905, r13 = 0.747, r23 = 0.639$

$$r_{12.3} = \frac{r_{12} - r_{13}r_{23}}{\sqrt{1 - r_{13}^2} \times \sqrt{1 - r_{23}^2}}$$

$$= \frac{.905 - (.747)(.639)}{\sqrt{1 - (.747)^2} \times \sqrt{1 - (.639)^2}}$$

$$= \frac{.428}{.665 \times .769}$$
$$= .837$$

2. 部分相關

(1) 選取分析→迴歸→線性

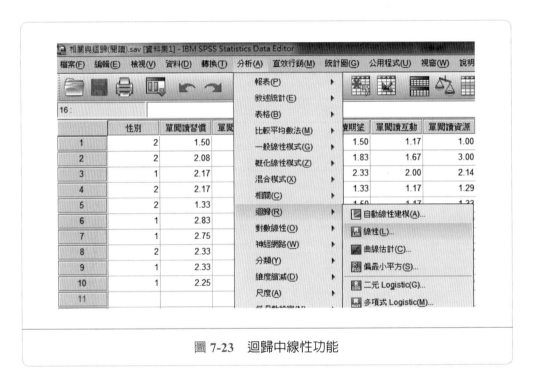

圖 7-23 　迴歸中線性功能

(2) 將一個變項移入依變項，其他變項與控制變項作爲自變項。

圖 7-24　線性迴歸選擇變項對話框

(3) 進入統計量欄中，選取部分與偏相關。

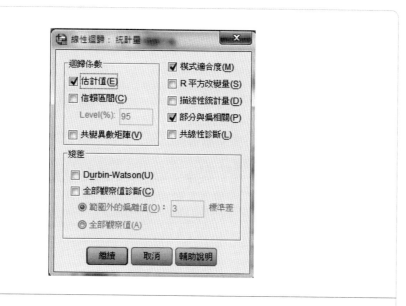

圖 7-25　線性迴歸中統計量對話框

(4) 點選確定後，進行資料分析並檢視結果。

係數[a]								
模式	未標準化係數		標準化係數	t	顯著性	相關		
	B 之估計值	標準誤差	Beta 分配			零階	偏	部分
1 （常數）	1.968	.286		6.881	.000			
1 單閱讀興趣	.382	.095	.967	4.040	.005	.905	.837	.643
1 單閱讀習慣	-.065	.186	-.083	-.348	.738	.639	-.131	-.055

a. 依變數：單閱讀行為

　　由上表可以得知閱讀興趣與閱讀行為的部分相關為 0.643，閱讀習慣與閱讀行為的部分相關為 -0.055，何謂部分相關呢？當分析 2 個變項（閱讀興趣與行為）之間的單純相關，如果在計算排除效果時，只處理第 3 變項（閱讀習慣與閱讀興趣、閱讀習慣變項當中任一個）的相關時，求得的相關係數稱為部分相關 (part correlation)，或稱為半淨相關 (semipartial correlation)。

　　若以閱讀行為為 1，閱讀興趣為 2，閱讀習慣為 3，計算閱讀興趣與閱讀行為的部分相關，亦即排除閱讀習慣與閱讀行為的零階相關，可表示如下。

$$r_{1(2,3)} = \frac{r_{12} - r_{13}r_{23}}{\sqrt{1 - r_{23}^2}}$$
$$= \frac{.905 - (.639)(.747)}{\sqrt{1 - (.747)^2}}$$
$$= \frac{.428}{.665}$$
$$= .643$$

　　另外若計算閱讀行為與閱讀習慣的部分相關，亦即排除閱讀興趣與閱讀行為的零階相關時，可以表示如下。

$$r_{1(3,2)} = \frac{r_{13} - r_{12}r_{23}}{\sqrt{1 - r_{23}^2}}$$

$$= \frac{.639 - (.905)(.747)}{\sqrt{1 - (.747)^2}}$$

$$= \frac{-.037}{.664}$$

$$= -.055$$

(5) 結果說明

由上述的報表可知，閱讀興趣與閱讀行為的淨相關為 0.837($p = 0.005$)，顯示兩者能有顯著的高相關，但已較零階 Pearson 相關 0.905 降低許多，原因是閱讀習慣與閱讀興趣、行為的相關均十分明顯，分別為閱讀習慣與閱讀興趣的相關 0.747($p = 0.013$)，閱讀習慣與閱讀行為的相關 0.639($p = 0.047$)。

部分相關的結果以迴歸分析中的係數估計可得到，閱讀興趣排除閱讀習慣後的部分相關為 0.643($p = 0.005$)，其中另一個部分相關為閱讀行為排除閱讀興趣後，與閱讀習慣的部分相關，為 −0.055，此一係數與當初閱讀習慣與閱讀行為的零階相關 0.639 減少甚多，顯示閱讀興趣與閱讀習慣相關所排除的效果很明顯。

由零階、淨相關到部分相關，係數降低，可見到部分相關所排除的部分最為明顯。

【範例 7-5】簡單迴歸分析

某個班級有 10 名國小學生，其閱讀興趣與閱讀行為的調查資料如下，請問以閱讀興趣來預測閱讀行為的迴歸分析為何？

表 7-7　閱讀興趣與行為資料一覽表

學生編號	1	2	3	4	5	6	7	8	9	10
興趣	1.20	1.00	2.40	2.20	1.40	3.80	2.40	2.60	3.20	3.20
行為	2.57	2.11	2.52	2.79	2.24	3.21	2.72	2.98	2.93	3.15

(1) 資料輸入或者開啓分析資料檔

圖 7-26　簡單迴歸分析資料檔

(2) 選取分析→迴歸→線性

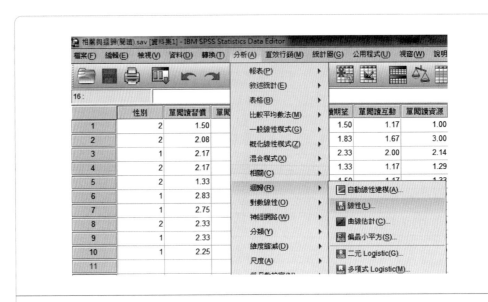

圖 7-27　迴歸中線性功能

(3) 選取欲分析的 2 個變項，並移至分析清單中。

圖 7-28　線性迴歸選擇變項對話框

(4) 點選統計量，並選取相關的統計量。

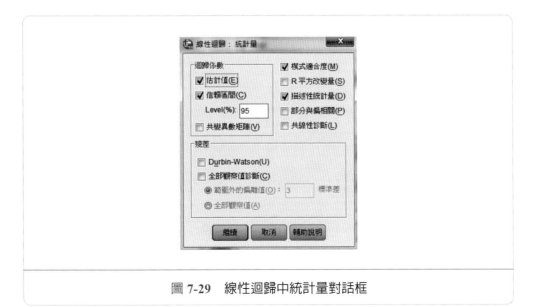

圖 7-29　線性迴歸中統計量對話框

(5) 點選選項，勾選條件與遺漏值處理的模式。

圖 7-30　線性迴歸中選項對話框

(6) 點選確定後執行，並檢視結果。

敘述統計			
	平均數	標準離差	個數
單閱讀行為	2.7217	.36514	10
單閱讀興趣	2.3400	.92400	10

模式摘要				
模式	R	R 平方	調過後的 R 平方	估計的標準誤
1	.905[a]	.819	.797	.16463

a. 預測變數：(常數)，單閱讀興趣

　　因為本範例是簡單迴歸，所以其上的相關係數 $r = 0.905$ 即為標準化的迴歸係數 (Beta)，而 $R^2 = (.905)^2 = 0.819$，至於調整後的 R 平方則為：

$$AdjR^2 = 1 - \frac{\dfrac{SS_e}{df_e}}{\dfrac{SS_t}{df_t}} = 1 - \frac{\dfrac{0.217}{8}}{\dfrac{1.200}{9}} = 0.797$$

至於估計的標準誤則為：

$$S_e = \sqrt{\frac{SS_e}{df_e}} = \sqrt{\frac{0.217}{8}} = 0.16463$$

下表為迴歸分析中變項的變異數分析。

Anova[a]					
模式	平方和	df	平均平方和	F	顯著性
1　迴歸	.983	1	.983	36.277	.000[b]
殘差	.217	8	.027		
總數	1.200	9			

a. 依變數：單閱讀行為
b. 預測變數：（常數），單閱讀興趣

下列則為迴歸分析的係數分析，其中包括未標準化及標準化的迴歸係數。

係數[a]							
模式	未標準化係數		標準化係數	t	顯著性	B 的 95.0% 信賴區間	
	B 之估計值	標準誤差	Beta 分配			下界	上界
1　（常數）	1.885	.148		12.700	.000	1.542	2.227
單閱讀興趣	.358	.059	.905	6.023	.000	.221	.495

a. 依變數：單閱讀行為

(7) 結果說明

以閱讀興趣預測閱讀行為，唯一簡單迴歸分析，於相同的數學基礎，簡單迴歸與相關分析主要的結果相同。Pearson 相關係數、Multiple R 與 Beta，這幾個

係數的檢定值均相同，達顯著水準。R^2 則提供迴歸變異量，顯示以閱讀興趣預測閱讀行為 81.9% 的解釋力，$F_{(1,8)} = 36.277$，$p < 0.001$，顯示該解釋力具有統計的意義。係數估計的結果指出，閱讀興趣能夠有效預測閱讀行為，Beta 係數達 0.905($t = 6.023$，$p < 0.001$)，表示閱讀興趣愈高，閱讀行為愈正向。

上述中，未標準化的迴歸方程式可以寫成：

$\hat{Y} = 1.885 + 0.358 \times X$（閱讀行為 $= 1.885 + 0.358*$ 閱讀興趣）

標準化的迴歸方程式則為：

$\hat{Z}_y = 0.905 \times Z_x$（閱讀行為 $= 0.905*$ 閱讀興趣）

Chapter

08

多元迴歸

　　迴歸在許多的研究問題中是常用的分析方法，而迴歸與相關的關係是相當密切的，其中簡單迴歸是表示以單一自變項去解釋 (預測) 依變項的迴歸分析；而多元迴歸是同時以多個自變項去解釋 (預測) 依變項的迴歸分析，其方程式可以表示如下。

　　簡單迴歸可以表示為 $\hat{Y} = b_1 X + a$，另外多元迴歸則可以表示為 $\hat{Y} = b_1 X_1 + b_2 X_2 + b_3 X_3 + ... + b_n X_n + a$。多元迴歸是社會科學研究中最常用的統計方法之一，以下將依照多元迴歸的原理與特性、多元迴歸變項選擇的模式、非線性迴歸分析、路徑分析等部分說明如下。

壹、多元迴歸的原理與特性

　　多元迴歸的特性主要包括下列幾項 (Hahs-Vaughn, Lomax, 2012)：(1) 對於依變項的解釋與預測，可以據以建立一個完整的模型；(2) 各自變項之間概念上具有獨立性，但是數學上可能是具有相關的情況；(3) 自變項之間的相關，對於迴歸的分析結果具有關鍵性的影響。

　　多元迴歸的目的基於預測或解釋的不同，可被區分為預測型及解釋型迴歸等兩種。預測型的多元迴歸中，研究者主要的目的在於針對實際問題的解決或者是在實務應用上的預測與控制。解釋型多元迴歸的目的則是在於了解自變項對依變項的解釋情況為何。

　　因此預測型多元迴歸的特性在於：(1) 針對實際問題的解決或實務上的應用；(2) 從一組自變項中，找出最關鍵且最佳組合的多元迴歸方程式，並且藉由最佳組合來產生最理想的預測分數；(3) 自變項的選擇中，所要考慮的是所選擇的變項是否具有最大的實務價值，但考量的重點並非源自於理論上的適切性；(4) 預測型多元迴歸在變項的選擇方法中，最常用的是以逐步迴歸法為主。

　　至於解釋型多元迴歸的特性在於：(1) 了解實務上的本質與理論之間的關係，亦即在於探討自變項與依變項之間的關係；(2) 針對檢驗變項的解釋力與變項之間關係中，主要是提出一套對於依變項變異，具有最合理解釋的多元迴歸模型；(3) 解釋型多元迴歸中，理論的重要性不僅在於決定自變項，也會直接影響到研究結果的解釋上。在變項選擇方法中，最常用的方法是以同時迴歸法或階層迴歸法為主。

接下來將從多元相關、多元共線性、共線性診斷、多元迴歸方程式及迴歸係數的統計考驗等 5 個部分來說明多元迴歸的原理。

一、多元相關

R 表示多元相關 (multiple correlation)，依變項的迴歸預測值 (Y') 與實際觀測值 (Y) 的相關，多元相關的平方為 R^2，表示 Y 被 X 解釋的百分比。

簡單迴歸中，僅有一個自變項，$R = r$，$R^2 = r^2$

多元迴歸中，有多個自變項，$R \neq r$，R 為多個自變項的線性整合分數與依變項的相關。

二、多元共線性

多元共線性 (mulitlinearility) 就是自變項間是否有高度相關的問題。如果自變項間高度相關的話，會影響到對迴歸係數之假設檢定。多元迴歸時若遭遇多元共線，可以用因素分析中的主成分分析來檢查自變項間是否有多元共線性，或者是逐一將某一自變項（當成為依變項）和所有其他自變項做多元迴歸分析。統計軟體中皆會提供一些檢測多元共線的指標，例如 Tolerance、VIF(variance inflation factor) 和 Condition Index 等。這些統計是有關聯性的，如 Tolerance 與 VIF 就是互為倒數，如果是 Tolerance 愈小，就表示該自變項與其他自變項間之共線性愈高或幾乎是其他自變項的線性組合。

三、共線性診斷

對於某一個自變項共線性的檢驗，可以使用容忍值 (tolerance) 或變異數膨脹因素 (variance inflation factor, VIF) 來評估，公式如下。

$$容忍值 = 1 - R_i^2$$

$$VIF = \frac{1}{容忍值}$$

若容忍值 $e < 0.2$ 且 $VIF > 4$，則可以判定此自變數與其他自變數間存在共線性的可能性存在，不過若是 $VIF > 10$，代表有可能有這個變數在這模式中會產生所謂的共線問題是非常大的。

R_i^2 為某一個自變項被其他自變項當作依變項來預測時，該自變項可以被解釋的比例，$1 - R_i^2$（容忍值）為該自變項被其他自變項無法解釋的殘差比。

R_i^2 比例愈高，容忍值愈小，代表預測變項不可解釋殘差比低，VIF 愈大，即預測變項迴歸係數的變異數增加，共變性愈明顯。

整體迴歸模式的共線性診斷可以透過特徵值 (eigenvalue, λ) 與條件指數 (conditional index, CI) 來判斷。特徵值愈小，表示解釋變項間具有共線性，當特徵值為 0 時，表示解釋變項之間有完全線性相依性。

當特徵值計算出來之後，取得最大的特徵值除以特定特徵值的開方值，即為條件指數：$CI = \sqrt{\dfrac{\lambda_{max}}{\lambda_1}}$

條件指數一般若大於 30 以上，即相當有可能是有共線性的情形，在共線性診斷中，特徵值為 k 個解釋變項與 1 個常數項所能夠提供的總變異量 $k + 1$ 中，分別以各解釋變項為中心所計算出的解釋變項線性組合的變異量比值。各變量相對的變異數比例 (variance proportions)，可看出自變項之間多元共線性的結構特性。當任兩變項在同一個特徵值上的變異數比例接近 1 時，表示存在共線性組合。利用變異數比例可看出各解釋變項之間多元共線性的結構特性與組合方式，容忍值與 VIF 僅用於診斷個別解釋變項與其他解釋變項的共線性。

當任兩個或多個迴歸係數變異數在同一個 CI 值上的變異數比例均很高（大於 50%）且接近 1 時，表示可能存在共線性組合。

四、多元迴歸方程式

多元迴歸方程式亦是利用最小平方法，先透過解釋變項間的線性整合，導出最能解釋依變項（殘差最小）的線性方程式，估計出迴歸係數。一個帶有 2 個解釋變數 X_1 與 X_2 的迴歸方程式，係數公式如下：

$$b_1 = \frac{SS_2 SP_{y1} - SP_{12} SP_{y2}}{SS_1 SS_2 - SP_{12}^2}$$

$$b_2 = \frac{SS_1 SP_{y2} - SP_{12} SP_{y1}}{SS_1 SS_2 - SP_{12}^2}$$

$$a_{v.12} = \overline{Y} - b_1 \overline{X}_1 - b_2 \overline{X}_2$$

截距 $a_{v.12}$ 則是指當 2 個解釋變數皆爲 0 時的依變項起始值。若 2 組自變項都經過平減，亦即變項數值減掉平均數，則 $a_{v.12}$ 截距數值爲依變項平均數。

一旦計算出多元迴歸方程式後，即可將解釋變項數值代入，計算出預測值，並進而計算出殘差值。迴歸模型所能夠解釋的變異，可以利用總離均差平方和 SS_t 減去 SS_e 得到，也可以利用下列算式求出。

$$SS_{reg} = b_1 SP_{y1} + b_2 SP_{y2}$$

由上述各項，即可以計算出 R^2，然後利用 F 考驗來檢驗顯著性。分子爲迴歸解釋變異數（$\frac{SS_{reg}}{df_{reg}}$），分母爲誤差變異數（$\frac{SS_r}{df_r}$），相除即可得到 F 值。

五、迴歸係數的統計考驗

多元迴歸分析中迴歸係數檢定的原理與簡單迴歸相同，利用 t 考驗來檢驗迴歸係數 b 的統計顯著性，並利用標準化程序將 b 係數換成標準化迴歸係數 (β) 來說明各解釋變項的重要性。以 2 個解釋變項的多元迴歸爲例，2 個迴歸係數的 t 檢定的標準誤可如下表示。

$$S_{b1} = \sqrt{\frac{S_e^2}{SS_1(1-R_{12}^2)}}$$
$$S_{b2} = \sqrt{\frac{S_e^2}{SS_2(1-R_{12}^2)}}$$

上述方程式中，S_e^2 是估計變異誤，R_{12}^2 爲解釋變項間的相關係數，自由度爲 $N-k-1$。若將 b 係數去除單位效果（乘上解釋變項標準差，除以依變項標準差），得到標準化迴歸係數 β。

$$\beta_1 = b_1 \frac{S_1}{S_2}$$
$$\beta_2 = b_2 \frac{S_2}{S_1}$$

值得注意的是，β 係數是一個標準化的係數，僅適合線性強度的描述與各解釋變項的相互間比較，如果要檢定各變項的統計意義或進行區間估計，則必須使用未標準化的迴歸係數來加以處理。

貳、多元迴歸的變項選擇模式

多元迴歸的變項選擇程序可以包括同時迴歸、逐步迴歸以及階層迴歸等。

一、同時迴歸分析

同時迴歸分析 (simultaneous regression) 是將所有的解釋變項同時納入迴歸方程式當中，來對於依變項進行影響力的估計，迴歸分析僅保留一個包括全體解釋變項的迴歸模型，同時迴歸適用於學術界慣用的解釋型迴歸。同時迴歸包括強制進入與強制淘汰法等 2 種。

（一）強制進入法

在某一顯著水準下，將所有對於依變項具有解釋力的預測變項納入迴歸方程式，不考慮預測變數間的關係，計算所有變數的迴歸係數。

（二）強制淘汰法

與強制進入法相反，強制淘汰法之原理爲在某一顯著水準下，將所有對於依變項沒有解釋力的預測變項，不考慮預測變數間的關係，一次全部排除在迴歸方程式之外，再計算所有保留在迴歸方程式中的預測變數的迴歸係數。

二、逐步迴歸分析

逐步迴歸分析 (stepwise regression) 是投入多個解釋變數後，由各變項的相關高低來決定每一個預測變數是否進入迴歸模型或淘汰出局。最後得到一個以最少解釋變項解釋最多依變項變異量的最佳迴歸模型。逐步迴歸有多種不同的變項選擇程序（向前法、向後法、逐步法），適用於實務界慣用的預測型迴歸。

（一）向前法

向前法 (forward) 是將預測變項的取用順序，以具有最大預測力且達統計顯著水準的自變項首先被選用，然後依序納入方程式中，直到所有達顯著的預測變

項均被納入迴歸方程式。各解釋變項當中，與依變項相關最高者首先被選入，其次未被選入的解釋變項與依變項有最大的偏相關者，也就是能夠增加最多解釋力 (R^2) 的預測變數。

（二）向後法

向後法 (backward) 與向前法採用相反的程序，所有的預測變項先以同時分析法的方式納入迴歸方程式的運算當中，然後逐步的將未達統計顯著水準的預測變項，以最弱、次弱的順序自方程式中予以排除（t 值最小者），直到所有未達顯著的預測變項均被淘汰完畢為止。

（三）逐步法

逐步法 (stepwise) 整合了向前法與向後法兩種策略，首先是依據向前法的原理，將與依變項相關最高的自變項納入迴歸方程式，之後再將具次大預測力且 F 考驗顯著性大於 0.5 的變項納入迴歸方程式中。此時，迴歸方程式中已經包含了 2 個自變項，如果第 2 個變項納入後，原先模型中的自變項的 F 考驗顯著性如果低於 0.01 時，則會被排除於方程式之外。依循此程序反覆的納入或者排除變項的檢驗，直到沒有任何變項可被納入或排除之時，即得到最後的迴歸方程式。

（四）逐步法與同時法比較

逐步法與同時法比較具有以下的特點：(1) 逐步法較同時法可以找到最有預測力的變項，同時也可以避免共線性的影響，適合做探索性的研究使用；(2) 逐步法適合用以預測性研究，協助建立最佳預測模型；(3) 逐步法是以統計程序處理變項重要性，在理論解釋性研究缺乏基礎；(4) 同時法的優點則是可以從整體效果模式中看到所有自變項的效果，每一個自變項的解釋力皆加以考慮。

三、階層迴歸分析

階層迴歸分析法 (hierarchical multiple regression) 是將預測變項間可能具有特定的先後關係，而需依照研究者的設計，以特定的順序來進行分析，階層迴歸分析的特徵主要如下：(1) 基於理論或研究的需要而定，決定變項的階層關係與進入模式；(2) 變項間的關係如何安排，必須從文獻、理論或現象上的合理性來考慮；(3) 階層迴歸會有多組迴歸模型，皆可用來解釋；(4) 適用於學術界慣用的解釋型迴歸。

四、三種迴歸方法的比較

（一）同時迴歸

同時迴歸又稱爲解釋型迴歸，主要強調的重點在於以下幾點：(1) 重視的是研究者所提出的解釋變數是否具有解釋力，以及參數的相對重要性的比較；(2) 其中每一個解釋變項都是研究者經過深思熟慮，或者基於理論檢視所提出的重要變項，不重要的或無關的自變項都儘可能省略，以減少不必要的混淆；(3) 對於共線性問題常敏感。

（二）逐步迴歸

逐步迴歸又稱爲預測型迴歸，逐步迴歸相對於解釋型迴歸，預測型迴歸則將共線性問題交由逐步分析來克服，而不做理論上的討論。

（三）階層迴歸

階層迴歸的特點有以下幾點：(1) 彈性大、最具有立論與實務意義的迴歸分析程序；(2) 在科學研究上，有其獨特的價值與重要性；(3) 在技術層次來看，階層法最能將解釋變項以分層來處理；(4) 當解釋變項是類別變項時，欲進行虛擬迴歸時；或是當解釋變項對於依變項具有非線性關係時，若要進行多項式迴歸時；以及解釋變項間具有交互作用時，若要進行混合迴歸時，也都必須採用此種方法；(5) 是一種整合性的多層次分析策略，兼具統計決定與理論決定的變項選擇程序，是一種彈性很大的迴歸分析策略。

參、非線性迴歸分析

非線性迴歸中，以類別自變項、曲線迴歸等二個部分討論，說明如下。

一、類別自變項的迴歸分析

類別自變項的迴歸分析是以虛擬化方式，將類別自變項轉換成虛擬變項，稱爲虛擬迴歸。其中虛擬編碼是將組數爲 K 的類別變項轉換成 $k-1$ 個 0 與 1 的二分變項（以 0 組爲參照）。而效果編碼則是將組數爲 K 的類別變項轉換成 $k-1$ 個 -1 與 1 的二分變項（以 -1 組爲參照）。其中未經虛擬處理的水準稱爲參照組(reference group)。虛擬迴歸可以分爲單因子及多因子的虛擬迴歸，說明如下。

（一）單因子虛擬迴歸

單因子虛擬迴歸是單一個類別自變項的迴歸分析。當自變項為二分變項時 (k = 2)，虛擬迴歸與 t 考驗結果相同。若是自變項的水準數大於 2 時 ($k > 2$)，虛擬迴歸則與變異數分析相同。

（二）多因子虛擬迴歸

兩個或兩個以上的類別自變項的迴歸分析稱為多因子虛擬迴歸。當自變項愈多，影響依變項的原因除了各個自變項的作用，還有自變項相互作用的交互效果，原理與多因子設計變異數分析相同，下表為虛擬迴歸分析的假設情形。

表 8-1　虛擬迴歸分析之假設

受試者編號	原始變項	虛擬變項			
ID	Study	Study1	Study2	Study3	Study4
001	3	0	0	1	0
002	2	0	1	0	0
003	1	1	0	0	0
004	4	0	0	0	1
005	4	0	0	0	1

二、曲線迴歸分析

曲線迴歸分析的原理是利用多項式方程式 (polynomial regression equation) 來進行分析，讓觀察資料可以與該方程式達到最大的適配，據以估計出自變項對依變項的解釋力。其中曲線迴歸的虛擬迴歸是將方程式的各項以虛擬變項的方式納入估計，便能得到研究者所設定的多項式方程式的各項統計量。

對於二次模型表示自變項與依變項的關係，呈現二次方程式的關係。可藉由下列方程式加以表示。

$$\hat{Y} = b_1 X^2 + b_2 X + a$$

三、曲線迴歸的優劣

曲線迴歸的優點主要有 2 點：(1) 增加了非線性項的處理，提高 X 對於 Y 的解釋力；(2) 曲線迴歸所建立的方程式的解釋力可以有效提升。另外曲線迴歸的缺點在於：(1) 曲線迴歸的迴歸係數並非反映的是斜率，而僅能反映函數各項的加權係數；(2) 標準化迴歸係數 beta 以及 b 係數的顯著性考驗也就沒有任何意義。

肆、路徑分析

路徑分析是一種將變項關係以模型化的方式進行分析的一種統計技術。在傳統的路徑分析中，用來解釋或預測其他變項的解釋性變項，通常被假設是沒有測量誤差，或其測量誤差可以被忽略。僅有被解釋或被預測的變項的解釋殘差可以被估計出來。在 SEM（結構方程模式）取向的路徑分析，不論是潛在變項或觀察變項，測量誤差都可以有效的估計，排除在分析過程之外，因此，SEM 取向的路徑分析有取代傳統迴歸取向路徑分析的諸多優勢。

一、路徑分析的基本原理

（一）因果關係與路徑模型

路徑分析主要的工作是從變項之間共變關係來檢驗研究者所提出的影響、預測或因果關係，企圖推出因果論。雖然路徑分析是檢驗因果關係的有力工具，但其假設是把某個研究的分析結果視為特定變項因果關係的唯一證據，而沒有多方檢驗其真實性，將可能造成偏差的結論。路徑分析是一種驗證性的統計分析技術，而非試探性的探索研究。路徑分析首要工作是提出一個具有理論基礎的路徑模型，並以路徑圖的方法呈現。

結構方程式 (structural equation) 是構成路徑模型的數學方程式，外衍與內衍變項之間的關係係數 b_i，稱為路徑係數 (path coefficient)。路徑分析的路徑分析圖可由圖 8-1 說明。

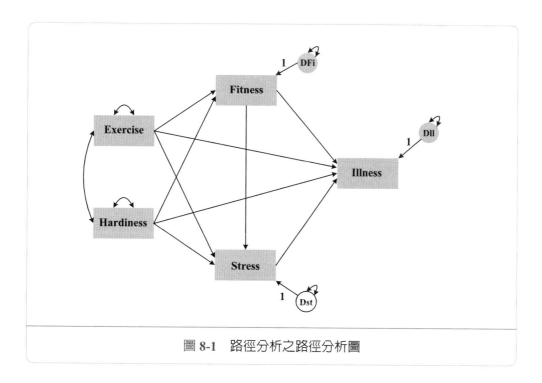

圖 8-1　路徑分析之路徑分析圖

$Y_1(\text{Fitness}) = b_1X_1(\text{Exercise}) + b_2X_2(\text{Hardiness}) + a_1$

$Y_2(\text{Stress}) = b_3X_1(\text{Exercise}) + b_4X_2(\text{Hardiness}) + b_5X_3(\text{Fitness}) + a_2$

$Y_3(\text{Illness}) = b_6X_1(\text{Exercise}) + b_7X_2(\text{Hardiness}) + b_8X_3(\text{Fitness}) + b_9X_4(\text{Stress}) + a_3$

（二）內衍變項與外衍變項

1. 外衍變項 (exogenous variable)

表示模型中作為影響或解釋其他變項的變異量的變項。其變異量由不屬於路徑模型的其他變項所決定。

2. 內衍變項 (endogenous variable)

表示模型中被他人所影響或解釋的變項。其變異量可被切割為外衍變項解釋及殘差（干擾）變異量兩部分。

3. 中介變項 (mediated variable)

指某變項同時具備自變項與依變項的雙重身分。其自身的變異量，由路徑模型中的兩個自變項所決定，因此也屬於內衍變項。

二、路徑模型的分析

以多元迴歸分析來進行路徑分析有下列步驟：(1) 計算變項的變異數與共變數；(2) 計算外衍變項對於內衍變項的直接效果；(3) 計算殘差變異；(4) 進行效果分析，說明路徑模型中的直接效果、間接效果與總效果。

(一) 殘差變異數與估計標準誤

殘差變異數：$Var_D = (1 - R^2) \times S_V^2$

估計標準誤：$\sqrt{1 - R^2}$

(二) 直接效果、間接效果與總效果

1. 直接效果 (direct effect)

其意義在於顯著的外衍與內衍變項解釋關係，直接由迴歸係數表示。

2. 間接效果 (indirect effect)

表示顯著的外衍與內衍變項解釋關係之間具有一個或多個中介變項 (mediated variable) 的作用。

內衍與外衍變項之間的直接效果均為顯著，若有任何一個直接效果不顯著，間接效果無法成立。

3. 總效果 (total effect)

其所代表的意義在於間接與直接效果的加總。

【範例 8-1】路徑分析分析範例

圖 8-2 描述了 4 個變項之間的結構關係，分別是自我效能感、社會期待、成就動機、學業表現。圖 8-2 中的單箭頭代表因果方向，雙箭頭代表相關。此一關係結構有下列 3 個假設：(1) 自我效能感與社會期待影響個人的成就動機；(2) 自我效能感、社會期待與成就動機影響學業表現；(3) 自我效能感與社會期待相關。

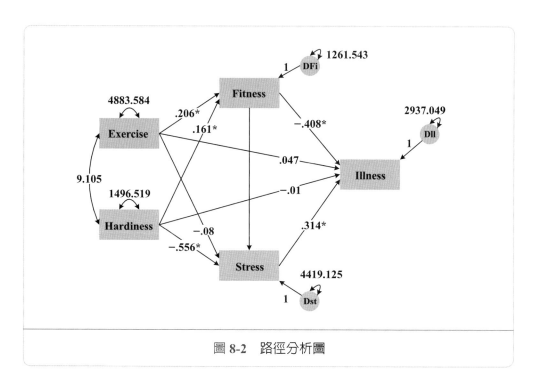

圖 8-2　路徑分析圖

表 8-2　路徑分析結果一覽表

參數	非標準化	SE	標準化
	Direct Effects		
Exercise → Fitness	.206*	.025	.371
Hardiness → Fitness	.161*	.046	.160
Exercise → Stress	−.008	.048	−.008
Hardiness → Stress	−.556*	.086	−.307
Exercise → Illness	.047	.042	.054
Hardiness → Illness	−.010	.074	−.007
Fitness → Illness	−.408*	.077	−.260
Stress → Illness	.314*	.041	.362
	變異數和共變數		
Exercise	4886.584		1.00
Hardiness	1496.519		1.00
Exercise with Hardinesss	9.105		.003

表 8-2 （續）

參數	非標準化	SE	標準化
DFi	1261.543		.836
DSt	4419.125		.899
Dll	2937.049		.795

*. p < .01

（三）模型衍生相關

模型衍生相關 (model-implied or predicated correlation) 的定義是由模型推導出 2 個變項的相關強度。自變項對於內衍變項的整體效果的迴歸數數值，可以說是基於路徑模式推倒出來的 2 變項之間的整體性關係強度，如果再加上非因果性關係的係數值，所得到的係數綜合稱之為模型衍生相關或重製相關，代表模型推倒出的變項相關。

模型衍生相關的功能主要有 2 點：(1) 比較個別參數的優劣性：2 變項之間以理論假設求出的參數與實際觀測值的差距；(2) 檢驗整體模型的契合度（加總模型中所有理論與實際觀測差距值）。模型衍生相關的內容包括下列 2 點：(1) 自變項對於內衍變項的整體效果的迴歸係數數值；(2) 非因果性關係的係數值（如相關係數）。

伍、多元迴歸的範例解析

多元迴歸的範例解析主要有同時迴歸分析、逐步迴歸分析及路徑分析等。

一、同時迴歸分析

【範例 8-2】同時迴歸分析

某個班級有 10 名國小學生，其閱讀興趣與閱讀行為的調查資料，研究者想要了解這些變項對於閱讀行為的影響，甚至於加入性別的作用，則為一個多元迴歸的範例，資料列述如下。

表 8-3 閱讀興趣、行為與習慣資料一覽表

學生編號	1	2	3	4	5	6	7	8	9	10
性別	男	男	女	男	男	女	女	男	女	女
興趣	1.20	1.00	2.40	2.20	1.40	3.80	2.40	2.60	3.20	3.20
行為	2.57	2.11	2.52	2.79	2.24	3.21	2.72	2.98	2.93	3.15
習慣	1.50	2.08	2.17	2.17	1.33	2.83	2.75	2.33	2.33	2.25

(1) 開啓資料或輸入資料

由上述的範例中，得知自變項爲性別、閱讀興趣及閱讀習慣，至於依變項則爲閱讀行爲。原始資料如圖 8-3 所示。

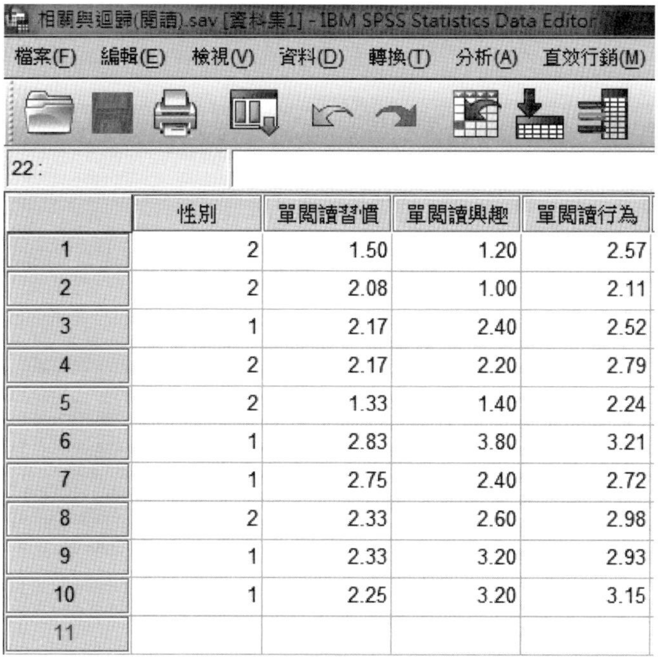

	性別	單閱讀習慣	單閱讀興趣	單閱讀行為
1	2	1.50	1.20	2.57
2	2	2.08	1.00	2.11
3	1	2.17	2.40	2.52
4	2	2.17	2.20	2.79
5	2	1.33	1.40	2.24
6	1	2.83	3.80	3.21
7	1	2.75	2.40	2.72
8	2	2.33	2.60	2.98
9	1	2.33	3.20	2.93
10	1	2.25	3.20	3.15
11				

圖 8-3 多元迴歸分析範例資料檔

(2) 選擇分析→迴歸→線性

圖 8-4　迴歸中線性選項功能

(3) 選擇欲分析之自變項與依變項，選入分析的清單內。

圖 8-5　線性迴歸選擇變項對話框

(4) 選擇輸入的方法，進行迴歸分析。

SPSS 迴歸內定的方法即爲輸入 (Enter)。

(5) 點選統計量，勾選各種統計量數。

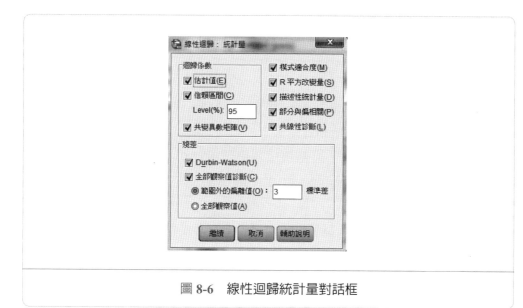

圖 8-6　線性迴歸統計量對話框

(6) 點選確定後執行，並檢視結果。

下表爲各變項之敘述統計表，由此可以看出各變項的平均數及標準差。

敘述統計			
	平均數	標準離差	個數
單閱讀行為	2.7217	.36514	10
單閱讀興趣	2.3400	.92400	10
單閱讀習慣	2.1750	.47050	10

下表爲迴歸分析的模式摘要，由下表的結果可以顯示出自變項對於依變項的整體解釋力，所以自變項可以解釋依變項 90.7% 的變異，調整後的 R^2 爲 82.2%，因爲樣本小，自變項多，所以本範例的結果適合用校正後的 R^2 來解釋爲宜。

模式摘要[b]										
模式	R	R 平方	調過後的 R 平方	估計的 標準誤	變更統計量					Durbin-Watson 檢定
					R 平方 改變量	F 改變	df1	df2	顯著性 F 改變	
1	.907[a]	.822	.772	.17449	.822	16.207	2	7	.002	2.377

a. 預測變數：(常數) ，單閱讀習慣，單閱讀興趣。
b. 依變數：單閱讀行為。

上表的殘差檢定中 Durbin-Watson 檢定 = 2.377，表示是否具有自我相關，愈接近 2 時愈理想。Durbin-Watson 是檢定相鄰的 2 個誤差項之相關程度。當 (1) Durbin-Watson 的值接近 2 時，誤差項相關係數接近 0；(2) Durbin-Watson 的值接近 0 時，誤差項相關係數接近 1；(3) Durbin-Watson 的值接近 4 時，誤差項相關係數接近 −1。

下表為單因子變異數分析摘要表，由下表中的模式考驗可以得知此迴歸分析的模式是否達到顯著性。

Anova[a]						
模式		平方和	df	平均平方和	F	顯著性
1	迴歸	.987	2	.493	16.207	.002[b]
	殘差	.213	7	.030		
	總數	1.200	9			

a. 依變數：單閱讀行為。
b. 預測變數：(常數) ，單閱讀習慣，單閱讀興趣。

下表的迴歸係數分析結果中可以得知，迴歸分析未標準化及標準化的方程式為何。在共線性統計量方面，是對於個別變項預測力的檢驗，允差（tolerance，容忍值）愈小，VIF 愈大，表示共線性愈明顯。

係數[a]												
模式	未標準化係數		標準化係數	t	顯著性	B 的 95.0% 信賴區間		相關			共線性統計量	
	B 之估計值	標準誤差	Beta 分配			下界	上界	零階	偏	部分	允差	VIF
1 （常數）	1.968	.286		6.881	.000	1.292	2.644					
單閱讀興趣	.382	.095	.967	4.040	.005	.159	.606	.905	.837	.643	.442	2.260
單閱讀習慣	-.065	.186	-.083	-.348	.738	-.504	.375	.639	-.131	-.055	.442	2.260

a. 依變數：單閱讀行為。

　　下表為整體模式的共線性檢驗，特徵值愈小，條件指標愈大，表示模式的共線性情形則較為嚴重，條件指標 15.787 顯示共線性問題不大，偏高的變異數比例指出閱讀興趣 (0.52)、閱讀習慣 (1.00) 之間具有明顯的共線性。

共線性診斷[a]						
模式	維度	特徵值	條件指標	變異數比例		
				（常數）	單閱讀興趣	單閱讀習慣
1	1	2.924	1.000	.00	.01	.00
	2	.064	6.752	.25	.47	.00
	3	.012	15.787	.74	.52	1.00

a. 依變數：單閱讀行為。

(7) 結果說明

　　本範例為解釋型的迴歸分析範例，目的在於檢驗各自變項對於依變項的解釋力，由結果可以得知本範例具有高度的解釋力，整體的 R^2 高達 0.907，表示 3 個自變項可以解釋閱讀行為 90.7% 的變異量，因為樣本數少且自變項多，宜採調整後 R^2，但也達 82.2% 的解釋比率。模式考驗的結果，指出迴歸效果達顯著水準 $(F(7,2) = 16.207, p = 0.002)$，具有統計上的意義。

　　進一步對於個別自變項進行事後考驗，係數估計的結果指出，閱讀興趣具有最佳的解釋力，$\beta = -0.967$，顯示閱讀興趣高，閱讀行為表現趨正向。其次為閱讀習慣，$\beta = -0.083$。其中，t 考驗結果指出閱讀興趣的 β 係數高，也具備統

計意義 ($t = 4.040$, $p = 0.005$)，閱讀習慣的 β 係數則不具有統計上解釋的意義 ($t = -0.348$, $p = 0.738 > .05$)。

二、逐步迴歸分析

【範例 8-3】逐步迴歸分析

逐步迴歸分析的主要目的在於透過變項選擇的程序，建立一個最佳的預測方程式，並且適用於實際的預測分析。為了選擇最佳自變項的組合，應使用逐步迴歸、向前或向後的分析方法來決定最佳的迴歸預測模式。

本範例是以逐步迴歸分析方法來作為變項投入迴歸方程式的方法，大部分的步驟與同時迴歸法相類似，本範例僅將逐步迴歸與同時迴歸不同之處加以說明如下。

步驟 (1) 至步驟 (4) 與上例相同，只有步驟 (5) 選擇迴歸的方式不同，如圖 8-7 所示，選擇逐步迴歸的方法。

圖 8-7　線性迴歸選擇變項對話框

(1) 輸出結果

下表為逐步迴歸方式中自變項進入或刪除清單，並列出選擇的標準為何，進入以 F（單因子變異數分析）機率 0.05，刪除則以 F 機率 0.10 為標準。

總計有 2 個變項進入此迴歸方程式，分別為閱讀期望與閱讀資源。

選入／刪除的變數[a]			
模式	選入的變數	刪除的變數	方法
1	單閱讀期望	.	逐步迴歸分析法（準則：F- 選入的機率 ≤ .050，F- 刪除的機率 ≥ .100）。
2	單閱讀資源	.	逐步迴歸分析法（準則：F- 選入的機率 ≤ .050，F- 刪除的機率 ≥ .100）。

a. 依變數：單閱讀環境。

模式摘要中，整體模式的解釋力為 0.922 及 0.982，其中 0.982（ = 0.922 + 0.060）為累積的解釋量。在 2 個步驟下，個別自變項可以解釋的變異量為 92.2% 及 6.0%，而且顯著性 F 的改變均達選入的標準，所以被選擇進入此迴歸方程式中。

模式摘要[c]										
模式	R	R 平方	調過後的 R 平方	估計的標準誤	變更統計量					Durbin-Watson 檢定
					R 平方改變量	F 改變	df1	df2	顯著性 F 改變	
1	.960[a]	.922	.913	.21820	.922	95.142	1	8	.000	
2	.991[b]	.982	.977	.11227	.060	23.219	1	7	.002	2.513

a. 預測變數：（常數），單閱讀期望。
b. 預測變數：（常數），單閱讀期望，單閱讀資源。
c. 依變數：單閱讀環境。

下表中在模式顯著性的整體考驗中，對於模式 1 的 $R^2(0.922)$, $F = 195.142$, $p < 0.001$，模式 2 的 $R^2(0.982)$, $F = 191.301$, $p < 0.001$，均達顯著，表示迴歸效果具有其統計意義。

Anova[a]						
模式		平方和	df	平均平方和	F	顯著性
1	迴歸	4.530	1	4.530	95.142	.000[b]
	殘差	.381	8	.048		
	總數	4.911	9			
2	迴歸	4.823	2	2.411	191.301	.000[c]
	殘差	.088	7	.013		
	總數	4.911	9			

a. 依變數：單閱讀環境。

b. 預測變數：(常數) ，單閱讀期望。

c. 預測變數：(常數) ，單閱讀期望，單閱讀資源。

由下表迴歸方程式所估計的係數結果中可以得知，模式 1 表示首先進入的自變項為閱讀期望，Beta = 0.960，t = 9.754，p < 0.001 達顯著水準，並且沒有共線性的問題 (忍容值 = 1.000, VIF = 1.000)。

模式 2 中再加入 1 個預測變項閱讀資源，Beta = 0.323，閱讀期望的 Beta 降為 0.749，這是經過排除共變後的淨預測力。

係數[a]													
模式		未標準化係數		標準化係數	t	顯著性	B 的 95.0% 信賴區間		相關			共線性統計量	
		B 之估計值	標準誤差	Beta 分配			下界	上界	零階	偏	部分	允差	VIF
1	(常數)	.216	.215		1.006	.344	-.279	.711					
	單閱讀期望	.847	.087	.960	9.754	.000	.646	1.047	.960	.960	.960	1.000	1.000
2	(常數)	-.035	.122		-.289	.781	-.324	.254					
	單閱讀期望	.660	.059	.749	11.163	.000	.520	.800	.960	.973	.566	.571	1.753
	單閱讀資源	.325	.067	.323	4.819	.002	.166	.485	.814	.877	.244	.571	1.753

a. 依變數：單閱讀環境。

(2) 結果說明

本範例為預測型迴歸分析，因此以逐步多元迴歸的分析法來選擇最佳自變項組合，電腦自動選取相關最高的自變項首先進入模式，可以暫時迴避共線性的問題。此時，第一個以最佳自變項角色進入的是閱讀期望，在第一階段（模式一）即被選入，閱讀期望獨立可以解釋學期成績的 92.2% 變異量 $(F(1,8) = 95.142, p < 0.001)$，以調整 R^2 來表示，仍有 91.3% 的解釋力。第二個被選入的自變項為閱讀環境，該變項單獨可以解釋依變項 6.0% 的變異量，F 改變量為 $23.219(p = 0.002)$，符合被選入的標準，因此模式二共有閱讀期望與閱讀資源 2 個自變項，總計可以解釋依變項 98.2% 的變異量，調整後為 97.7%，以 F 考驗結果，此依解釋力具有統計意義 $(F(1,7) = 23.219, p = 0.002)$。最後得到的方程式將包括 2 個自變項，未標準化的迴歸方程式如下所示。

$$閱讀環境 = -0.035 + 0.660 \times 閱讀期望 + 0.325 \times 閱讀資源$$

標準化的迴歸方程式如下所示。

$$閱讀環境 = 0.749 \times 閱讀期望 + 0.3235 \times 閱讀資源$$

利用這個方程式，可以進行實際的閱讀環境的預測，估計標準誤為 0.112。

逐步分析的係數估計發現，閱讀期望首先被納入模式一中，該變項可以獨立預測依變項，$\beta = 0.960$，t 值為 $9.754(p < 0.001)$。因為此時只有單獨 1 個變項被納入，所以無共線性的問題，也就是閱讀期望對於閱讀環境的預測力並沒有受到其他變數的干擾。模式二的係數估計中，增加了閱讀資源的進入，其 $\beta = 0.323(t = 4.819, p = 0.002)$，而閱讀期望的 β 係數此時降為 0.749，t 值為 $11.163(p < 0.001)$，顯示閱讀期望的效果因為排除了閱讀資源的影響而降低，部分相關係數 (0.566) 接近 β 係數可以證明此一影響。

三、路徑分析

路徑分析 (path analysis) 是由研究者依照研究中的理論基礎，提出路徑模型，同時進行多次的迴歸分析方法，最早的概念是由遺傳學家 Swell Wright 於

1921 年所提出，至 1960 年代才被廣泛地運用。傳統上路徑分析是由一系列的迴歸分析來加以組成，經由理論的假設性架構，將不同的迴歸方程式加以組合，形成一個結構化的路徑分析模式。

　　傳統的路徑分析中，解釋或預測其他變項的解釋性變項，假設是沒有測量誤差，或其測量誤差被忽略，僅在被解釋或被預測的變項的解釋性殘差加以估計而已。目前在結構方程模式取向的路徑分析中，無論是潛在變項或者是觀察變項，測量誤差都可以被有效地估計出來，所以目前被採用的大部分是結構方程模式取向的路徑分析，而本範例即是以結構方程模式的路徑分析加以說明如下。

【範例 8-4】路徑分析

　　以下的範例是採用 SPSS 內建的資料檔 Employee data.sav 來進行路徑分析，該資料蒐集了 474 位員工的人事與薪資資料，變項包括性別、受教育年數、在該公司的年資、先前的工作資歷、是否為少數民族、起薪與目前薪資，根據這些變數，依據文獻探討後的理論基礎，提出一個路徑模型如圖 8-8 所示。

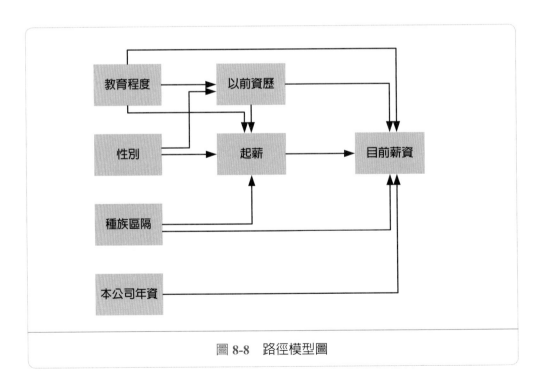

圖 8-8　路徑模型圖

　　參數估計時因為所有被預測變項會產生誤差，因此以前資歷、起薪及目前薪資需等 3 個被預測變項需要加上誤差，預測變項之間則是兩兩之間會有共變（非標準化解）或者是相關（標準化解）的關係存在，因此圖 8-8 在參數估計時應該修正為如圖 8-9。

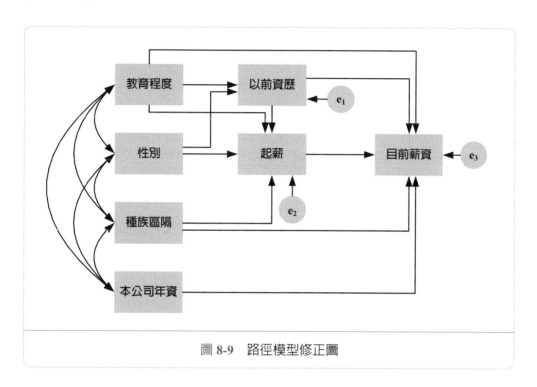

圖 8-9　路徑模型修正圖

1. 將性別字串變項轉換成數值變項 (dummy coding)

　　由於此資料中的性別變項是字串變項，m 為男性，f 為女性，但這種編碼無法進行迴歸分析，因此需要轉換變項將性別轉成 0 為女性，1 為男性，結果如圖 8-10 所示。

圖 8-10 性別重新編碼結果

2. 利用 AMOS 繪製路徑圖形

圖 8-11 為利用 AMOS 加以繪製的路徑圖形。

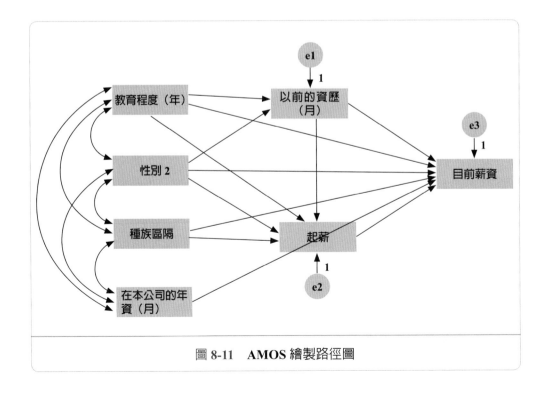

圖 8-11 AMOS 繪製路徑圖

3. 估計參數

請在 AMOS 的軟體畫面中點選→ Calculate Estimates 來估計參數。

4. 檢視結果

檢視標準化的估計結果，如圖 8-12 所示。

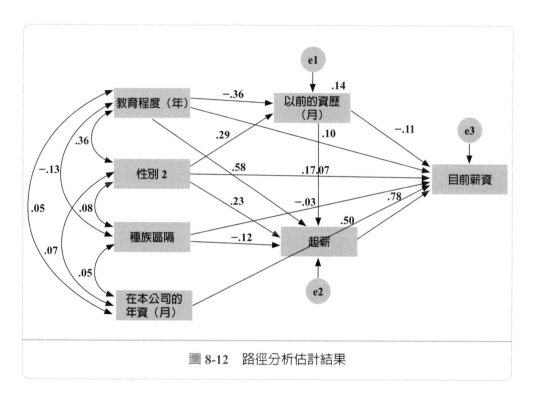

圖 8-12　路徑分析估計結果

　　參數估計結果在適合度指標中，卡方值 = 6.339，自由度 = 3，p = 0.096，卡方值 / 自由度 = 2.113，AGFI = 0.965，GFI = 0.996，CFI = 0.997，RMSEA = 0.049，SRMR = 0.020。至於在效果量的部分，以下將依標準化的直接效果、間接效果及總效果等 3 個部分列述如下。

(1) 標準化的直接效果

	本公司的年資	種族區隔	性別	教育程度	起薪	以前的資歷
起薪	.000	.000	.292	-.356	.000	.000
以前的資歷	.000	-.123	.232	.576	.170	.000
目前薪資	.092	-.033	.070	.099	-.114	.784

(2) 標準化的間接效果

	本公司的年資	種族區隔	性別	教育程度	起薪	以前的資歷
起薪	.000	.000	.000	.000	.000	.000
以前的資歷	.000	.000	.050	−.061	.000	.000
目前薪資	.000	−.096	.188	.445	.133	.000

(3) 標準化的總效果

	本公司的年資	種族區隔	性別	教育程度	起薪	以前的資歷
起薪	.000	.000	.292	−.356	.000	.000
以前的資歷	.000	−.123	.282	.516	.170	.000
目前薪資	.092	−.130	.258	.544	.019	.784

由上表的標準化總效果結果中可以得知，年資 (jobtime) 可以預測目前薪資 (salary) 的解釋量為 0.092，而種族 (minority) 可預測目前薪資 (salary) 的預測力為 −0.130，種族的預測為 −0.130(−0.033 − 0.096 = −0.130)，性別 (gender) 對於起薪的預測為 0.292，性別對於以前資歷 (prevexp) 的預測力為 0.282，性別對於目前薪資的預測力為 0.258(0.188 + 0.070 = 0.258)，教育程度 (educ) 預測起薪的預測力為 −0.356，教育程度預測以前的資歷為 0.516，教育程度預測目前薪資的預測力為 0.544(0.099 + 0.445)，起薪預測目前薪資的預測力為 0.019，以前的資歷預測目前薪資為 0.784。

因素分析

因素分析的主要目的在將繁多的變項縮減爲少數的因素，找出變項背後的結構，涉及：(1) 因素數目的決定；(2) 因素的內容與性質；(3) 因素的重要性；(4) 理論的檢驗；(5) 因素分數的估計；(6) 因素分析的限制；(7) 理論層次的問題。以下將從因素分析的基本特性、因素分析在教學與測驗設計中的角色、因素分析的數學原理及重要步驟以及利用編製量表中進行構念效度分析的範例，來加以說明因素分析進行的程序。

壹、因素分析的基本特性

爲了證實研究者所設計的測驗的確測量某一潛在特質，並釐清潛在特質的內在結構，能夠將一群具有共同特性的測量分數，抽離出背後構念的統計分析技術，便是因素分析。因素分析的功能主要包括下列 3 大項：(1) 因素分析能夠處理潛在變項的估計問題，協助研究者進行效度的驗證。因素分析中對於測驗效度的建立過程，可以作爲構念效度（理論）的證據。(2) 因素分析可以協助研究者簡化測量的內容，其最重要的概念，即是將複雜的共變結構予以簡化，使得許多有相似概念的變項，透過數學關係的轉換，簡化成幾個特定的潛在因素。(3) 因素分析可以用來協助測驗編製、項目分析並檢驗試題的優劣好壞。同時可以針對每一個題目的獨特性進行測量，比較試題間相對重要性。因素分析在測驗分析中主要的目的在於可以獲得量表在檢定測驗時的「建構效度、構念效度」(construct validity)，利用因素分析抽取變項之間的共同因素 (common factor)，以較少的構面（因素）代表原來較複雜的變項結構。

一、簡化結構原則

最早 Sperman 之所以提出因素分析的概念，是他觀察到智力測驗不同分量量表的得分之間，具有一致性的相關存在。因此他主張在智力測量背後，存在一個共同的影響因素，稱爲 G 因素。而每個人在不同的智力面向或有擅長，則是受到特殊因素的影響，稱爲 S 因素。Sperman 主張影響智力的核心因素可能不只一個，藉由統計的程序，可以在智力測驗的得分相關之間找出一組不同且獨立存在的共同因素，稱之爲最簡化結構。

早期 Thurstone 發展因素分析測量時，強調共同因素與測量變項之間的最簡

單結構，以釐清測量得分之間的關係，這種技術被稱之為探索性因素分析。

二、因素與共變結構

因素分析發展最初的目的是在簡化一群龐雜的測量，找出可能存在於觀察變項背後的因素結構，增加其可理解程度。其基本假設，是構念或「因素」隱含許多現實可觀察的事物背後，雖然無法直接測量，但可以從外顯行為估計或抽取得到。因素對於測量分數的影響力可以由因素負荷量的大小來加以表示。

三、因素分析的條件

因素分析的必備條件主要包括以下幾項，分別是：(1) 因素分析的變項都必須是連續變項，符合線性關係的假設；(2) 順序與類別變項不得使用因素分析簡化結構；(3) 抽樣過程必須有隨機性，並具有一定的規模。建議樣本數在 200 以下者不宜進行因素分析，樣本數大於 300 時對於因素分析的穩定性較佳。如果研究的變項數目不多，樣本數可以介於 100 到 200 之間 (Devellis, 2003)。Gorsuch (1983) 建議樣本數最少為變項數的 5 倍，且大於 100。因素分析所需要的樣本數並無絕對標準，研究者應根據實際狀況來決定；(4) 變數之間須具有一定程度的相關，一群相關太高或太低的變項，皆會造成執行因素分析的困難。太低難以抽取一組穩定的因素，而太高則會有多元共線性的情形，會產生區辨效度不足的疑慮，因此所獲得的因素結構價值不高。

貳、教學與測驗的設計

測驗與教學是一體兩面，根據一般教學原則中依教學目標來進行教學，而教學後的評量與測驗，可以提供教學者檢視教學的內容與步驟是否適切，因此可以將測驗與評量視為教學的處方箋。圖 9-1 即為測驗的發展與實施流程圖，因素分析在教學測驗的發展中提供構念效度的驗證。

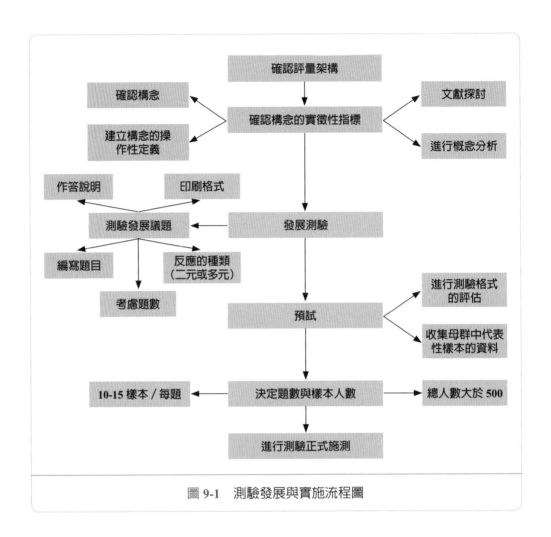

圖 9-1　測驗發展與實施流程圖

參、因素分析的分析原理

　　因素分析的目的是利用少數幾個潛在的變項（因素）來解釋一組變項之間的相關。當潛在變項被抽取後，變項之間將不存在相關，即是因素分析中的局部獨立性，亦即變項之間所存在的相關是因為潛在變項的影響，所以抽取潛在變項後，變項之間即為無關的獨立狀況。因素分析中，將觀察變項的變異分為共同性、獨特性及測量誤差，其中的測量誤差則包括隨機與系統性誤差，因素分析原理中所關心的主要是在共同性部分，以下將依因素分析中所涉及的矩陣名稱及內涵、相關係數的判斷、因素的萃取、因素個數的決定、特徵向量、特徵值與萃取

變異、因素結構、因素轉軸以及因素分數等因素分析的分析原理說明如下。

一、因素分析所涉及之矩陣

因素分析是以觀察變項的共變關係為基礎的一種統計技術，在運算過程中涉及多種矩陣的概念（如表 9-1）。最基本的一個矩陣，也就是因素分析欲進行分析的「資料」，是一個對稱的相關矩陣，以 R 表示。如果計算 2 變項相關時，把其他的變數效果排除，求取淨相關，即得反映像矩陣 R'。當反映像矩陣的各項量數值愈小時，表示觀察變項受到其他變項的影響甚大。在 SPSS 的報表中，特別在反映像矩陣的對角線上，計算出一個取樣適切性量數，得以用來計算整個矩陣的取樣適切性。

另外兩個對稱的相關矩陣，分別為由萃取後的因素模型導出的變數相關矩陣，稱為重製相關矩陣，以 $\overline{R}$ 表示。而觀察相關矩陣與重製相關矩陣的差，稱為殘差矩陣。

表 9-1 因素分析運算過程所涉及的各種矩陣資料一覽表

代號	名稱	格式	內容說明
R	相關矩陣 Correlation Matrix	$p \times p$	變數間兩兩相關係數矩陣
R'	反映像矩陣 Anti-image Matrix	$p \times p$	變數間兩兩淨相關係數矩陣
$\overline{R}$	重製相關矩陣 Reproduced Correlation Matrix	$p \times p$	依因素結構導出之變數間相關係數矩陣
R_{res}	殘差矩陣 Residual Correlation Matrix	$p \times p$	觀察相關與重製相關的差異
V	特徵向量矩陣 Eigenvector Matrix	$p \times m$	特徵向量矩陣，一個向量為一個特徵值
L	特徵值矩陣 Eigenvalue Matrix	$m \times m$	特徵值對角線矩陣，每一個因素一個特徵值
A	因素負荷矩陣 Factor Loading Matrix	$p \times m$	變數與因素間的相關係數矩陣
A	組型矩陣 Pattern Matrix	$p \times m$	變數與因素間的相關係數矩陣
S	結構矩陣 Structural Matrix	$p \times m$	變數與因素間的相關係數矩陣
B	因素分數係數矩陣 Factor-score Coefficient Matrix	$p \times m$	類似迴歸係數矩陣，用以計算因素分數
F	因素分數矩陣 Factor-score Matrix	$n \times m$	因素或主成分標準化分數矩陣
Φ	因素相關矩陣 Factor Correlation Matrix	$m \times m$	因素之間的相關係數矩陣

Note：p 為測量（觀察）變數數目，n 為樣本數，m 為因素或主成分數目。

（一）資料矩陣

因素分析中所進行的資料格式是屬於 $N \times P$ 的矩陣，其中 N 代表人數，P 則是代表題數，資料矩陣格式如圖 9-2 所示。

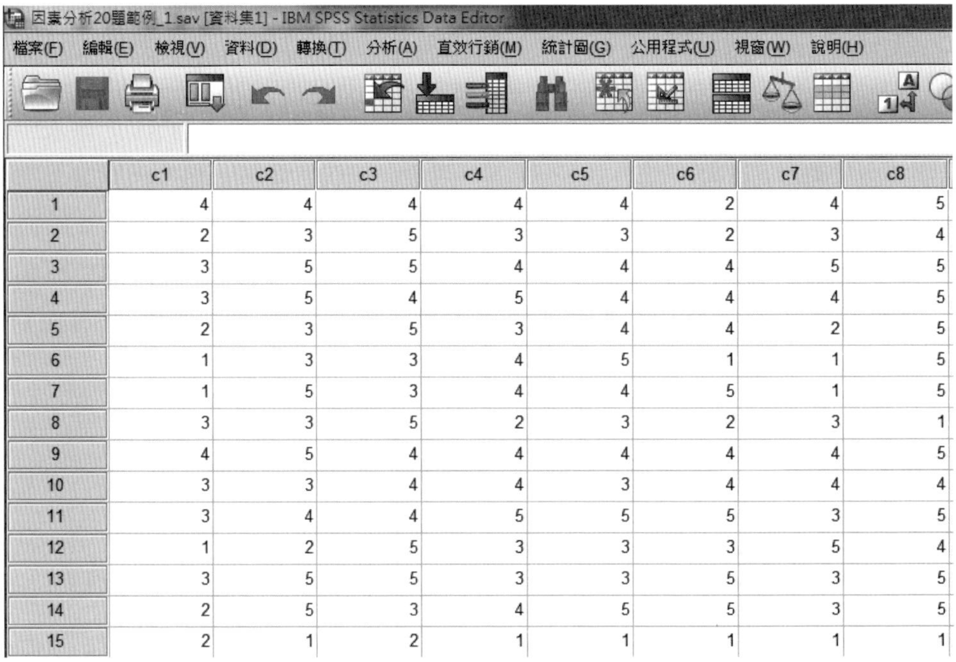

	c1	c2	c3	c4	c5	c6	c7	c8
1	4	4	4	4	4	2	4	5
2	2	3	5	3	3	2	3	4
3	3	5	5	4	4	4	5	5
4	3	5	4	5	4	4	4	5
5	2	3	5	3	4	4	2	5
6	1	3	3	4	5	1	1	5
7	1	5	3	4	4	5	1	5
8	3	3	5	2	3	2	3	1
9	4	5	4	4	4	4	4	5
10	3	3	4	4	3	4	4	4
11	3	4	4	5	5	5	3	5
12	1	2	5	3	3	3	5	4
13	3	5	5	3	3	5	3	5
14	2	5	3	4	5	5	3	5
15	2	1	2	1	1	1	1	1

圖 9-2　**20 題測驗的反映資料格式**

（二）相關係數矩陣

以上述資料中 c1 到 c8 的題目為例，利用 SPSS 計算相關係數矩陣如表 9-2 所示。

表 9-2　積差相關係數矩陣資料一覽表

	c1	c2	c3	c4	c5	c6	c7	c8
c1	1	.065	.337	.261	−.036	.170	.446	.105
c2	.065	1	.249	.555	.390	.505	.188	.276

表 9-2 （續）

	c1	c2	c3	c4	c5	c6	c7	c8
c3	.337	.249	1	.239	.089	.382	.610	.211
c4	.261	.555	.239	1	.377	.389	.351	.252
c5	-.036	.390	.089	.377	1	.472	.064	.327
c6	.170	.505	.382	.389	.472	1	.354	.194
c7	.446	.188	.610	.351	.064	.354	1	.067
c8	.105	.276	.211	.252	.327	.194	.067	1

表 9-2 是 c1 到 c8 的相關係數矩陣，相關係數矩陣是一個對稱的方陣，由表 9-2 中可以得知 c1 與 c2 的相關係數為 .065，c1 與 c5 的相關係數為 -.036。另外亦可以將上述方陣的相關係數矩陣表示成下三角的相關係數矩陣，如表 9-3 所示。

表 9-3　積差相關係數下三角矩陣資料一覽表

	c1	c2	c3	c4	c5	c6	c7	c8
c1	1							
c2	.065	1						
c3	.337	.249	1					
c4	.261	.555	.239	1				
c5	-.036	.390	.089	.377	1			
c6	.170	.505	.382	.389	.472	1		
c7	.446	.188	.610	.351	.064	.354	1	
c8	.105	.276	.211	.252	.327	.194	.067	1

若要計算相關係數，需要先計算資料的變異數、標準差及共變數，而變異數的計算方式如下。

$$S_x^2 = \frac{\sum(x - \bar{x})^2}{N - 1} = \frac{SS_x}{N - 1}$$

其中標準差為變異數開根號。

相關係數之計算公式如下所示。

$$r = \frac{C_{xy}}{s_x s_y} = \frac{\Sigma(X-\overline{X})(Y-\overline{Y})}{\sqrt{\Sigma(X-\overline{X})^2(Y-\overline{Y})^2}} = \frac{SP_{xy}}{\sqrt{SS_x SS_y}}$$

亦可將 2 個變項轉換為標準 Z 分數來求得係數值。

$$r = \frac{\Sigma Z_x Z_y}{N-1} \quad \because Z_x = \frac{X-\overline{X}}{S_x} \ , \ Z_y = \frac{Y-\overline{Y}}{S_y}$$

其中的 C_{xy} 為共變數,而 SP_{xy} 則為交叉乘積和,計算公式如下所示。

$$C_{xy} = \frac{\Sigma(X-\overline{X})(Y-\overline{Y})}{N-1} = \frac{SP_{xy}}{N-1}$$

所以 $C_{xy} = r_{xy} \times S_x \times S_y$。相關係數的值域介於 -1 與 1 之間。相關係數絕對值的強度代表性如表 9-4 所示。

表 9-4　積差相關係數的強度一覽表

相關係數的絕對值	R2	強度
.00-.29	.00-.08	弱 (Weak)
.30-.49	.09-.24	低度 (Low)
.50-.69	.25-.48	中度 (Moderate)
.70-.89	.49-.80	強度 (Strong)
.90-1.00	.81-1.00	非常強度 (Very strong)

資料來源:Pett, Lackey, & Sullivan, (2003). *Making sense of factor analysis: the use of factor analysis for instrument.* Sage Publications Ltd (p.60).

根據表 9-4 中可以得知,c5 與 c7 的相關係數為 .45,而 $R^2 = (.45)^2 = .2025$,表示其相關係數的強度是屬於低度相關。以下將利用上述的資料檔來計算相關係

數，首先呈現的是 c1 到 c8 的描述性統計資料。因素分析中的相關係數矩陣若是其值大於 .80 或者是小於 .30 時，都不適合進行因素分析。

表 9-5　**c1** 到 **c8** 描述性統計資料一覽表

敘述統計						
	個數	最小值	最大值	平均數	標準差	變異數
c1	205	1	5	3.11	1.143	1.306
c2	205	1	5	3.63	1.084	1.174
c3	205	1	5	3.91	1.134	1.286
c4	205	1	5	3.47	1.022	1.045
c5	205	1	5	3.21	1.052	1.108
c6	205	1	5	3.17	1.190	1.417
c7	205	1	5	3.56	1.156	1.336
c8	205	1	5	3.68	1.233	1.522
有效的N（完全排除）	205					

由上述描述性統計資料可以得知 c1 與 c3 的標準差與變異數分別是 $S_{c1}^2 = 1.306$，$S_{c1} = 1.143$，$S_{c3}^2 = 1.286$，$S_{c3} = 1.134$，並且得知 $C_{c1c3} = .436$，所以 c1 與 c3 的相關係數可以計算如下。

$$r_{c1c3} = \frac{C_{c1c3}}{S_{c1}S_{c3}} = \frac{.436}{(1.306)(1.286)} = .34$$

表示 c1 與 c3 的相關係數為 .34，是屬於低度的相關。

（三）共變數矩陣

表 9-6 為 c1 到 c8 變項的共變數係數矩陣資料，可以利用 SPSS 中的相關 → 雙變數中勾選選項中的共變數變異數矩陣 (SSCP)，即可獲得表 9-6 的資料。

表 9-6　共變數係數矩陣資料一覽表

	c1	c2	c3	c4	c5	c6	c7	c8
c1	1.306							
c2	.080	1.174						
c3	.436	.306	1.286					
c4	.304	.615	.277	1.045				
c5	-.043	.445	.107	.405	1.108			
c6	.231	.651	.515	.473	.591	1.417		
c7	.589	.236	.799	.415	.078	.487	1.336	
c8	.148	.369	.296	.317	.425	.285	.095	1.522

其中 $S_{c1}^2 = 1.306$，$C_{c1c3} = .436$，計算過程如下。

$$S_{c1}^2 = \frac{\Sigma(x - \bar{x})^2}{N - 1} = \frac{269.28}{(205 - 1)} = (1.149)^2 = 1.306$$

另外 c1 與 c3 的共變數計算過程如下。

$$C_{c1c3} = \frac{\Sigma(C_1 - \overline{C}_1)(C_3 - \overline{C}_3)}{(N - 1)} = \frac{89.76}{(250 - 1)} = .436$$

（四）單位矩陣

單位矩陣 (identity matrix) 簡稱為 I，單位矩陣只有斜對角的元素為 1，其餘均為 0，單位矩陣是矩陣乘法中的單位，如果是 3×3 的單位矩陣則如下所示。

$$\begin{bmatrix} 1.00 & .00 & .00 \\ .00 & 1.00 & .00 \\ .00 & .00 & 1.00 \end{bmatrix}$$

（五）矩陣的行列式

矩陣的行列式，若是 A 矩陣的行列式可以用 $|A|$ 來加以表示，而 A 矩陣的行列式計算如下所示。

$$\begin{bmatrix} A & B \\ C & D \end{bmatrix}$$

$$Det\ |A| = AD - BC$$

若是 3×3 以上的矩陣，其計算的方法如下所示。

$$\begin{bmatrix} A & B & C \\ D & E & F \\ G & H & I \end{bmatrix} = \begin{bmatrix} A & B & C & A & B & C \\ D & E & F & D & E & F \\ G & H & I & G & H & I \end{bmatrix} = (AEI + BFG + CDH - GEC - HFA - IDB)$$

利用 SPSS 來進行因素分析時，偶而會發生 Determinant = .0000，The Matrix Is Not Positive-Definite，這個情形即是表示其行列式的值相當小，甚至是負值的情形才會發生。而這種情形應該是相關係數矩陣發生線性相依的情形。

圖 9-3 為利用 SPSS 來進行因素分析時，在描述性統計量的選項中選擇相關矩陣中的係數、顯著水準及行列式來檢視相關係數矩陣及顯著性、行列式的值。

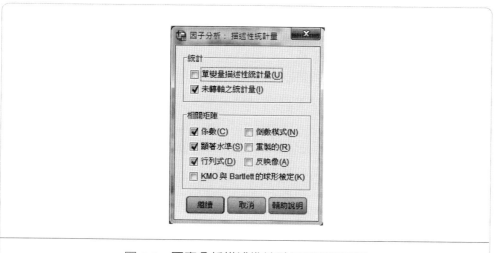

圖 9-3　因素分析描述性統計量選擇對話框

點選確定之後，相關係數及行列式的結果如下。

表 9-7　相關係數矩陣資料一覽表

相關矩陣[a]		c1	c2	c3	c4	c5	c6	c7	c8
相關	c1	1.000	.065	.337	.261	−.036	.170	.446	.105
	c2	.065	1.000	.249	.555	.390	.505	.188	.276
	c3	.337	.249	1.000	.239	.089	.382	.610	.211
	c4	.261	.555	.239	1.000	.377	.389	.351	.252
	c5	−.036	.390	.089	.377	1.000	.472	.064	.327
	c6	.170	.505	.382	.389	.472	1.000	.354	.194
	c7	.446	.188	.610	.351	.064	.354	1.000	.067
	c8	.105	.276	.211	.252	.327	.194	.067	1.000
顯著性（單尾）	c1		.177	.000	.000	.304	.008	.000	.066
	c2	.177		.000	.000	.000	.000	.003	.000
	c3	.000	.000		.000	.101	.000	.000	.001
	c4	.000	.000	.000		.000	.000	.000	.000
	c5	.304	.000	.101	.000		.000	.181	.000
	c6	.008	.000	.000	.000	.000		.000	.003
	c7	.000	.003	.000	.000	.181	.000		.170
	c8	.066	.000	.001	.000	.000	.003	.170	

a. 行列式 = .105

　　由表 9-7 可以得知，c1 與 c2 的相關係數為 .065，c1 與 c3 的相關係數為 .337，單尾的顯著性 c1 與 c2 相關係數的顯著性為 .177，大於 .05，所以未達顯著水準，因此需要承認虛無假設，亦即 c1 與 c2 的相關係數 .065 與 0 並沒有差別。至於 c1 與 c3 相關係數的顯著性為 < .001，所以需拒絕虛無假設，承認對立假設，亦即 c1 與 c3 的相關係數 .337 與 0 是有所不同的。至於矩陣的行列式則為 .105。

二、相關係數適切性的判斷

　　相關變數是否適合進行因素分析，主要是與觀察變項之間的相關情形有

關。有幾種方法可以用來判斷相關矩陣的適切性，以下分為 3 種適切性判斷說明如下。

（一）Bartlett 的球形檢定

顯著的球形檢定表示相關係數足以作為因素分析抽取因素之用。球形檢定約略呈現卡方分布，若變項之間相關係數愈高，則表示愈適合進行因素分析。因為卡方分布對樣本大小相當敏銳，故實際分析時，很少呈現球形檢定接受虛無假設，即利用球形檢定法時，呈現資料不適宜進行因素分析結果的機率很低。

球形檢定的虛無假設可以表示如下。

$$H_0 : R = \begin{bmatrix} 1 & 0 & 0 & 0 \\ 0 & 1 & 0 & 0 \\ 0 & 0 & 1 & 0 \\ 0 & 0 & 0 & 1 \end{bmatrix}$$

其卡方考驗的公式如下所示。

$$\chi^2 = -\left[(N-1) - \left(\frac{2k+5}{6}\right)\right] \log_e |R|$$

上述公式中，χ^2 是球形檢定的卡方值，N = 樣本人數，k = 矩陣中的變數個數，$\log_e$ 代表自然對數，$|R|$ 代表相關矩陣的行列式。其中的自由度 df 為 $k(k-1)/2$，因此以上述 8 個變項的資料為例，其卡方值可以計算如下。

$$\chi^2 = -\left[(N-1) - \left(\frac{2k+5}{6}\right)\right] \log_e |R|$$

$$= -\left[(205-1) - \left(\frac{2 \times 8 + 5}{6}\right)\right] \log_e (.105)$$

$$= -(204 - 3.5) \times (-2.254)$$

$$= 452.512$$

此時的自由度為 $df = 8(8-1)/2 = 28$，$\alpha = .05$，經查表後為 41.3372，所以拒絕虛無假設，承認對立假設，因此並沒有違反球形檢定的假設。

若利用 SPSS 來進行因素分析時，點選描述性統計量數中的 KMO 與 Bartlett

檢定即會出現下述的結果，與上述計算結果一致。

表 9-8　KMO 與 Bartlett 檢定結果

KMO 與 Bartlett 檢定		
Kaiser-Meyer-Olkin 取樣適切性量數		.717
Bartlett 的球形檢定	近似卡方分配	452.512
	df	28
	顯著性	.000

（二）檢驗淨相關矩陣

反映像矩陣的對角線上的取樣適切性量數 (Measures of Sampling Adequacy, MSA) 為該變項有關的所有相關係數與淨相關係數的比較值，各測量變項的 MSA 係數取平均之後即為 KMO 量數。KMO 數值介於 0 與 1 之間，數值愈靠近 1，表示變項的相關愈高，愈適合進行因素分析；數值愈靠近 0，表示變項的相關愈低，愈不適合進行因素分析。表 9-9 為 KMO 值的意義說明，表 9-9 資料可以得知若 KMO 的值小於 .50 表示因素分析的適切性並不理想，建議 KMO 的值應該大於 .60 以上才較為合適。

表 9-9　KMO 臨界值的意義解釋

KMO值	意義
> .90	極佳 (marvelous)
.80-.89	良好 (meritorious)
.70-.79	中度 (middling)
.60-.69	不好不壞 (mediocre)
.50-.59	淒慘 (miserable)
< .50	無法接受 (unacceptable)

資料來源：Kaiser (1974). An index of factorial simplicity. *Psychometrika, 39*, 31-36.

KMO 的計算公式如下所示。

$$KMO = \frac{\Sigma(correlations)^2}{\Sigma(correlations)^2 + \Sigma(paritial\ correlations)^2}$$

因此可以表示成：

$$KMO = \frac{\sum\limits_{i \neq j} \sum r_{ij}^2}{\sum\limits_{i \neq j} \sum r_{ij}^2 + \sum\limits_{i \neq j} \sum a_{ij}^2}$$

其中$\Sigma\Sigma$表示將矩陣所有$i \neq j$的所有項目的總和，r_{ij}表示i與j的相關係數，a_{ij}表示i與j的 partial correlation（偏相關）。以下將以上述 8 個變項的資料來加以計算 KMO 值。

$$\sum\limits_{i \neq j}\sum r_{ij}^2 = (.065)^2 + (.337)^2 + (.261)^2 + \cdots + (.357)^2 + (.194)^2 + (.067)^2 = 2.9231$$

由 SPSS 分析的描述性統計選項中，勾選反映像矩陣即會出現部分相關係數，如下表所示。

表 9-10　反映像矩陣資料一覽表

反映像矩陣		c1	c2	c3	c4	c5	c6	c7	c8
反映像共變數	c1	.754	.073	−.054	−.119	.095	−.032	−.164	−.069
	c2	.073	.561	−.054	−.246	−.029	−.176	.050	−.072
	c3	−.054	−.054	.560	.055	.051	−.101	−.268	−.129
	c4	−.119	−.246	.055	.570	−.123	.006	−.126	−.048
	c5	.095	−.029	.051	−.123	.647	−.225	.034	−.179
	c6	−.032	−.176	−.101	.006	−.225	.563	−.077	.046
	c7	−.164	.050	−.268	−.126	.034	−.077	.511	.080
	c8	−.069	−.072	−.129	−.048	−.179	.046	.080	.821
反映像相關	c1	.737[a]	.112	−.083	−.182	.136	−.049	−.265	−.087
	c2	.112	.729[a]	−.096	−.435	−.048	−.314	.094	−.107
	c3	−.083	−.096	.695[a]	.098	.084	−.180	−.501	−.191

表 9-10 （續）

反映像矩陣		c1	c2	c3	c4	c5	c6	c7	c8
反映像相關	c4	−.182	−.435	.098	.733ᵃ	−.202	.010	−.233	−.070
	c5	.136	−.048	.084	−.202	.701ᵃ	−.372	.058	−.246
	c6	−.049	−.314	−.180	.010	−.372	.765ᵃ	−.144	.068
	c7	−.265	.094	−.501	−.233	.058	−.144	.671ᵃ	.124
	c8	−.087	−.107	−.191	−.070	−.246	.068	.124	.710ᵃ

a. 取樣適切性量數 (MSA)

此時可以根據偏相關係數計算如下。

$$\sum_{i \ne j} \sum a_{ij}^2 = (.112)^2 + (-.083)^2 + (-.182)^2 + \cdots + (.124)^2 = 1.1439$$

所以 KMO 的值可以計算如下。

$$KMO = \frac{\sum\limits_{i \ne j} \sum r_{ij}^2}{\sum\limits_{i \ne i} \sum r_{ij}^2 + \sum\limits_{i \ne i} \sum a_{ij}^2} = \frac{2.9231}{2.9231 + 1.1439} = 0.7187$$

此 KMO 的值呈現中度適切。

以下將利用上述 8 個變項的範例來計算 MSA 量數，MSA 的計算公式如下所述。

$$MSA_i = \frac{\sum\limits_{ij \ne i} \sum r_{ij}^2}{\sum\limits_{ij \ne i} \sum r_{ij}^2 + \sum\limits_{ij \ne i} \sum a_{ij}^2}$$

根據 Kaiser(1974) 判斷 MSA 的標準，大於 .90 是屬於「極佳」，而 .89-.80 則是屬於「良好」，至於 .79-.70 則是屬於「中度」，若是小於 .60 是屬於「不好不壞」，「淒慘」，「無法接受」，因此 MSA 的判斷標準最好是大於 .70。

若以上述 8 個變項為例,要計算 C1 的 MSA 指數。

$$\sum_{i \neq j} r_{ij}^2 = (.065)^2 + (.337)^2 + \cdots + (.104)^2 = .4258$$

$$\sum_{i \neq j} a_{ij}^2 = (.112)^2 + (-.0835)^2 + \cdots + (-.265)^2 + (-.8740)^2 = .1437$$

所以 MSA 可根據其上計算如下。

$$MSA_i = \frac{\sum_{ij \neq i} \sum r_{ij}^2}{\sum_{ij \neq i} \sum r_{ij}^2 + \sum_{ij \neq i} \sum a_{ij}^2} = \frac{.4258}{.4258 + .1437} = .737$$

因為 C1 的 MSA 為 .737 > .60,所以根據 Kaiser(1974) 的判斷準則中,C1 的適切性是屬於「中度」。

(三) 檢查共同性

共同性反映了觀察變項間的共變變異,以 h^2 表示,亦是指測量變項變異能夠被各因素解釋的部分。不可解釋的部分稱為獨特性,或稱為獨特變異,以 u^2 表示,測量變數的變異數與共同性、獨特性關係為 $\sigma^2 + h^2 = u^2$。

綜合上述 3 種判斷相關係數矩陣是否適切的說明後,圖 9-4 為歸納因素分析中,相關係數矩陣適切性的判斷決策圖。

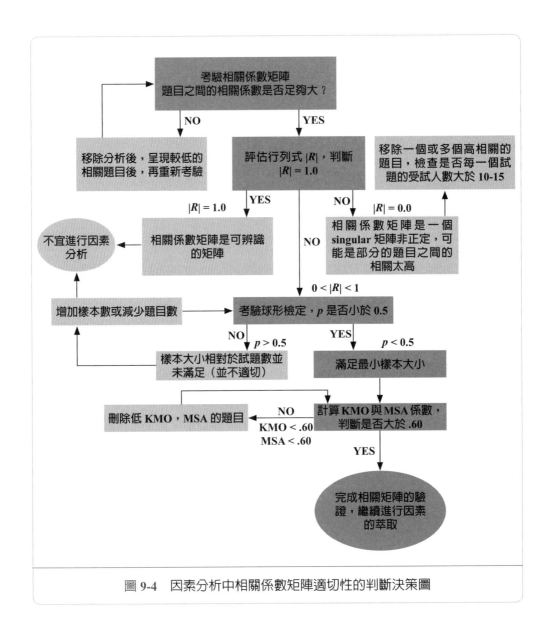

圖 9-4　因素分析中相關係數矩陣適切性的判斷決策圖

三、因素的萃取

　　從一組測量變數中萃取共同變異的方法有很多種。最基本的一種方法稱為主成分分析法，其原理是利用變數的線性組合，來簡化變數成為幾個主成分。另一種常用方法稱為主軸因素法，在計算共同變異時的基礎不同，藉以考量測量誤差問題，其他方法還包括最大概似估計法等。

（一）主成分分析法

　　主成分因素分析法的原理與計算最早是由 Hotelling 所提出，其做法是以線性整合的方式將所有變項加以合併，計算所有變項共同解釋的變異量，該線性組合稱爲主要成分。第一次線性組合建立後，計算出的第一個主成分估計，可以解釋全體變異量的最大一部分。其所顯示的變異量即屬第一個主成分所分配，分離後所剩餘的變異量，經第二個的方程式的線性合併，可以抽離出第二個主成分，其所涵蓋的變異量即屬於第二個主成分的變異量。依此類推，剩餘的變異量愈來愈少，每一個成分的解釋量依序遞減，直到無法抽取共同變異量爲止。一般保留解釋量較大的幾個成分，來代表原來所有的變項，主成分分析法適用於簡化大量變項爲較少數的成分時，以及因素分析的前置作業。

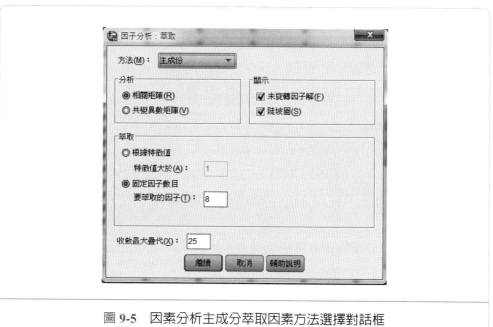

圖 9-5　因素分析主成分萃取因素方法選擇對話框

　　請注意，因爲內容解釋的關係，先將萃取的因素選擇 8 個因素，以利用於後續的說明。

表 9-11 因素分析主成分分析成分矩陣

	成分矩陣ᵃ							
	元件							
	1	2	3	4	5	6	7	8
c1	.432	.597	.213	.432	.370	.267	.130	.017
c2	.693	−.373	−.201	.164	−.380	.275	.182	.244
c3	.637	.477	.074	−.425	−.216	−.031	.285	−.228
c4	.723	−.153	−.111	.501	−.149	−.298	−.101	−.264
c5	.548	−.579	−.001	−.141	.462	−.258	.238	.083
c6	.741	−.157	−.293	−.279	.219	.326	−.299	−.135
c7	.632	.591	−.108	−.113	−.023	−.296	−.200	.314
c8	.449	−.292	.815	−.081	−.115	.038	−.163	.034

萃取方法：主成分分析。

a. 萃取了 8 個成分。

此時可以利用成分矩陣重新製作相關係數矩陣，例如由表 9-2 相關係數矩陣中，c1 與 c3 的相關係數為 .337，而此相關係數可以藉由下列公式加以計算。

$$r_{c1,c3} = (a_{c1},\mathrm{I})(a_{c3},\mathrm{I}) + (a_{c1},\mathrm{II})(a_{c3},\mathrm{II}) + (a_{c1},\mathrm{III})(a_{c3},\mathrm{III}) + \cdots (a_{c1},\mathrm{VIII})(a_{c3},\mathrm{VIII})$$

$$= (.432)(.637) + (.597)(.477) + (.213)(.074) + (.432)(-.425) + (.370)(-.216)$$

$$+ (.267)(-.031) + (.130)(.285) + (.017)(-.228)$$

$$= .337$$

計算特徵值 (Eigenvalues) 可由下列公式計算。

$$\lambda_1 = (a_{c1,1})^2 + (a_{c2,1})^2 + (a_{c3,1})^2 + \cdots (a_{c8,1})^2$$

$$= (.432)^2 + (.693)^2 + (.637)^2 + \cdots (.449)^2$$

$$= 3.046$$

$$\lambda_2 = (a_{c1,\mathrm{II}})^2 + (a_{c2,\mathrm{II}})^2 + (a_{c3,\mathrm{II}})^2 + \cdots (a_{c8,\mathrm{II}})^2$$

$$= (.597)^2 + (-.373)^2 + (.477)^2 + \cdots (-.292)^2$$

$$= 1.542$$

計算試題的共同性 (item communality)

以 c8 為例，其共同性可以計算如下。

$$h_{c8}^2 = (.449)^2 + (-.292)^2 + (.815)^2 + \cdots + (.034)^2 = 1.00$$

表 9-12　**PCA** 因素分析萃取方法的總解釋變異一覽表

	解說總變異量					
元件	初始特徵值			平方和負荷量萃取		
	總數	變異數的%	累積%	總數	變異數的%	累積%
1	3.046	38.074	38.074	3.046	38.074	38.074
2	1.542	19.275	57.349	1.542	19.275	57.349
3	.866	10.819	68.168	.866	10.819	68.168
4	.762	9.524	77.692	.762	9.524	77.692
5	.626	7.828	85.521	.626	7.828	85.521
6	.499	6.233	91.754	.499	6.233	91.754
7	.354	4.425	96.180	.354	4.425	96.180
8	.306	3.820	100.000	.306	3.820	100.000

萃取法：主成分分析。

總初始特徵值的總和 = 8 個項目 = 3.046 + 1.542 + .866 + .762 + .626 + .499 + .354 + .306

變異數的 % = 特徵值 /8×100%，例如 PC_I = 3.046/8×100% = 38.074, PC_{II} = 1.542/8×100% = 19.275

（二）主軸因素法

主軸因素法是以變項間的共同變異量為分析對象，而主成分是以全體變異量為分析對象。主軸因素法符合古典測量理論對於潛在構念的估計的概念，亦即因素的萃取係針對變項間的共同變異，而非分析變項的總變異。主軸因素法是分析變項間的共同變異量，而主成分分析法是分析全體變異量。

主軸因素法是將相關矩陣中的對角線，由原先的 1 改為共同性來取代，希望萃取出一系列相互獨立的因素，第一個因素為解釋最多變項間共同變異量；第二個因素的解釋量為去除第一個因素解釋量後，剩餘共同變異量的最大變異量；後續因素依序解釋剩餘變異量中的最大變異量。直到所有的共同變異量被分割解釋完全為止，若是發展測驗與量表的問題，則建議因素萃取的方法採用主軸因素法。

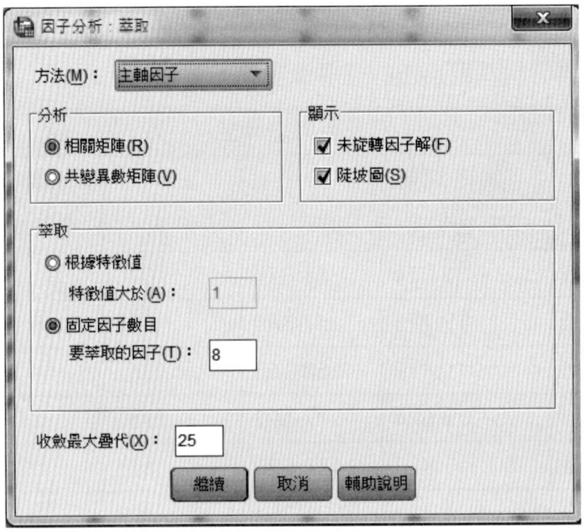

圖 9-6　因素分析主軸法萃取因素方法選擇對話框

分析結果產生了警告的訊息。

> **警告**
> 您不得在任何萃取方法中要求因子的個數與變數一樣多，但 PC 除外。因子的個數會減 1。

因素分析中萃取因素的方法若是利用 PAF 的方法來萃取因素，最多因素的個數只有變數減 1，因此會出現這個警告的視窗。

表 9-13　PAF 因素分析萃取方法中的因素負荷量一覽表

	\multicolumn{7}{c}{因子矩陣[a]}
	\multicolumn{7}{c}{因子}
	1	2	3	4	5	6	7
c1	.374	.428	−.184	.134	.157	.243	.005
c2	.662	−.353	−.159	−.153	−.294	.026	.060
c3	.607	.448	.236	.096	−.219	−.068	−.085
c4	.691	−.160	−.432	−.014	.080	−.080	−.074

表 9-13 （續）

	因子矩陣ᵃ						
	因子						
	1	2	3	4	5	6	7
c5	.512	−.512	.204	.106	.264	−.105	−.003
c6	.712	−.152	.283	−.254	.064	.181	−.012
c7	.622	.577	.008	−.079	.112	−.165	.088
c8	.378	−.202	.047	.471	−.099	.044	.042

萃取方法：主軸因子。

a. 萃取了 7 個因子。需要 21 個疊代。

計算試題共同性以及相關係數。

$$r_{c1,c3} = (a_{c1},I)(a_{c3},I) + (a_{c1},II)(a_{c3},II) + (a_{c1},III)(a_{c3},III) + \cdots (a_{c1},VIII)(a_{c3},VIII)$$
$$= (.374)(.607) + (.428)(.448) + (−.184)(.236) + (.134)(.096) + (.157)(−.219)$$
$$+ (.243)(−.068) + (.005)(−.085)$$
$$= .337$$

相關係數與 PCF 得到相同的結果。

$$h_{c1}^2 = (.374)^2 + (.428)^2 + (−.184)^2 + \cdots + (.005)^2 = .459$$

（三）最大概似法

因素分析最重要的一個目的，是希望能從樣本資料中，估算出一個最能代表母體的因素模式。而最大概似法是能夠達成這個理想的有效方法。但可惜的是，最大概似法比起各種因素分析策略不容易收斂獲得數學解，需要較大的樣本數來進行參數估計，同時比較可能得到偏誤的估計結果，是其不利因素。

（四）最小平方法

最小平方法的目的在於將因素抽取後所剩的殘差矩陣最小化，最常使用的方法包括 2 種：(1) 事先估計共同值的主因素法 (principal factors with prior communality estimates)；(2) 疊代主因素法 (iterative principal factors)。事先估計共同值的主因素法所使用的程序如下：(1) 將從複相關平方法 (SMC) 或分割法中所得的第一個共同性估計值，取代原觀察矩陣的主軸，而形成樣本縮減相關矩陣；(2) 估計殘差矩陣最小平方成立時的解。至於疊代主因素法，或稱普通最小平方

法 (ordinary least squares, OLS) 的使用程序，與共同性的疊代解法相同，在完成事先估計共同值的主因素法中的兩個程序之後（此時因素負荷量矩陣已解），從第一次所得的因素負荷量矩陣（不是原來的觀察矩陣）中重新計算共同性（矩陣中列的平方和），並將所得的共同性取代原觀察矩陣的主軸，而形成一個新的樣本縮減相關矩陣，再回到第 (2) 程序，直到共同性收斂為止。此法甚具強韌性 (robustness)，甚至當樣本相關矩陣為非正定 (nonpositive definite)，亦即所估計的相關值超出正負 1 的範圍時，依然可得到收斂值。

（五）映像因素萃取法

在映像因素萃取法 (image factor extraction) 中，各觀察變項的變異量係利用迴歸原理求取其他變項的投射（映像分數）。映像分數的共變矩陣被進行 PCA。此一方法類似 PCA，能夠產生單一的數學解，對角線與 FA 相同，為共同性。值得注意的是，此法所得到的因素負荷量不是相關係數，而是變項與因素的共變數。

（六）Alpha 法

Alpha 法 (alpha factoring) 處理共同因素的信度，提高因素的類化性 (generalizability)。共同性的估計是在使因素的 alpha 信度達到最大。如果研究者的企圖僅在獲得因素分數，以進行相關性研究，採用主成分分析法即可有效地達成目的，但若是在探討抽象概念的原理論性意涵，建立假設性架構，則應採用因素分析模式。

四、因素個數的決定

因素個數的決定，主要可以依照以下幾種策略加以決定因素的個數，說明如下。

（一）特徵值

因素數目判斷原則，Kaiser (1974) 建議以特徵值大於 1（表示大於 1.00 的原始觀察變異量），這種方法的缺點是沒有考慮到樣本規模與樣本特性的差異，且會挑選出過多的無意義的因素。

（二）陡坡檢定

陡坡檢定是利用圖示的方法來決定因素的個數，陡坡檢定是將每一個因素，依其特徵值排列，特徵值逐漸遞減，當因素的特徵值逐漸接近沒有改變時，即代表特殊的因素再也無法被抽離出來。但若是特徵值急遽增加時，即表示有重要的因素，也就是特徵值曲線變陡之時，即是決定因素個數的時機。Kiser 的方法是一種特徵值的絕對數量的比較，而陡坡圖（圖 9-7）則是一種相對數量的比較。

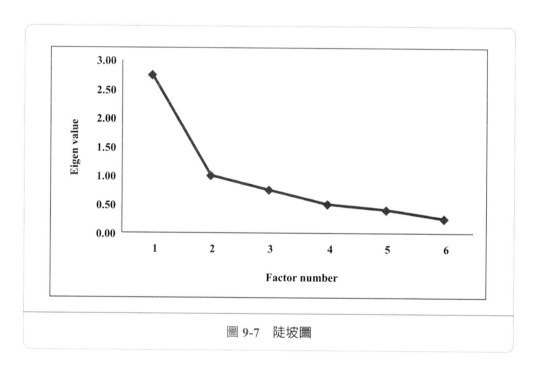

圖 9-7　陡坡圖

（三）殘差分析

殘差類似於各變項間的相關在移除了因素的影響後的淨相關。檢驗不同因素數目下，殘差矩陣中的數值，高於 .05 或 .10 以上者過多，表示可能存在其他因素。

（四）因素負荷量檢驗

單一觀察變項的因素並不恰當，2 個觀察變項的因素在 2 變項相關高（$r >$ .7），與其他變項相關低時為合理選擇的因素條件。

（五）顯著性考驗

驗證性因素分析提供因素的顯著性考驗，Bartlett 檢驗考驗全部因素的顯著性意義。

（六）研究上的考量

1. 探索性的目的，想要了解因素的結構時，邊緣強度的因素可以保留，以了解其性質。
2. 當研究者需要穩定的因素進行研究時，保留信度高的因素即可。

五、特徵向量、特徵值與萃取變異

典型的因素分析中，研究者經由共變關係的萃取，找出最少主要成分或共同因素，然後進一步探討這些主成分或共同因素與個別的變項關係，找出觀察變項與其相關對應因素之間的強度，而其強度即為因素負荷量。

特徵值矩陣 (L) 所代表的是在因素分析的進行，對於測量變數之間的相關或共變數矩陣 (R) 進行對角轉換，將各向量縮減成一組正對角線矩陣向量（矩陣的上下三角的向量值均為零）。在特徵值矩陣中，正對角線上的數值稱為特徵值。特徵矩陣是由一組特徵向量矩陣 (V) 轉換而來。

六、因素結構與負荷量

由於因素萃取係由特徵向量對於相關矩陣進行交乘，所以因素的組成由特徵向量計算，其中 $L = V'RV$ 的轉換如下所示。

$$R = VLV' = V\sqrt{L}\sqrt{L}V' = (V\sqrt{L})(\sqrt{L}V') = AA'$$

上式可以轉換為 $R = AA'$，則 $A = V\sqrt{L}$ 稱為因素負荷矩陣。

表 9-14　因素負荷量、共同性與解釋變異量的關係

測量變數	因素1	因素2	共同性
I1	$(.562)^2$	$(.255)^2$	.391
I2	$(.671)^2$	$(-.253)^2$	.518

表 9-14 （續）

測量變數	因素1	因素2	共同性
I3	$(.724)^2$	$(.362)^2$	.655
I4	$(.511^2$	$(.392)^2$	.415
I5	$(.377)^2$	$(-.153)^2$	.166
I6	$(.781)^2$	$(-.484)^2$	.843
因素負荷平方和	2.307	.671	2.979
解釋變異百分比	38.448%	11.181%	49.629%

　　傳統上研究者均以負荷量大於 0.30 作爲變項是否納入因素的標準，其實，因素負荷量的顯著性會受到樣本大小、變項數與因素個數而定。依照 Hair et al.(1992) 的說法，低於 0.4 的因素負荷量是太低，0.6 以上是高。Comrey 和 Lee(1992) 指出因素負荷量判斷的標準可以參考下面數據來加以決定：0.45-0.55（尚可，20%），0.55-0.63（良好，30%），0.63-0.71（非常好，40%），0.71-（特優，50%）。但要注意的是：這些只是一個準則而已，要決定一個變數是否應歸爲一個因素，取決於理論而非數據，數據只是佐證而已，有時候因爲抽樣或種種因素，得到結果或許稍微不如預期也是可以接受的。

表 9-15 因素負荷量的判斷標準

λ	λ^2	狀況
.71	50%	優秀
.63	40%	非常好
.55	30%	好
.45	20%	普通
.32	10%	不好
.32以下		不及格

七、因素轉軸

　　因素轉軸的主要目的在於釐清因素與因素之間的關係，以確立因素間最清楚

的結構。以轉軸矩陣所計算出的因素負荷矩陣的參數，將原來的共變結構所抽離出來的項目係數進行數學轉換，形成新的轉軸後因素負荷矩陣（經直交轉軸）或結構轉軸（經斜交轉軸），使結果更容易解釋，因素轉軸的方法主要分爲直交及斜交等二種方法說明如下。

（一）直交轉軸

指轉軸過程當中，藉由一組轉軸矩陣，使兩因素平面座標的 X 與 Y 軸進行夾角 90 度的旋轉，直到兩因素之間的相關爲 0 爲止，重新設定各測量變數在兩因素上的座標（亦即因素負荷量），公式如下。

$$A_{unrotated} \, \Lambda = A_{rotated}$$

轉換矩陣基於三角幾何的原理，從原 X 軸進行特定角度 (ψ) 的轉換係數矩陣如下所示。

$$\Lambda = \begin{bmatrix} \cos \Psi & -\sin \Psi \\ \sin \Psi & \cos \Psi \end{bmatrix}$$

直交轉軸有幾種不同的形式，而這 3 種簡化結構有所不同，可利用 $\Gamma = 0$ 指標表示簡化程度。

1. 最大變異法

使負荷量的變異數在因素內最大。當 $\Gamma = 1$ 使用此方法。

2. 四方最大法

使負荷量的變異數在因素內最大。當 $\Gamma = 0$ 使用此方法。

3. 均等變異法

綜合前兩者，使負荷量的變異數在因素內與變項內同時最大。當 $\Gamma = .5$ 使用此方法。

不論採行何種直交轉軸，因素的結構與內在組成差異不大。在未轉軸前，各因素的內部組成非常複雜，若要憑藉因素負荷量來進行因素的解釋與命名十分困難，但是轉軸後的因素負荷量則擴大了各因素負荷量的差異與結構性。而確認因素的組成結構，使之具有最清楚明確的區分，是直交轉軸最主要的功能。量表編

製時，主要是考慮個別的因素應該都是獨立無關的，所以量表編製時的因素分析轉軸方法建議採用直交轉軸。另外測驗中每一個題目各有相對應的目標因素，但對於非目標因素，各測量變數仍然具有一定的解釋力，因此，在對於因素命名解釋時，除了針對測量變數與目標因素之間的對應關係進行解釋時，也應考量到非目標因素的測量變項的影響。

經直交轉軸後的各因素總解釋變異量雖然維持不變，各測量變數的共同性也相同，但是各因素所能夠解釋的變異量則產生了明顯的不同，顯示直交轉軸所影響的是各因素間的內部組成與相對關係，而非整體因素結構的萃取能力。

（二）斜交轉軸

這種轉軸方法，是容許因素與因素之間，具有一定的共變，在轉軸過程當中，同時對於因素的關聯情形進行估計。而因素間最大的相關由 δ 決定，負的愈小，表示愈接近直交；δ 愈接近 1 時，因素間的相關可能最高。

斜交轉軸有不同的方法，說明如下：(1) 最小斜交法或直接斜交法，可使因素負荷量的差積最小化；(2) 最大斜交法、四方最小法，可使型態矩陣中負荷量平方的交乘積最小化；(3) Promax 法，將直交轉軸的結果在進行有相關的斜交轉軸，因素負荷量取 2、4、6 次方以產生接近 0，但不爲 0 的值；(4) Orthoblique 法，將因素負荷量重新量尺化以產生直交的結果，不過最後仍保有斜交的性質。

（三）直交與斜交轉軸的比較

直交轉軸雖然維持了因素直交的特性，但是因素間的相關並沒有估計，導致因素相關反應在因素負荷量當中，使得某些題目雖然在目標因素上有高負荷量，但是在非目標因素上也有不低的負荷量。經過斜交轉軸後，因素間的相關被另行估計後，因素負荷量之間即不受因素相關的影響，數值的差異更形擴大明確，因素的結構更易於理解。以直交轉軸轉換得到的新參數，是基於因素間是相互獨立的前提，在數學原理上，是將所有變項在同一個因素或成分的負荷量平方的變異量達到最大，如此最能夠達到簡單因素結構的目的，且對於因素結構的解釋較爲容易。對於測驗編製者，尋求明確的因素結構，能夠區分不同因素，直交法是最佳的策略。但是，將因素之間進行最大的區隔，往往會扭曲了潛在特質在現實生活中的眞實關係，容易造成偏誤，因此一般進行實徵研究的驗證時，除非研究者有其特定的理論作爲支持，或有強而有力的實證證據，否則爲了精確的估

計變項與因素關係，使用斜交轉軸是較貼近真實的一種做法。

八、因素分數

因素分數的產生由因素負荷量為基礎，透過迴歸分析原理來獲得一組因素分數係數，即可計算因素分數。因素分數係數為因素負荷量與相關係數反矩陣的乘積，以下述公式表示之。

$$B = R^{-1}A$$

因素分數為原始變項分數轉換為 Z 分數後乘以因素分數係數而得，所以可以下述公式表示。

$$F = ZB$$

所以各變項由因素得到的預測分數公式，可以表示如下。

$$Z = FA^{-1}$$

肆、因素分析的範例解析

因素分析主要是一個以簡馭繁的因素縮減的分析方法，而在量表的發展之中，利用探索式的因素分析可以有效地探討眾多觀察變項中潛在的因素結構，而這也正是量表中潛在的構念，因此因素分析是建立量表中建構效度的一個有利的策略。

【範例 9-1】因素分析範例

若是運用因素分析來進行量表試題的刪減，一般來說會有幾個主要的原則，例如：(1) 整體總解釋變異量是否小於 50%；(2) 因素中題項之結構負荷量是否過低（未達 .50）；(3) 題項所屬因素是否與建構測驗之理論差異太大；(4) 具交叉負荷量的題數予以刪除等原則，以下即運用一個實際在建置國小教師對於電子

白板看法的量表分析結果，分析的過程如下。

(1) 開啓資料檔

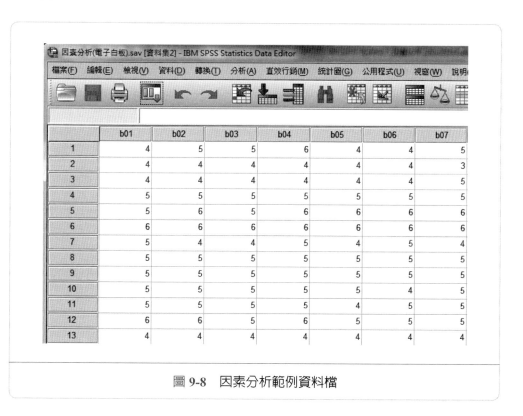

圖 9-8　因素分析範例資料檔

(2) 點選分析→維度縮減→因子

圖 9-9　維度縮減中因子選項功能

(3) 選擇要進行因素分析的變數

本範例是從 b01 至 b45 等 45 個變數。

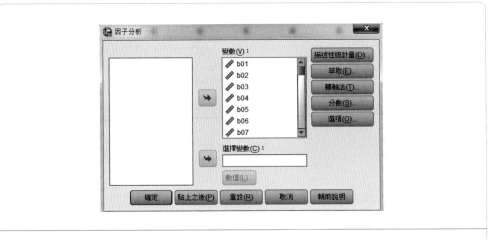

圖 9-10　因素分析選擇變項對話框

(4) 點選描述性統計量，選擇要分析的描述性統計資料。

　　本範例將統計中的描述性統計量及未轉軸之統計量，相關矩陣中的係數、顯著水準、行列式、KMO 與 Bartlett 的球形檢定等描述性統計量。

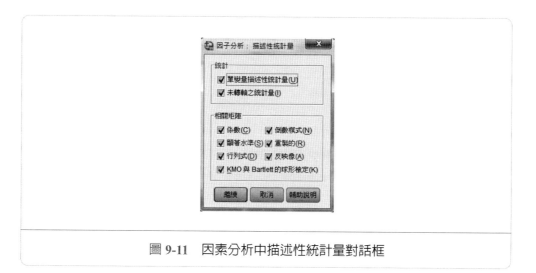

圖 9-11　因素分析中描述性統計量對話框

(5) 點選萃取

　　進行因素分析首先先點選直交轉軸中的主軸因子，若進行量表的編製，主軸因子的萃取方法是比較符合建構效度的概念，並非是主成分分析，並除內定之外點選顯示陡坡圖等萃取的選項，其中萃取根據特徵值大於 1 是決定因素抽取的最低門檻，若點選固定因子數目則是可以強迫抽取幾個因子個數。

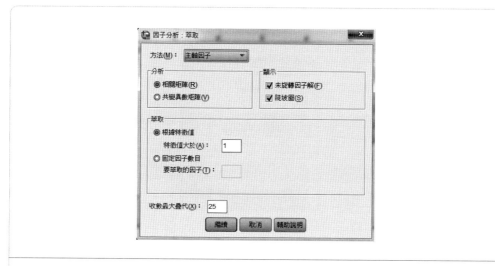

圖 9-12　因素分析中萃取選項對話框

(6) 點選轉軸法

第一次進行因素分析會先預設因素之間應該是獨立無關的，因此可以先選擇直交轉軸中的最大變異法，並請點選因子負荷圖以供後續分析的判斷參考。

圖 9-13　因素分析中轉軸法選項對話框

(7) 點選選項

在係數顯示格式方面，請點選依據因素負荷排序，讓報表較容易判斷哪些觀察變項的負荷量較大，哪些次之。至於隱藏較小的係數 (< .33)，則是將較小的因素負荷量不顯示，讓負荷量與因素之間的關係較易閱讀。

圖 9-14　因素分析中選項對話框

(8) 直交轉軸（最大變異法）的分析結果

下列的敘述統計資料主要是呈現各題目的基本統計資料，包括平均數、標準離差與分析個數等資料。

表 9-16　敘述統計結果一覽表

敘述統計			
	平均數	標準離差	分析個數
b01	5.02	.698	87
b02	4.98	.731	87
b03	4.84	.745	87
b04	5.08	.735	87
b05	4.48	.938	87
b06	4.66	1.010	87
b07	4.74	.933	87
b08	4.71	.848	87
b09	4.78	.841	87
b10	4.76	.821	87
b45	3.84	1.209	87

球形檢定，KMO 取樣適切性檢定為 .821，接近 1，而 Bartlett 的球形檢定 $p < .001$ 達顯著，表示本資料適合進行因素分析。

表 9-17　KMO 與 Bartlett 檢定結果一覽表

KMO 與 Bartlett 檢定		
Kaiser-Meyer-Olkin 取樣適切性量數		.821
Bartlett 的球形檢定	近似卡方分配	3751.084
	df	990
	顯著性	.000

共同性的部分是可以顯示各題目的變異量被共同因素解釋的比例，共同性愈

高，表示該變項與其他變項可測量的共同特質愈多，也就是愈有影響力，由表
9-18 的資料中看出第 b06 的影響力最大。

表 9-18　共同性結果一覽表

	共同性	
	初始	萃取
b01	.863	.681
b02	.899	.769
b03	.793	.667
b04	.801	.658
b05	.883	.762
b06	.908	.874
b07	.881	.743
b08	.875	.793
b09	.835	.681
b10	.896	.770
b45	.913	.766

萃取法：主軸因子萃取法。

　　解釋的總變異量，主要是呈現因素分析所抽取的因素能夠解釋全體變數變異
量的比例，下面的資料中所呈現的是特徵值大於 1 為萃取標準，共抽取了 9 個
因素，分別可以解釋 40.177, 7.460, 6.318, …, 1.866（皆大於 1），總累積的解釋
量為 70.534。轉軸後 9 個因素的相對位置不變，但是因素的完整性增加，各因
素可解釋的比重改變，從 13.512, 11.811, 10.019, …, 2.217，總累積的解釋量為
70.534，因為是直交轉軸的最大變異法，所以因素之間是獨立，亦即因素的解釋
量是單獨，並不會與其他的因素分享解釋量。

　　本資料原來量表的構念為行為意圖、態度、主觀規範、知覺行為控制等 4 個
主要的構念，明顯與分析出來的 9 個因素出入甚多，因此需要加以修正量表的內
容。

表 9-19 解釋總變異量結果一覽表

	解釋總變異量								
因子	初始特徵值			平方和負荷量萃取			轉軸平方和負荷量		
	總數	變異數的%	累積%	總數	變異數的%	累積%	總數	變異數的%	累積%
1	18.355	40.789	40.789	18.080	40.177	40.177	6.080	13.512	13.512
2	3.636	8.079	48.868	3.357	7.460	47.637	5.315	11.811	25.323
3	3.117	6.926	55.794	2.843	6.318	53.955	4.509	10.019	35.342
4	2.071	4.603	60.397	1.796	3.990	57.946	4.156	9.235	44.576
5	1.804	4.009	64.406	1.486	3.303	61.249	3.320	7.378	51.954
6	1.550	3.445	67.851	1.221	2.713	63.962	2.876	6.391	58.345
7	1.401	3.113	70.964	1.130	2.511	66.474	2.842	6.315	64.660
8	1.262	2.804	73.768	.988	2.195	68.668	1.646	3.658	68.317
9	1.152	2.561	76.329	.840	1.866	70.534	.998	2.217	70.534
10	.980	2.177	78.506						
11	.865	1.922	80.428						
45	.020	.044	100.000						

萃取法：主軸因子萃取法。

陡坡圖是用以協助決定因素的個數，當線形趨於平緩時，表示無特殊的因素值可以抽取，因此，由下圖可以得知可能有 3 至 4 個主要的因素，而其餘的因素雖然皆大於 1，但貢獻並不會太大。

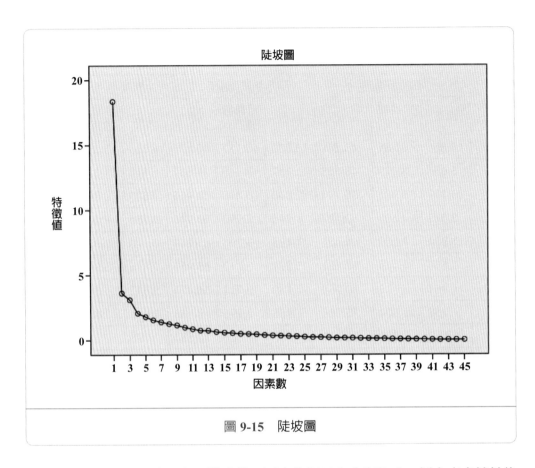

圖 9-15　陡坡圖

　　轉軸後的成分矩陣，表示構成某一因素的題目內容與比重，經由直交轉軸後的因素負荷量。

表 9-20　轉軸後的因子矩陣結果

	\multicolumn{9}{c}{轉軸後的因子矩陣[a]}
	\multicolumn{9}{c}{因子}
	1	2	3	4	5	6	7	8	9
b25	.822								
b28	.736								
b27	.730								
b24	.708								
b37	.694					.360			

表 **9-20** （續）

| | \multicolumn{9}{c}{轉軸後的因子矩陣[a]} |
| | \multicolumn{9}{c}{因子} |
	1	2	3	4	5	6	7	8	9
b26	.645								
b10	.592							.503	
b30	.586								.354
b38	.541	.438							
b29	.403								
b06		.727							
b04		.694							
b02		.681		.392					
b03		.672							
b05		.659							
b07		.641							
b01		.542		.441					
b40	.429	.512	.433						
b39	.433	.489	.393						
b43			.829						
b42			.822						
b45			.770						
b44		.375	.675						
b31			.492						.364
b41			.480						
b21				.830					
b22				.781					
b20				.744					
b19				.599			.449		
b23		.397		.489					
b12					.809				
b13					.731				

表 9-20 （續）

	因子								
轉軸後的因子矩陣ᵃ									
	1	2	3	4	5	6	7	8	9
b11					.703				
b14					.634				
b35						.654			
b36	.354					.642			
b33				.338		.601			
b34				.347		.426			.346
b32						.410			
b15							.696		
b17							.694		
b18				.442			.620		
b16							.603		
b09								.625	
b08	.389	.400						.558	

萃取方法：主軸因子。

旋轉方法：含 Kaiser 常態化的 Varimax 法。

a. 轉軸收斂於 13 個疊代。

　　因子轉換矩陣是用以計算各項目負荷量的參數，功能在說明轉軸的方向及角度大小。

表 9-21　因子轉換矩陣

因子	1	2	3	4	5	6	7	8	9
因子轉換矩陣									
1	.472	.476	.377	.370	.300	.286	.272	.153	.043
2	.677	−.113	−.583	−.132	−.112	.217	−.231	.242	.004
3	.029	−.424	.019	.522	−.586	.221	.385	−.050	.066
4	.428	−.175	.569	−.471	−.268	−.001	−.094	−.380	.125
5	−.245	.102	−.202	−.431	.077	.696	.394	−.205	.126

表 9-21 （續）

因子	1	2	3	4	5	6	7	8	9
				因子轉換矩陣					
6	−.209	−.201	.228	.207	.110	.483	−.652	.142	.361
7	.148	−.667	−.005	.046	.674	−.074	.239	−.105	.058
8	−.064	−.074	.135	−.294	−.095	−.192	.281	.699	.523
9	−.070	−.224	.287	−.186	−.028	.249	−.001	.458	−.745

萃取方法：主軸因子。

旋轉方法：含 Kaiser 常態化的 Varimax 法。

因素圖，用以表示各因素的相對位置與組成變數的關係圖。

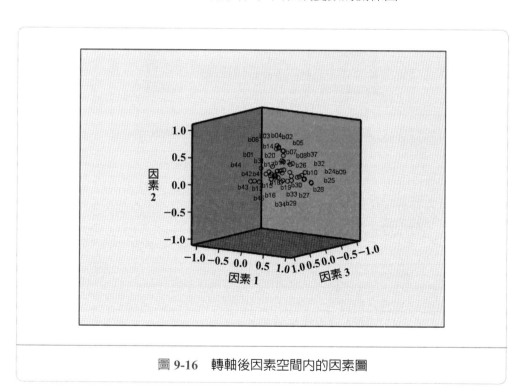

圖 9-16 轉軸後因素空間內的因素圖

(9) 繼續進行斜交轉軸

因為直交轉軸是假設因素之間是獨立無關的，而且由上述直交轉軸中利用最大變異法來抽取因素，原來量表的構念設計為 4 個因素，結果目前為抽取出 9 個

特徵值大於 1 的因素，所以嘗試利用斜交轉軸來進行因素的抽取。斜交轉軸的不同在於假設因素之間是具有相關的，除了轉軸後所產生的矩陣與直交轉軸有所不同之外，其他量數並無差異，而以下僅就樣式矩陣 (pattern matrix) 以及結構矩陣 (structure matrix) 來加以說明。轉軸法採用直接斜交法來進行因素的萃取。

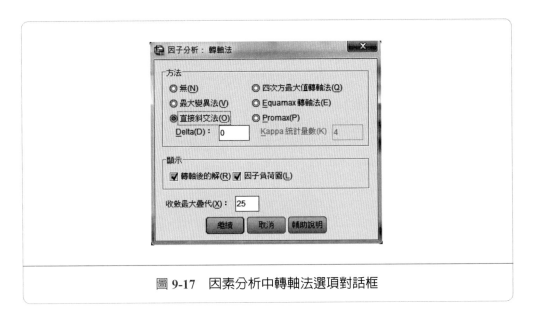

圖 9-17　因素分析中轉軸法選項對話框

(10) 斜交轉軸的分析結果

喔喔！！發生無法進行因素分析。

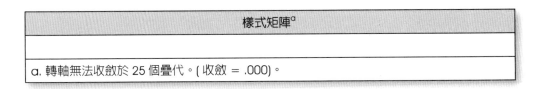

樣式矩陣[a]
a. 轉軸無法收斂於 25 個疊代。(收斂 ＝ .000)。

發現樣式矩陣無法收斂，因此將收斂次數增加至 100 次再次嘗試。

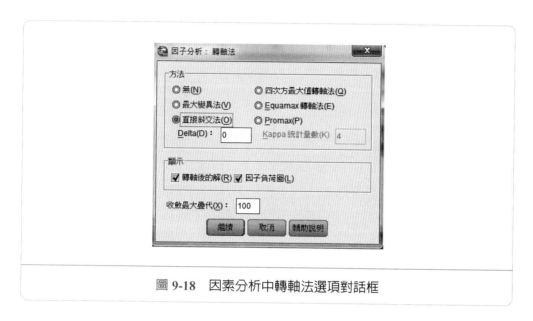

圖 9-18　因素分析中轉軸法選項對話框

　　樣式矩陣表示因素負荷量以偏迴歸係數來計算，代表以成分去預測某一變數時，每一個因素的加權係數，因此樣式矩陣反映出變項間的相對重要性，適合於做比較，例如 b04 在因素 1 中有較重要的影響力。

表 9-22　樣式矩陣結果

樣式矩陣ᵃ									
	因子								
	1	2	3	4	5	6	7	8	9
b04	.755								
b03	.713								
b06	.683								
b02	.675								
b05	.616								
b07	.599								
b01	.483						.366		
b40	.478	.338							
b39	.404								

表 9-22 （續）

	樣式矩陣[a]								
	因子								
	1	2	3	4	5	6	7	8	9
b25		.787							
b28		.751							
b27		.732							
b26		.623							
b24		.613							
b37		.603							
b30		.502							−.335
b38		.420							
b29		.350							
b21			.865						
b22			.831						
b20			.748						
b19			.595		−.366				
b23			.429						
b42				.864					
b43				.861					
b45				.791					
b44				.666					
b41				.471					
b31				.404					−.343
b35					.680				
b36					.656				
b33					.575				
b34					.338				−.336
b32									
b15						−.653			
b17						−.636			

表 9-22 （續）

				樣式矩陣ᵃ					
	因子								
	1	2	3	4	5	6	7	8	9
b16						-.542			
b18			.355			-.523			
b12							.844		
b13							.762		
b11							.708		
b14							.634		
b09								.649	
b08								.545	
b10		.435						.503	

萃取方法：主軸因子。

旋轉方法：含 Kaiser 常態化的 Oblimin 法。

a. 轉軸收斂於 41 個疊代。

　　結構矩陣中的因素負荷量是代表成分之間的相關係數，結構矩陣之功能在反映因素與變數的關係，適合於因素命名的決定，但較不適合於變項間的比較，例如可以將結構矩陣的結果來當做因素命名之用。

表 9-23 結構矩陣結果

				結構矩陣					
	因子								
	1	2	3	4	5	6	7	8	9
b06	.845		.494	.433	.367		.533		
b02	.833	.340		.426			.618		
b05	.820	.470	.399	.485			.489	.341	
b07	.802	.444	.462	.436			.522		
b03	.796		.354	.439			.423		
b04	.775			.346			.463		

表 9-23 （續）

	結構矩陣								
	因子								
	1	2	3	4	5	6	7	8	9
b01	.727	.392	.349	.358	.388		.637		
b39	.717	.585	.508	.603	.505		.427		
b40	.700	.561	.381	.604	.432				
b25	.353	.863	.409		.363		.330	.393	
b24	.411	.777	.446		.443			.476	
b37	.475	.768	.366		.553				
b27	.375	.760							
b28		.758			.358				
b26	.403	.685							
b38	.674	.674	.508	.535	.522		.424		
b30	.421	.655	.333	.331					−.387
b29		.451							
b21	.341		.906	.376		−.347			
b22			.839	.379					
b20	.427		.816	.358				.378	
b19			.711			−.521			
b23	.385		.643	.558	.336	−.372			
b43	.405		.373	.893			.358		
b42	.405		.350	.875					
b45	.373			.826			.365		
b44	.546			.761			.392		
b31	.518		.438	.630					−.379
b41	.435		.411	.600	.412				
b36	.338	.446			.726				
b35					.725	−.367			
b33	.384		.482		.688				
b34		.417	.468		.519				−.381

表 9-23 （續）

	結構矩陣								
	因子								
	1	2	3	4	5	6	7	8	9
b32	.512	.378	.480	.480	.519				
b15	.384		.457	.429		-.768	.339		
b17	.426		.443	.346		-.741		.383	
b18	.434	.341	.644	.519	.403	-.710			
b16	.357		.413	.448	.359	-.675			
b12	.520	.383					.900		
b11	.484						.800	.392	
b13	.417			.412			.793		
b14	.488						.729		
b09	.421	.405					.360	.758	
b08	.572	.494	.404		.433		.366	.713	
b10	.427	.659	.373		.378		.377	.686	

萃取方法：主軸因子。

旋轉方法：含 Kaiser 常態化的 Oblimin 法。

　　因素相關矩陣是表示因素之間的相關。

表 9-24 因素相關矩陣結果

	因子相關矩陣								
因子	1	2	3	4	5	6	7	8	9
1	1.000	.378	.345	.457	.279	-.216	.483	.258	-.004
2	.378	1.000	.263	.229	.329	-.151	.255	.279	-.072
3	.345	.263	1.000	.375	.306	-.253	.211	.234	-.013
4	.457	.229	.375	1.000	.168	-.271	.320	.045	-.063
5	.279	.329	.306	.168	1.000	-.200	.171	.176	-.100
6	-.216	-.151	-.253	-.271	-.200	1.000	-.126	-.067	.023
7	.483	.255	.211	.320	.171	-.126	1.000	.193	.028

表 9-24 （續）

因子	1	2	3	4	5	6	7	8	9
					因子相關矩陣				
8	.258	.279	.234	.045	.176	−.067	.193	1.000	−.031
9	−.004	−.072	−.013	−.063	−.100	.023	.028	−.031	1.000

萃取方法：主軸因子。

旋轉方法：含 Kaiser 常態化的 Oblimin 法。

(11) 因素分析的結果說明

　　各項檢定支持因素分析的基本假設均未違反，所有的題項也具有相當程度的抽樣適切性，詳細的因素與其相對的題目請參考結構矩陣中的資料。

References

参考書目

• 參考書目 •

林清山（1992）。心理與教育統計學。台北市：東華。

陳正昌、張慶勳（2007）。量化研究與統計分析。台北市：新學林。

Cohen, J. (1988). *tatistical power analysis for the behavioral sciences* (2nd ed.). Hillsdale, NJ: Erlbaum.

DeVellis, R.F. (2003). *Scale Development: Theory and Applications* (2nd ed.). NY: Sage Publications, Inc.

Gorsuch, R. L. (1983). *Factor analysis*. Hillsdale, NJ: Lawrence Erlbaum.

Hahs-Vaughn, D.L., Lomax, R.G. (2012). *An Introduction to Statistical Concepts: Third Edition Hardcover* (3rd ed.). NY: Routledge.

Hintion, P. R. (2004). *Statistics Explained*. NY: Routledge.

Johnson, P. O., & Neyman, J. (1936). Tests of certain linear hypotheses and their application to some educational problems. *Statistical Research Memoirs, 1*, 57-93.

Kaiser, H. F. (1974). An index of factorial simplicity. *Psychometrika, 39*, 31-36.

Kline, R. B. (2011). *Principles and Practice of Structural Equation Modeling*. NY:The Guilford Press.

Pett, M.A., Lackey, N.R., & Sullivan, J.J. (2003). *Making sense of factor analysis: the use of factor analysis for instrument*. NY: Sage Publications Ltd.

職場專門店　書系

成功撰寫行銷企劃案

薪水算什麼？機會才重要！

培養你的職場超能力

超強房地產行銷術

打造 No.1 大商場

國際商展完全手冊

優質秘書養成術

主管不傳的經理人必修課

面試學

圖解山田流的生產革新

圖解經濟學：最重要概念

圖解彼得杜拉克・
管理的智慧

國家圖書館出版品預行編目資料

量化資料分析：SPSS與EXCEL／陳新豐著.
－－初版.－－臺北市：五南，2015.05
　面；　公分
　ISBN 978-957-11-8052-6（平裝）
1. 統計套裝軟體 2. 統計分析 3. 量性研究
512.4　　　　　　　　　104003238

1H93

量化資料分析：SPSS與EXCEL

作　　　者 ― 陳新豐

發 行 人 ― 楊榮川

總 編 輯 ― 王翠華

主　　　編 ― 張毓芬

責任編輯 ― 侯家嵐

文字校對 ― 陳欣欣　鐘秀雲

封面設計 ― 盧盈良

出 版 者 ― 五南圖書出版股份有限公司

地　　　址：106台北市大安區和平東路二段339號4樓

電　　　話：(02) 2705-5066　　傳　　　真：(02) 2706-6100

網　　　址：http://www.wunan.com.tw

電子郵件：wunan@wunan.com.tw

劃撥帳號：01068953

戶　　　名：五南圖書出版股份有限公司

台中市駐區辦公室/台中市中區中山路6號

電　　　話：(04) 2223-0891　　傳　　　真：(04) 2223-3549

高雄市駐區辦公室/高雄市新興區中山一路290號

電　　　話：(07) 2358-702　　傳　　　真：(07) 2350-236

法律顧問　林勝安律師事務所　林勝安律師

出版日期　2015年5月初版一刷

定　　　價　新臺幣580元